英汉对比与英语写作研究

李晓婕◎著

吉林出版集团股份有限公司

图书在版编目（CIP）数据

英汉对比与英语写作研究 / 李晓婕著 . — 长春：
吉林出版集团股份有限公司 , 2020.4
ISBN 978-7-5581-8311-9

Ⅰ . ①英… Ⅱ . ①李… Ⅲ . ①英语－写作－对比研究
－汉语 Ⅳ . ① H315 ② H15

中国版本图书馆 CIP 数据核字 (2020) 第 048033 号

英汉对比与英语写作研究

著　　者	李晓婕
责任编辑	齐　琳　姚利福
封面设计	李宁宁
开　　本	787mm×1092mm　1/16
字　　数	264 千
印　　张	14.25
版　　次	2020 年 5 月第 1 版
印　　次	2020 年 5 月第 1 次印刷
出　　版	吉林出版集团股份有限公司
电　　话	010–63109269
印　　刷	炫彩（天津）印刷有限责任公司

ISBN 978-7-5581-8311-9　　　　　　　定价：58.00 元

前　言

　　语言是一种符号系统，其结构处于不断的生成和演化之中。英语重形合是指英语语言符号之间有较强的逻辑关系，字词及句子的联结主要借助于关联词或语言中的形式结构；汉语重意合是指汉语句子主要通过字词的意义联结起来，字词及句子之间的联系主要通过各自内在的意义的连贯和通顺来实现的，而不是通过形式上的手段。由此可见，英语和汉语这两种语言的语言结构存在差异。

　　英汉语言在世界上是两种非常典型的语言类型的代表，对英汉语言的研究可以在一定程度上揭示这两种典型语言的共同和不同特征，在理论和实践上有助于指导英语作为第二语言的教学，对英汉语教学，同时对语言翻译工作也会具有一定的理论和实践参考价值，因此选择英汉语言对比具有较大的理论和现实意义。

　　本书在撰写的过程中，参阅或引用了有关专家学者的一些观点和材料，在此谨向这些文献资料的作者表示衷心的感谢。由于编者水平有限，或有疏漏与不妥之处，诚请广大读者和专家提出宝贵意见，不胜感激！

编　者

目　录

第一章 英汉词法结构对比

汉语，是汉藏语系中使用人数最多的语言，也是孤立语的典型代表；英语，是印欧语系中使用范围最广泛的语言，研究者们虽然可以从英语中提炼出屈折语的许多语言结构特征，但英语却不是屈折语的典型代表。语言具有许多个层面，每个层面都影响着英语与汉语的语言结构差异，本书只选择了其中的词法、句法与语篇三个层面进行深入研究。本章阐述的是英语与汉语在词法层面的相似与差异。

第一节 英汉词语的刚性与弹性

词形的长短变化、音节的伸缩变化、功能的虚实变化，都不会使词语的意思发生太大的偏差，这种现象被称为词语的弹性。与之相对应的是刚性，指词语在前面提到的方面中具有一定的稳定性。通过查阅历史资料，发现汉语词语具有弹性最早是在 1938 年由郭绍虞通过《中国语词的弹性作用》提出的，文中说道："词本位的口头语虽然有趋于复音的倾向，而在字本位的书面语中，依旧保存着较多的单音语词，这就引起了语词本身的不固定性，这不固定性即是我们所说的'弹性作用'。"换言之，中华文字的博大精深、词语组合的变化多样，与词语的弹性有着重要的关系。

一、弹性的基础

在汉语中，最基本的结构单位是词，称为词本位，但有时单独的字也能表达出词语甚至句子的意思，那么词与字之间有何相同与不同？在传统语法的解释中，词是语言中最小的结构单位，可以独立使用来表达一定的意思，也可以多个词语联结形成句子来表达一定的意思，同时，词具有不变的语言形式，但是，在汉语研究过程中，许多研究者发现一个词的确定不是简单的事情。例如，学者张斌曾发表文章指出："辨认汉语的语素比较容易，因为语素跟语素的界限比较清楚，而辨认汉语的词汇比较困难，因为词汇跟词汇的界限比较模糊"，又如学者胡明扬说："'字'或者说'语素'是一种天然单位，也就是说是一种容易分辨和确认的单位，而词，却不是一种天然单位，不是一种客观上有一定的形式标志，因而普通人和语言学家都能容易地分辨和确认的单位"。在此情况之下，首先要理清词、字与语素之间的关系，才能进行进一步研究与探讨，最后解决此问题。

（一）语素（morpheme）

语素，有些学者称之为词素，是构成词的最基本单位，也是语言中最小的具有意义的单位，也就是语言学中的最小音义结合体。与之类似，词是语言中能够独立运用来表达一定意思的最小音义结合体，对比二者的描述，可以发现二者还是有差异的，差异就在于词可以"单独运用"，语素不行。（注意：本书对词的定义与分类等均采用西方标准）

语素有两种：其一是自由语素（free morpheme），可独立运用，为何前文提到语素是不能独立运用的，此时又说可以呢？因为自由语素与词是重合的，举个简单的例子，"来"与"去"是一个自由语素，但其可以表达词的意思，相当于一个语素构成了一个词；其二是黏着语素（bound morpheme），亦称为称为非自由语素，对比自由语素就不难理解其含义了，它只能两两依附才能构成词（黏着语素与黏着语素、黏着语素与自由语素），如 teacher，blackboard，老鼠，黑板等就属于两个语素构成的词，其中 "er" "老" 属于黏附语素，而 "teach" "black" "board" "鼠" "黑" "板" 则属于自由语素。黏着语素继续细分，还可以分为三类：非自由词根语素、派生语素与曲折语素。

一个方块字、一个音节与一个意义的统一，就是汉字的最大特点。吕叔湘曾说："汉字、音节、语素形成三位一体的'字'"，意思是"字"同时是书写、发音与表义单位。古代时为了方便使用，古汉语里许多单音节字都可以单独运用，如"字字珠玑""用字不当"等成语中所说的"字"表达的都是"词"的概念，自此，字与词的概念就得到了统一。古代汉语经过几个世纪的演变发展成为现代汉语，二者对字、词的定义也发生了变化，现代汉语中采用双音化造词，因此不少古代汉语中的字在现代不再是独立的，而变成了非自由词根语素，用于构词。因此现代汉语中的汉字可分为三类：其一，有意愿、能独立运用的词；其二，有意义，但不能独立运用，被称为非自由词根语素；其三，无意义，不能独立使用，被称为非语素字。

汉语与英语的非自由词根语素有两个相同之处：第一，其在词中的位置可以在词首、词中或是词尾，没有固定的位置，举个例子，capt（capture、recapture、occupation）、vag（vagile、extravagant）、欢（欢乐、喜欢）、稳

（稳定、安稳）、刻（刻薄、雕刻）；第二，它们可以构成合成词，且数量庞大，具有极高的能产性，例如 port（import、portable、porter、export、portfolio）、tort（torture、tortile、torment、intort、contort、distort）、刻（即刻、刻度、雕刻、刻板、刻意、立刻、刻不容缓）、架（衣架、架空、绑架、架次、书架、架子、架势）。

若使用西方语言的标准分析，汉语与英语的非自由词根语素之间还是有很大差异的，大致可分为五点：第一，在英语中词根语素与词之间有清晰的界限，二者比较好区分，正常来说，一个以英语为母语的十一岁孩子可以轻松地通过外形来区分词根语素与词，如 bibli、terr、ornith、hydro、aqu 与 book、sun、money、water、fruit 等，但在汉语却与之正好相反，哪怕是一位汉语专业大学生，也不能容易地从外形上将汉字按词根语素与词进行归类，想要做出正确的判断，还需要通过其在句法中的运用才行。

第二，在英语的词库中，非自由词根语素是相对封闭的，总数大概是四百个，一直以来都没有要扩大的迹象，因此只要花点心思记一记、背一背，很容易就能背下来，但是，汉语却不是这样，其非自由词根语素具有开放性，且在汉语词库中它的数量远远超过自由语素，而且有在渐渐扩大的趋势（在此需要注意的是，若将偏旁部首算作非自由词根语素，那么也可以认为偏旁部首是具有封闭性的，数量大约有两百个）。查阅资料后得知，朱志平学者曾对我国汉字的常用双音词进行了统计，发现在 3251 个常用双音词中非自由语素占了较大的比例，为 67%。

第三，汉语中非自由词根语素可以两两组合构成一个复合词，即两个或两个以上的自由、非自由语素可以构成复合词，也分了两类，其一是两个非自由语素组合，如景致、讨厌、化妆，其二是由一个自由语素与一个非自由语素组合，如出院、捂嘴、见面、描眉，而英语的非自由词根语素构成不了复合词，只可以构成派生词，若是用英语的复合词标准来衡量汉语复合词，就会发现它们不可被称为真正的复合词。

第四，在英语中使用非自由语素构成语言单位时中间不可以插入其他成分，最后构成的只有一个词，而汉语使用非自由语素构成的单位，可能是不能独立使用的字或词或短语，比如说可以在"睡觉""吃饭""洗澡""拥抱""跳舞""唱歌"等词中可以插入"什么""一会儿"等，短语亦是如此。这些词在汉语中被称为离合词，有两种特性意思是"合为词，离为短语"。

第五，在英语中想表示同一意思可以使用多个非自由词根语素，比如说，表示"说"可以用 dict、part、logu、fabl、or、lingu 等，表示"二"有 bi、twi、di、both、amphi 等。查阅资料发现，蒋争在《英语字根、字首、字尾分类字典》中发布了对三百四十个非自由语素的统计，两个和两个非自由语素可以表示同一个意思的有二百二十八个，占总数的 67%，而在汉语中，几乎没有这种情况。

第六，汉语的语素既可以是非自由的，也可以是自由的，非自由语素可以根据不同意义转换成自由语素，举个简单的例子："工"在"工作"中表示劳动、在"工整"中表示规范，此时是非自由语素，在记工"记工"中表示劳动时间，是自由语素。在英语中非自由语素具有黏着性，具有专门的构词只能，几乎没有能够独立使用的非自由语素。为何会出现这种差异呢？原因也很简单，因为汉语从古代到现代的演变中采用了双音化造词，汉语中的非自由语素大部分是双音化后得到的，是可以独立使用的单纯词，如今，人们使用汉语时常常双语素词和单语素词一起使用，加上自由语素和非自由语素在形式上没有任何差异，所以许多语素都介于自由与非自由之间，无法将其完全归类。而我们前面也提到了，在英语中可以通过形式轻易判断出自由语素与非自由语素。

部首是汉语中独特的构词/字单位。它是黏着性的，有词汇意义，但是否是语素，有待研究。有一点是肯定的，它的构词/字能力甚至超过词根语素。如、才、构成了几百个汉字或词，而它们意义的对应字"水""手""言"构词能力就不及它们对应的部首。据统计，"水"构成的复合词只有 168 个，但用"y"构成的字有大约 594 个，从这一点上看，有一点像英语中的非自由语素，如 hydro，patho，log 等构成的派生词要比 water，disease，speak 构成的复合词多得多。根据统计，用 water 构成的复合词只有十几个，而用 hydro，aqua 构成的派生词有三百多个。但英语非自由词根语素构成的是派生词，汉语部首构成的单位可能是单纯词如河、汗、挑，但很多情况下只是非自由词根语素，如泛、泄、捕、拥等屈折语索主要是指通过词汇变化，表达语法意义的语素，如（teach）es、（teach）ing、taught 分别表达的是动词第三人称单数、动词进行体和过去时；（boy）s，（small）er 分别表达的是名词复数和形容词比较级。汉语中有"看着""走了""看过""我们"这样表示体、时和复数的语法语素。派生语素中大部分都是词缀，用西方的标准来看，英语与汉语对词缀的定义还是有较大区别的，若忽略这个差异，词缀可以分为两大类：其一是前缀，在英语中有 re-、dis-、en-、im-、in-、de-、un-、mis- 等，依附在其他语素上，就构成了 rewrite、discomfort、enlarge、import、inactive、decode、unluckily、misleading，在汉语中也有"老"、"阿""非"等，结合其他语素就构成了"老虎""阿姨""非法"等词；其二是后缀，在英语中有 -sion、-lze、-ity、-ship、-er、-or、-able、-en、-ly 等，可以构成

discussion、realize、believable、actor、activity、leadship、teacher、enable、shorten、friendly 等，在汉语中也有"家""丁""化""性"等，可以构成"幻想家""家丁""双音化""准确性"等。

第一，关于数量。由于汉语对词缀的认识并不一致，数量多少难以确定。赵元任认为有 78 个，任学良列出 68 个，腾水超认为不超过 100 个，魏志成认为有 164 个，叫法也不一，有的称为语缀，有的叫词缀，还有称字缀的。潘文国考察了 20 世纪 50 年代到 80 年代论述语缀（词缀、字缀）的著作，发现共有 400 多个。但是在他收集的 14 部（篇）论述词缀的专著或论文（如昌叔湘的《中国文法要略》、王力的《中国现代语法》、郭绍虞的《中国语词弹性作用》、赵元任的《汉语口语语法》、任学良的《汉语造词法》）中，发现提到的 340 个词缀，只有 16 个（4.7%）是 8 部（篇）以上共同提到的：—巴（8）、—反（8）、—了（8），—们（8）、—然（8）、—着（8）、—度（10）、老—（10）—儿（11）、—化（11）、—头（11）、—员（11）、—性（12）、—子（12）、—家（12）、—者（12）：7 个（2.1%）是一半著作（论文）提到的：啊—的、第—、非—、可—、—人、—土。两者相加只有 23 个（6.8%），而竟有 223 个只有一部著作或一篇论文提到，占到 65.6%，造成这么长时间以来在语缀问题上如此不容易取得一致意见的原因，在于各人对语缀的理解并不一样，因而采用不同的标准。

而英语词级数量比较一致。如 Zieger 在《英语百科》中列出了二百二十八个、Quirk 在《英语语法大全》列出前、后缀共一百零一个，Sinclair 等在《构词法》中指出前、后缀有三百个左右。魏志成的《英汉语比较导论》收集了 337 个（前级 115，后缀 222），这种差异主要是变体造成的，如 ac- 有变体 af-、ag-、al-、an-、ap-、ar-、as-、at- 等。目前大家普遍认为英语词缀数量大约为三百个。

第二，从形式上看，英语词缀有明显的、容易辨别的特征，而汉语没有。从功能上看，英语词缀是黏着语素，只能附加在词或词根上参与构词，不能独立使用。有些词缀几乎没有词汇意义，只是词性的标记，如 -ly、-ful、-ship、-ion 等。而汉语中几乎全部词缀都有一定的意义，如词缀"手"（歌手、打手、写手），"家"（作家、画家、杂家）还可以作为非自由语素参与复合词的构成（人手 / 手心、家庭 / 大家），甚至还可以独立成词单用（手，家）。再如"员"：议员、教员（词缀）；复员、幅员（非自由语素）。也就是说汉语不少词缀，与其说是词缀，还不如说是一种构词能力很强的词根。

第三，英语词缀是真正的词缀，因为它只能附加在词上面构词，而且位置相对固定，前缀不能换到后缀，后缀不能作前缀使用。而汉语中的词缀可以进行前缀与后缀的互相转化，比如说家人、家父、家庭和作家、画家、科学家；过去、过分和吃过、去过，等等。同一词缀可以附加在词上也可以附加在短语上构成新词。如洗衣、手推、喷水、文史等都是短语，但分别加上"机""车""池"和"馆"，就构成了词：洗衣机、手推车、喷水池、文史馆。

可见，汉语词缀的构成范围更广，主要原因：一是汉语的词缀和非自由词根语素甚至词没有区别，二是汉语词和短语又很难区分，因此词缀加在它们上面都成词了。可以说汉语中的词级、非自由语素、词、短语在形式上没有区别特征，在功能上是一个连续体，很难在它们之间有一条鲜明的界限。第四，英语词缀中有多个形式表示同一意义，而汉语大多数只有一个。

如汉语表示否定的前缀有"非""无"和"不"，而意义对应的英语前缀就丰富了，有 il-、im-、in-、ir-、non-、un-、dis-、de-、-less 等。

另一方面，英语词缀是多义的，一个词级一般往往有好几个意义。如 ful-至少有 2 个："充满的"（handful，eventful），"有某种特性的"（masterful，careful），sub- 至少有 3 个："在之下"（subway，submarine），"不完全的、近似于"（subnormal，subtropical），"次要的"（subcommittee，subset）。

第五，英语词缀构成的各种词性比较平均，除了名词性词缀占较大比例外，动词性词缀如 be-、en-、em-、in、、out-、re-ove--ate，-en、-er、-ify、-ish、-lze、-1se、-le、-sh，形容词性词缀如 a-、-able、-ible、-al、-an、-ant、-ent、-ary、ate-、-ed、-en、-ern、-ese、-esque、-et、-etic、-fic、-fold、-ful、-ial、-lan、-le、-ical、-id、-ile、-Ine、-ing、-ish、-lve、-less、-like、-ly、-ory、-ous、-some、-y，副词性词缀如 -fold、-ly、-ling、-long、-wards、-ways、-wise 都有一定的比例。在汉语中很少有动词性、副词性或形容词性的词缀，几乎都是名词性的，如我们发现比较常用的只有：定（确定 / 固定 / 坚定）、得（赢得 / 博得 / 懂得）、化（绿化 / 美化 / 丑化）、切（急切 / 迫切 / 热切）、可（可取 / 可惜 / 可贵）、于（关于 / 由于 / 对于）、且（而且 / 暂且 / 姑且）、然（安然 / 必然 / 居然）等。

（二）字词

通过上面分析，我们可以看到在形式上，英语中的词、非自由语素和词缀都有着非常明显、清晰的标志，而汉语却没有，汉语中这些都可以用字来表示。特别是词缀，汉语中需要根据其表达的意思或具有的功能来进行区分。从功能上来鉴别比形式上要困难许多，因为功能上的差别是递进的，不相同却又有联系，很难划清界限，这就是英语与汉语中的词的最大差异。

虽然英语单词本身存在形态，但在参与造句或是发挥功能作用时，也会出现屈折形态变化。

这也就意味着，英语单词运用于句法中时，需要依据"时""数"以及"体"等等不同语法意义添加不同的屈折语素。当具备了如"ing""s""ed"等屈折语素时，英语单词才能成为真正意义上的句法的基本组成单位。汉语中不存在屈折语素。也正是因为汉语中缺乏屈折形态，我们才能够运用语素造句，或者说字典造句。

与英文当中的语素和语法词分别承担着音义单位和句法单位的角色不同，汉语中的字同时具备音义单位与句法单位的功能。在日常生活中，我们经常能够跳过汉语中的词语概念，直接读懂句子的含义。故而，许多的中国学者便由此得出在语法的分析中，词语的概念并不是必不可少的这一结论。在英文中，为了更好更便捷地造句，对英语单词进行分类。像主语划分的词类为名词，宾语的词类为动词，谓语的此类为形容词，定语和状语的此类为副词等，句子中的各组成部分都有对应的词类。这也说明了英文句子的各组成部分与词类的划分的对应关系具有规律性。

二、词语弹性的表现

我国著名语言学家郭绍虞教授认为词语弹性可以分为以下四类：

1. 词语伸缩例；

2. 词语分合例；

3. 词语变化例；

4. 词语颠倒例；

语词伸缩例是指语词中音缀的长短，能够任意变化，任意伸缩。语词分合例则指单音语词与其他语词的分离、结合是不受限制、任意变化的，并且复音语词同样可以适用。语词变化例指的是不同连语、重言随机混合，从而变化衍生成一个新的语词的过程。而语词颠倒例，，则意味着语词不仅能够分离、结合，还能够不受限制的顺、逆用。下文将从语词的形式、功能两个方面分析。

（一）语素颠倒

我们知道，语素构成语词。语素分为词根和词缀。而词根又可以分为自由词根和非自由词根。自由词根具有实在意义，且能够单独使用；而非自由词根虽具有实在意义，但不可以单独使用。而词缀则不具有实在意义，也就是意义虚化。举个例子，"地震"是由"地"与"震"两个自由词根组成；而"老师"则是非自由词根和词缀合成而成；"玻璃"和"笑"则是单纯词，仅拥有一个单独的自由词素。不仅汉语如此，英语中也同样适用。如 earth 和 quake 都是独立词根，而 earthquake 则是组合而成的复合词；teacher 是由词根 teach 和词缀 er 组合而成的派生词，joy 则是单纯词。

因为英语中的语素的排列次序一般是固定的，因而不可以随意调换语素在词语中的位置，像 earthquake 的语素不可以前后互换为 quakeearth，distcouragement 也不可以改成 couragedisment。而汉语中语素的排列次序就没有那么多限制，比较自由。举个例子：语言和言语、欢喜和喜欢、伤感和伤等等。在上面的例子中，虽然存在语素排列次序的调换，但是双音词语的意义几乎没有变化或是仅有轻微的改变。除此之外，组合顺序的颠倒在四字成语中的使用也是十分普遍：成竹在胸和胸有成竹、万水千山和千山万水、得意洋洋和洋洋得意、处之泰然和泰然处之等等。又或是重新排列每个词中的每个语素：翻天覆地和天翻地覆、日以继夜和夜以继日、富国安民和国富民安等等。词序灵活不仅仅体现在语素的词序调换，连词也几乎不受词序的限制：不怕辣、辣不怕和怕不辣；做人难、难做人和人难做等等。即使将每个词重新组合，放在任何位置，其表达的意义几乎没有改变。但更多的是，将词语内语素的位置调换后，词性会发生一定改变，表达的含义也有所不同：地基和基地、中心和心中、家人和人家等等。有时候在调换语素的顺序后，不仅词性有所变化，连抽象和具体的含义也可能发生改变：盘算和算盘、锁门和门锁、带领和领带等等。静态和动态的互换：现实和实现、前提和提前、警报和报警等。

上述的例子都证明了汉语中的语素的位置在构词中是可以随意变化的。词语构成的灵活程度和能组成词的数量与语素位置的可调换程度成正比。就如同 A、B 两个语素，除了能够构成 AB 和 BA 外，还能够组合成 AC、CA、BC、CB。还有传言、言传、言语、语言、词语、语词。汉语语素的灵活易变，是因为在历史上汉语的语素自身就是一种能够独立使用的单音词。即使在现代汉语中，许多单音词已被降格成为了非自由语素的单音词，无法单独使用，这也不妨碍语素能够自由地在语句不同位置上出现，在句法和词法层面活动。像"校"只能构成校徽、学校、高校、校友，而不能够单独用作：他去 * 校了、* 我们的校。

与汉语不同的是，英语中的词根语素、词缀的位置往往比较稳定。

例 如：aqua-、-ccive、-cover、drom、fer-、flict、-gnos、herb-、hypno-、journ-、-laps、liber、manu-、memor-、reg-、soci-、-plore、pound、-quit、-pute、-tact、-volv。值得注意的是，当组成词后，语素的位置就定死了，再不能调换：extra-professiontal、protspectrive、benetdicttory。

（二）词语插入

布龙菲尔德说过，在构成英语中词的语素之间是不允许插入其他的语素的，如 conscioustness、brain+wash，仅有一些少数的诅咒词可以构成中缀，如 blooming、bloody 等等允许在其中插入别的语素如 absobloominlutely、handibloodycap、guaranfriggintee。

反观汉语中，有不少词的两个词素之间都可以有其他成分的插入，如：洗澡—洗了一次澡、出差—出了两次差、推动—推不动等。还有些甚至可以把单个语素的音节分开，在其中插入别的词。如慷慨、幽默、滑稽是双音节的单语素词，也可以改成："慷他人之慨""幽他一默"还有"滑天下之大稽"这种说法。这样的汉语被称为"离合词"，具备着英语中的构词达不到的灵活性。

（三）词语伸缩

1. 词级

词缀在英语词汇中有着十分重要的功能，它既能够改变单词的词性，也能够改变其含义，令其具有强制性。像，形容词前后加上"en"就能变为动词：enrich、enlarge、sharpen；形容词后加上"ness""ism"则能够变为名词：carelessness、freedom、socialism；将某个词前加上前缀 re-、super-、nus-、mal-、over-、out-pre-、post-、un-dis-、等时，意义则发生改变：rewrite、superman、misleading、malnutrition、outnumber、overthrow、prediction、unbelievable。

虽然汉语中的词缀也同样具有这样的功能，但许多词缀一起表现出的非强制性，就无所谓用与不用了。例如：妻和妻子、虎和老虎、药和药品、姨和阿姨、虽和虽然等等。如果不需要考虑词语的韵律，则完全可以将词缀省略也同样不会对意义和词性产生影响。这些便是马建忠老师说的"增音不增义"。

2. 音节

汉语中的一些词的词缀可有可无，主要是为了组成双音节词。从这种特点中我们能够分析，汉语中词汇的伸缩性同样体现在单音、双音节词上。众所周知，现代汉语中的词汇有着双音化的倾向。因为双音词自身是由单音词发展而来，故而双音词能够返回去用单音词代替。这也意味着，在其含义保持不变的基础上，单音节词能够发展成为双音节词，双音节词也同样可以省略成为单音节词。像：偷盗和偷、夸奖和夸、楼房和楼等。既能够使用单音节词，也能够使用双音节词，只需要根据不同的言语节奏来决定。同样，三音节词往往也能够省略为双音节词，像：潜水艇和潜艇、护理工和护工、单人间和单间等。诚然，在现代汉语中，单音节词中独立语素的功能已经失去了大部分，仅能与其他语素结合使用，例如：城市容貌和市容、我们国家和我国、楼房过道和楼道等等。

但英语中却比较少存在同一个意思能够用不同音节表达出来的现象，除去缩略词，不管是习语还是词语都体现了固定的结构。例如：crook cut crook、diamond cut diamond 中的 cut 是不能根据英文语法中的第三人称单数，添加 s；in the same boat 中的 boat 也不可以更换为 ship。

汉语中的词语结构灵活多变，多字少字并不会产生区别性的含义，许多时候起到的作用仅仅是拼凑音节而已，而增字减字也可能仅仅是为了使句子结构更加整齐、韵律更加好听罢了，故而在一般情况下并不会影响到它们相互替换。若是句子的结构被要求与前一句对仗，并且为四个字，便能够用"勤勤恳恳"；若是只需要两个字，便使用"勤恳"；再若是需要三个字的，则可以使用"不在乎（满不在乎）""无拘束（无拘无束）"以及"无理由（毫无理由）"；同样的，若是需要 5 个字，便可以使用"依样画葫芦（依样葫芦）"还有"空口说白话（空口白话）"。

3. 缩略

除了上述所说以外，汉语中词语的弹性也能够表现在缩略词当中。当双音节词的产生以及配对使用的时候，音节繁多复杂时就不便于记忆，再加上生活节奏以及社会发展的加快，出于简便的考虑，便出现了紧缩形式的词语。像："高等院校统一招生考试"可以缩略成"高考"。在汉语当中，存在三个音节缩为两个音节：照相机和相机；四个音节缩为两个音节：保险种类和险种、预防控制和防控；四个音节或以上缩为两个音节：博士研究生导师和博导、扶助贫困户或贫困地区和扶贫；多音节缩为三个音节：证券监督管理委员会和证监会；多音节缩为四个音节：师范大学附属中学和师大附中、人造地球卫星和人造卫星；取字取义概括的：稻子、高粱、豆子、黍子、麦子简称五谷等等。无独有偶，在英语中当然也存在许多相似的缩略词语，如两个词剪裁拼缀而成的：automobile suicide-autocide、smoke fog-smog；剪切部分音节重新组成的：advertisement-ad；将复合词截短的：weekly paper-weekly 等等。

通过以上的对比，不难发现，英语当中缩略词会因为词形的缩短，使得语体随之下降，导致缩略词往往用于非正式的语体、口语或是俚语中，而在一些正式语体中还是使用之前的词语，互相之间比较难通用。故而英语中词语的形式通常较为固定。然而汉语却与之不同，原形词与缩略词之间的通用度很大，具有很大的伸缩性，在任何语体、任何时候都能够互换。

（四）语素搭配

汉语中内部语素的构成能力和搭配能力也同样体现了词语的弹性。单个的语素通常能够与任意一个其他的语素进行搭配，从而衍生出大量的词汇。汉语词典中的引导条目也是采用代表语素的字，接着在单字条的下将独立的词列出。代表语素的单字条中，存在可以单独使用（自由语素词），也存在无法单独使用的（黏着语素）。不论能否单独使用，单字条都可以与别的语素进行搭配，从而演变成许多词。例如：语素"刚"（单独使用：他从学习回来）组成的词：刚才、刚好、刚度、刚健、刚毅、刚强、刚直等等。再如：语素"佳"（无法单独使用），同样能够组成：更佳、绝佳、特佳、甚佳、极佳等。据《常用构词字典》的统计，"手"构成的词语有二百七十二个、"水"构成的词语有三百二十五个、"人"组成的词语有四百三十一个、"天"构成的词语有二百六十四个。这也意味着，虽然汉语词典当中的引导单字条不多，但绝大部分都是组词的高频语素。故而汉语界普遍认为，只要掌握一千左右的高频语素，便能够顺利地进行汉语阅读。正是由于一部分高频语素有着超强的构词能力和搭配能力，几乎能够随心所欲任意地造词搭配。由于英语中语素就不如汉语的语素活跃性强，编写英语词典就无法以语素作为引导，只能够将能够单独使用的词一一列出。英语的语素构词会受到的语义、语音还有句法的限制，比汉语词素受其限制大得多。就语音系统方面，英语中一些能够缀附加在词素上的词，会受到音素的限制。例如：en 作为后缀，能够放在形容词后面使之构成动词：shorten、harpen、blacken 等。但为什么 calmen、greenen 不是呢？这是由于 en 作为后缀，它依附的词的词尾只能是阻塞音，如：/k/、/p/、/d/。-em/-en 和 -im/-in 词缀的含义几乎没有区别，之所以同时存在 embody 和 impatient、endow 和 incorrect，也是因为词根词首当中音素的原因。再如：deep 和 depth、long 和 length，wide-width、high 和 height、weak-weakness 等等。

部分双音节准的词缀是通过单音节准的词缀演变而来的。类似于儒生、儒士、儒商、儒师等名词全是由"儒"字演变而来。对于儒字的解读有很多关键的部分，其中"儒商"便是一个派生词，在此基础上衍生出其独有的特性，例如儒商文化、儒商气氛、儒商形象等，形成一个完整的词汇结构，使得"儒商"成为了一个准词缀。

由此可见，汉语是一种传播力极强、词汇结构能够不断完善的语种，其自身有着独特的属性，能够结合社会的发展和变革进行不断的创造和革新，与中国的社会紧密相连。汉语本身从文字演变而来，能够进行随心所欲的组合和排序，用相同的文字组成不同含义的词语或句子，因此，汉语的词缀化可谓是目前现代汉语发展的主要方向。对于"网"和"虫"这一类的词，在原来的时候都表示其独立的意义，就是形容一件物品或是一个生物，无法与其他的词汇进行结合形成词缀，不能构成一些创新的词语。但随着因特网的发展，人们将"因特网"中的"网"提炼出来，作为对网络的一种描述，于是形成了以"网"为词缀的新词汇，例如网民、网吧、网址、网管、网虫等，又将"网虫"当中的"虫"进行提炼，创造出票虫、房虫等新词汇。在2007年教育部发布的汉语新词语中，对"族"这一词缀进行了创新，创造出乐活族、本本族这一类形象生动的新词语。除此之外，还有房奴、车奴等一系列以"奴"为词缀的词语。

对于词缀的多次重复利用和创新创造是一种普遍现象，不仅发生在汉语中，在英语当中也十分常见。

以 a 为前缀的单词，通常都具有表示"不，无，非"的意思。例如 acentric（无中心的）、asocial（不好社交的）、amoral（非道德性的）、apolitical（不关政治的）、anomal（反常的）；除此之外 a 加在单词前，还可以表示"在……的"，例如 asleep（睡着的）、aside（在边上）、ahead（在前地）、alive（活的）、awash（泛滥的）。

通过这种现象，我们可以轻易的得出一个结论，即在英语当中的绝大部分词汇都能形成自身的词缀和语素。但由于英语本身是由 26 个字母来构成单词，其想要形成独立且通顺的语句就必须严格的遵守语句规则和词语规则，由此看来，在英语的使用规则中，内部结构的严谨性十分重要，如果一个环节出现了问题，可能会导致整个语句的错误。而汉语则恰恰相反，其类似于一种意合性的语言，本质上是为了交流的方便快捷，因此可以进行随意的组合和搭配，其唯一的目的就是为了能够在语义上进行联系，最终让交流的双方能够进行有效沟通。对于汉语来说，某个字或者某个词都可以充当词缀，能够搭配不同的句式进行创造创新，对于一个词语形式来说，能够用来表达的句式有无数种。

（五）词语功能

汉语弹性的表现方式多种多样，除了上述我们提到的形式之外，功能也是一大关键。汉语本身具有一定的独立性，其语法功能与形态变化是相互分离的，因此在不同的语法中，词语的结构和类型可以发生变化，一个字几乎可以充当任何词性种类。徐通锵曾说过："汉字的意义和功能本身就是模糊不清的，同一个在在不同的语句当中就有不同的表现形式，比如"气"既可以在煤气这个词中表达一种实体物品，也可以在生气这个词中表现一种心理状态。"。19 世纪初期，英国人威妥玛在其著作《语言自迩集》中对汉语进行描述，《语言自迩集》是世界上第一本对外国人介绍汉语的多功能性的作品。在作者威妥玛看来，汉语与英语相比更加灵活，没有那么多刻板的规范要求和原则，能够随心所欲的进行排列和组合，实际运用中会更加方便。而范晓发现与印欧语相比，汉语的词句更加自由，不受形态的要求，可以根据语句的要求充当任意词性，能够进行不同词性之间的转换和调整来适应语句的变化。

例如名词和动词兼类（一篇通知—通知某人、一个代表—代表某人）；形容词和动词兼类（长相端正—端正态度、人很讲究—讲究原则）；名词和形容词兼类（相信迷信—很迷信、相信主观—很主观）。与此同时，汉语的大部分词语都可以根据句子的形式和内容进行词性和结构的转换，由单一的意义衍生出其他的意义来适应句子的需要：研究科学—科学研究、安排任务—任务安排、发射火箭—火箭发射、揭示主题—主题揭示等。

从上文的描述中，我们可以看到实词与实词之间能够进行相互的转化，而其实在整个汉语体系中，实词和虚词这两大要素也可以进行相互的转换。例如"给""把""比"这类介词，其本身就可以单独表示一种动作状态，也可充当动词虚化和的介词，因此在不同的句子中就有不同的意义和含义。我给了他一样物品（给为动词），我给他带了一样物品（此时的改即为介词）。在汉语当中，词语的自由度较高，可以随时根据语境和语言内容发生变化，同样的字词可以进行词性的转换，甚至在某一个句子中，一个字词可能会有两种性质。

在英语当中，也有类似于兼词类型的转类词，在同一个单词中加入前缀或者后缀就能直接引起词性的变化，比如：动词和名词（post-postage、mail-mail、weigh-weight、advise-advice）；动词和名词—形容词（act-actor / actress-active、change-change-changeable）；动词和形容词，副词，名词（fill-full，need-necessary-necessarily interest(v. / n.) interested /interesting）等，从形式上来讲，英语中的大部分词性转换是发生在各类词与名词之间，而汉语中则是将动词当做名词，名词当做动词。从转换的方式上讲，英语一般来说是对一个单词进行前缀或者后缀的增加，使其变成另一个单词；而汉语则是将一个词语放在不同的句子中，衍生出新的意义。但正是由于这一特点，往往在有些句子中，词语的词性是模棱两可的，没有一个具体的划分标准。

汉语自身灵活多变，难以用固定的词语和标准进行规范，在这种情况下，吕叔湘认为"讲汉语语法，也许词不是绝对必要的"。洪堡早在 1826 年就对汉语的这种特性作出了说明，他认为汉语没有准确的词法："在其他语言的句子当中，有明显的词法和句法，但在汉语中词法并不受到约束，可以视作为是完全自由的，因此汉语只有句法"随后进一步的对词法和句法进行分析，"在其他语言当中，同一个单词只有一个意义或者少数的意义，其运用的词性也是比较单一的，因此在分析句子是，对于词语的理解到位了，那么句子就很容易进行理解；而汉语不同，同一个词语放在不同的句子中会有不同的词性和意义，对句子的理解就要具体落实到一个字和一个词语的所有意义和词性，只有将字词的意义理解透彻了，才能进行对结构的分析。"通过上述的学者的研究，我么不能得出汉语和英语两者的基础条件不同，因此学习的方式方法也就不同。我们可以通过建立一个框架，结合英语的词法来具体分析汉语的字词。

第二节 英汉词汇搭配对比分析

利奇曾经说过："句子是以结构为基础，结合词汇的搭配而形成的。"因此，语句的组合情况离不开词语的搭配和协调，即语句来源于词汇，在弗斯看来要想理解一个词语的真正意义，就要从他的伴生词汇入手，多数情况下，词语和词语之间会有着固定的联系，这种联系换句话说就是搭配关系。

当我们对英汉词汇的搭配进行对比分析的时候，应该提前提出对问题的假设。实际生活中，汉语的词汇量不到 10 完，而常用字则只有 3500 左右，但英语的词至少也是 50 万，这就说明英语的词汇量远远超过了汉语。在客观世界中，由于世界的统一性，我们想要表达的事物和概念是大致相同，因此这就需要汉语的词汇量和意义要足够的多。但在事实上，汉语会受到辨义音节和词义容量的限制，无法进行盲目的扩张和增加。从另一个角度来看，如果汉语进行了无限制的扩张，那么就会出现更多同音同义的词，无法简洁明了的描述事物，同时对语言环境的要求也更加严苛。由此看来，如果我们想要在控制词语容量的同时满足不断增长的表达的需要那，就只能通过词与词之间的搭配组合来形成不同的短语，用短语来表达出英语中只需一个词就能表达的含义。也就是说，汉语需要有更强的搭配能力才能满足我们实际的表达需要，陈然这只是一个假设，有很多因素可以决定一门语言词汇搭配能力。在这当中，语义是基础，对词语之间的搭配起着非常关键的决定性作用。另外，人类具有大致相同的认知规律，所以在不同的语言中，对于表达的同一概念或事物所对应的词语搭配都是可以相互理解的。但是在不同的语言中又有各自的搭配习惯，而影响搭配关系的主要因素有词义的宽窄度，语言的结构、思维模式等。

一、语义容量

（一）词汇的外延性

词汇所能搭配的范围与单词的语义外延呈正相关，外延越宽，所对应的搭配范围就会越大，外延越窄，所对应的搭配范围就会越小。汉语中"正"所表达的是"非副的""首先的"的意思。比如有，正标题、正主席、正总统、正经理、正歌、正能量等。然而英语中 positive；principal；upright；straight；just 所蕴含意义都远没有"正"多，能够表达的概念也就没有那么广。英语中要表示这些意义的"正"需要好几个词来分担，没有一个英文单词能囊括这么多意义。如：official title, principal chairman, verse, positive energy 等。

再如，"浓"字，英语中常见的有两个单词"thick"和"strong"可以表达"浓"，但是对应于不同的含义，英语中要用不同的单词去表达，要表达"浓咖啡"，我们用 black coffee，要表达"浓茶"，我们用 strong tea，要表达"浓雾"，我们用 thick-foggy，要表达"浓云"我们用 heavy cloud。另外，汉语"浓"和"淡"具有相反的意义，"淡"有"颜色的浅度"，"液/气体的不稠密"等意义，搭配也很广泛，可以是淡色、清淡、咸淡、淡季、惨淡、淡墨。而英语中同样需要用不同的形容词去形容不同的事物：形容淡云用 light，形容淡季用 slack，这些都说明了单词的语义在词汇搭配中的重要地位。

汉语"深"和"浅"具有相反的意义，有"从上到下或从外到里的距离大"，"距离开始的时间长短"等意义，搭配也很广泛，可以是深色、深水、深厚、浅薄、肤浅。而英语中需要用不同的形容词去形容不同的事物：dark color，deep，shallow，superficial

汉语中不管是人造的假，伪造的假，或者是不真实的假，都是不区分的：假牙、假花、假山、假钞、假帐、假酒、假死、假证件、假想敌、假扮，假唱、假体、假话、假惺惺。而英语中形容"人造的"用：false teeth，manmade rock，artificial vine，形容"伪造的"用：counterfeit money, bogus certificate, fake credentials, Forged bill，形容"假扮的"用：Angel in disguise，pretending to be a judge，形容"不真实的"用：false messag, unreal world，unrealistic。

汉语中不管是两个人还是两个物，都可以用"双"表示，但英语里 twins（双胞胎）、double bed（双人床）、dual nationality（双重国籍）、a double-edged sword（双刃剑）、bothway（双向）、dual carriageway（双向车道）。再者，汉语中的"良性"泛指"能产生好的结果的"，所以有"良性肿瘤""良性循环""良性债务"和"良性通货膨胀"等，而英语对"良性"有病理上和物理上的区分，因此需要根据不同的性质，用不同搭配：a high quality problem，good risk，benign tumor。

汉语的"漂亮、英俊"可以用来形容大多数的可以描写的对象搭配。然而在英语中描写软性、柔性的对象时用 pretty：girl/villas/woman/flower/face/colour/，描写刚性的对象时用 handsome：man/boy/car/guys/overcoat/suits/typewriter。

同样，汉语中"一次性筷子"，"一次性还清"都可以用"一次性"来表示，但是含义却是不一样的，所以说"一次性"这个词含义是模糊有歧义的。但在英语中，认为"一次性筷子"是"用一次后扔掉"的意思，"一次性还清"就是"一次把所有账单都还清"的意思，所以需要用不同的形容词来表示：disposable chopsticks，lump-sum payment。

汉语中的"很""非常"几乎可以修饰任何形容词，搭配能力很强。而英语中表达睡得很熟，很远，会用 sound asleep，far apart，而不用 very。表示"非常"的单词还有 highly，但是 highly 只能和表示有积极意义的词搭配：highly motivated/profitable/appreciated /recommended/sensitive 等。

除了副词和形容词外，动词也有类似情况。例如，英语中我们表达 follow the example，learn to speak English，pursue knowledge，在汉语中我们只用"学习"这一个动词就可以表达：学习榜样，学习讲英语，学习知识。

汉语中的"打开"这个词，不管打开的方式是旋转的，拧开的，解开的，砸开的，接上电源的，甚至是揭示秘密的，也或是打开的对象是抽象的还是具体的，都可以用"打开"这个词来表示：打开盖子，打开电脑、打开电视、打开领带、打开微信、打开奥秘、打开行李。而英语中的"open"就没有汉语中"打开"这个词延展性这么大，因此相对应的内容，英语中只能用不同的动词表示：take off the lid，turn on the computer，turn on the TV，loosen the tie，open WeChat，discover the secrets，unpack。

汉语中"……得发抖"，什么性质都可以：激动得发抖，冷得发抖，但在英语中不同性质用的词不同：激动得发抖用 quiver with excite-ment 表示、冷得发抖用 tremble with fear 表示。同样"溜达"，汉语中动物和人都可以用，而在英语中指人的时候 wander，stroll 两个动词都可用，指动物的时候则不一样，如 cow 只能与 wander 搭配，而不与 stroll 搭配：The cows are wandering about。

汉语中可以说"赢了韩国队""赢了比赛"，也可以用"赢了他们"来表示。而英语只能用 win a game/a racela match 表示"赢"的意义，用 defeat the team 表示赢了某个队。也就是说，汉语中的"赢"能够表达英语中的 win 和

defeat 两个词的意义。另外，汉语中"打败了"和"赢了"是可以互相转化的：赢了韩国队，打败了韩国队。

陈然英语中有一部分动词的外延性相当强，搭配的范围也相当大。举一个例子 attend，在词典中的解释是"be present at"，也就是 出席；参加，所以有 attend a meeting（参加会议），attend university（读大学），attend school（上学），attend class（上课），attend a wedding（出席婚礼）。再如，wear，词典解释是"to have（esp.clothes）on the body"，加在身上的东西都可以用，因此有 wear clothes，wear glasses，wear gloves，wear make-up，wear perfume，wear hair 等，然而这些在汉语中则是要用不同的动词来表示的：穿衣服，戴眼镜，戴手套，化妆，搽香水，留头发。

（二）词的引申性

词汇义项的多少关系到词汇搭配能力的大小，通常来说，词汇的义项数量越多，其搭配能力则越强。义项的多少，又往往取决于其引申能力。由于英语中单词的平均义项数量多余汉语，并且英文单词的引申转喻能力也比汉语单词的。故而英语词汇的搭配能力也应当比汉语词汇强。如、soft（skin、soil、light、wind、outline、voice、heart、science、-sell、soap、drug），之 在所以英语当中，soft 能够与这么多单词进行组合搭配，与其具有的基本义（前六个）和比喻义（后六个）较多有着密不可分的关系、柔嫩的皮肤、细软的土、柔和的灯光、轻柔的风、模糊的轮廓、轻轻的话音、软心肠、社会科学、软推销、轻松的工作、奉承、不上瘾的麻醉品。形容词中也存在这样的例子、light（tap、shoes、shower、mist、sleeper、wine、manner、heart、reading）、轻拍、轻便的鞋、小阵雨、薄雾、睡的不沉的人、淡酒、轻浮之举、轻松的心情、易懂的读物；strong（muscles、stick、feel ing、tea、price、personality、reasons、will、）、强健的肌肉、结实的手杖、强烈的感情、浓茶、坚挺的价格、很强的个性、充足的理由、坚强的意志、。

在英语当中有许多形容词具有十分强大的搭配能力，主要还是因为其引申能力十分强，比如、heavy 的基本义是"量多"以及"沉重"，故而有 heavy、load、blow、work、step、suitcase 与 votes、rain、advertising、viewers、crop、traffic、investors 等进行组合搭配。但当其引申出了不同的词义后，便产生了下列的搭配：a heavy foliage 密叶、a heavy /smoker 酒 / 烟瘾者、a heavy day 繁忙的一天、a heavy schedule 排满的工作表、a heavy thinker 思想深沉者、a heavy reader 文笔单调的作者、a heavy politician 政治要人、a heavy father 严父、heavy reading 冗长乏味的阅读、a heavy sea 波涛汹涌的海面、a heavy sleep 沉睡、heavy food 难以消化的食物、heavy police guard 警察的戒备森严、heavy news 令人优愁的消息、heavy applause 热烈的掌声、a heavy fate 悲惨的命运、heavy sorrow 折磨人的悲哀、a heavy sentence 严刑、a weather 阴沉的天气、heavy odour 强烈的气味、heavy 谎言的报道、a man with heavy features 粗眉大眼的人。动词也是如此，在英语中"kill"的引申含义要比汉语中"杀"的含义多得多，故而可进行搭配的范围也比较大。除了其基本意义的搭配：the murder kills children（杀害），还有以下多种搭配：he kills time at the park（消磨）、garlic will kill the taste of the meat（破坏）、the committee killed the motion（否决）、the mistake nearly killed his chance（毁掉）。

诚然，汉语当中也存在不少的单词有许多的引申意，比如："开"，存在19 个意义。（《现代汉语词典》中的说法）。除了其基本意义，有不少是其引申意义，故而能够进行搭配的范围十分广：1. 开学、开工、开市、开业、开演、开动（从静止到开始运作）2. 开山、开路、开井、开发、开辟（使不相通的两处接通）3. 开门、开锁、开箱（使关闭的东西不再关闭）4. 开戒、开禁、开斋、开拔（使不再连接、取消禁令等）5. 开车、开枪、开飞机（启动，使某些部件不再连接）6. 开矿、开工厂、开医院、开发票（使无到有）等等。在英语中与之对应的单词"open"则不存在这么多引申意义。所以，汉语中的"开"的 6 个含义，英语中一些使用 open，另一些则使用其他的单词，如：open the door、lock the box、cultivate a mountain、dig a well、cut out a path、work begin、open up a mine、the meeting begin、run a factory、set out、run a hospital、drive a car、open fire、dismiss a worker、break one's fast、lift a ban。

英语词汇的两面性也能够在英语词语搭配中得到体现。由于某些单词的选择存在较多限制，故而不少的单词表现的是搭配的专一性。而也有一些单词的引申能力比较强，也就具有十分强大的搭配能力。就如同汉语当中，"大"这个字的选择限制很小，几乎能够与任何事物进行搭配，但英语中与之对应的搭配却受到较大的选择性限制，只能根据不同情况选用 big、great、large 等。根据 LOB 语料库的说法，与 big 的搭配主要是用于描述某样物体大小方面的物理性质，故而 big 能够与 hand、rocks、man、car、house、country、school 等搭配，而与抽象词的搭配仅有 success、demand、meeting 等。并且与抽象词进行搭配的大多是 great，如：great importance、great deal、great majority、great interest、great pleasure、great hospital、great change、great detail、great help、great influence、great value 等。large 则通常与数量词进行搭配比较多，如在 LOB 语粉库当中，按照频率，这些单词分别是：large scale、large number、large quantities、large sums、large majority、large audience、large proportion、large amount、large supply、large buildings、large school、large country，当中仅有 audience 以及后四个单词不是数量词。

除了会受到词的影响，英语搭配受句法结构的影响也不小。我们知道，在英语中存在 take fright、take heart、take courage 这样的搭配，但假若换为：what we took was fright/ heart/courage 或 者 the heart/courage that he took was indicated by his reaction 这样的搭配就行不通了。

英语单词的引申能力强会使其搭配能力也强，而单词搭配限制性的多少又语与英语范畴化的大小相关，范畴化越细则限制性越多。仅存在很细小的差异都会创造一个专门的词汇，这是英语中有大量同义词存在的原因。举个例子，quiver 和 tremble 在英文中属于同义词，两者都是"颤抖"的意思。但是 quiver with excitement 和 tremble with fear 不能互相替换，但在汉语中我们却能够说激动得发抖或者害怕得发抖等等。

通常来说，英语当中的高频词（大多是基本词）的引申能力较强，所以能够进行搭配的范围会相对广，限制性也会较小。例如：颜色词 red、white、blue 都是基本词，但是引申义多，故而与汉语中的颜色词相同，语义上能够行得通，就能够与任何事物进行搭配。但若是 blond（金黄色）这样的非典型基本词，其搭配就会存在限制。我们能够说 blond hair，但不可以说 blond beach、blond dress，但汉语中的"金黄色"受到的搭配限制却小很多。再如："变质腐坏"，汉语中能够将它用于形容任何食物，而在英语中 fish、fruit 的"变质腐坏"只能使用 rotten；而 butter、oil、bacon 的"变质腐坏"需要用 rancid；meat 的"变质腐坏"需要用 putrid；milk 的"变质腐坏"用 sour，不同食物的搭配互不相同。不过当使用 bad 这个基本词时，它们才都能与之搭配：bad butter/oil/bacon/fish/meat/egg/milk/fruit。又像是英语中"piece"是个基本词，当它作名量词使用时的搭配范围十分大 :a piece of paper (information、news、advice、luck、meat、thread、glass、music、coal、work、poetry、wallpaper），但作为其他量词使用时的搭配则表现出了单一性及专一性：a company of teenagers、a circle of friends、a bench of judges、a crowd of watchers、a throng of pedestrians、a galaxy of writers、a multitude of people、a flock of sheep、a herd of cattle、a pack of wolves、a pride of lions、a school of whales 等等。同样作为复数群体量词，汉语中的"一群"几乎能够与任何群体进行搭配，没有任何限制。"一群"能够与人、动物进行搭配，我们可以能够一群人、朋友、妇女、孩子、作家，也能够说一群牛、狼、狮子、羊、鱼、蜜蜂、蚂蚁、鸟等等。但与英语正好不同的是，当我们在表示单数可数意义的时候，汉语需要根据不同对象使用不同的量词：一杯水、一匹马、一头猪、一头牛、一条鱼、一位客人、一块面包、一片面包、一员大将、一所学校、一间房子、一扇门、一辆车、一艘船、一粒米、一朵花、一个人、一张纸、一座山、一根线等等。

（三）词的笼统性

词的笼统性受到词汇搭配能力的影响。通常来说，一个词越笼统，就越虚化，搭配能力也就越强，动词尤其如此。英语当中把这类词称为"delexicalized words"，意思是非词汇化词语或者虚化动词。像英语中 do、take、make 等动词，其本身几乎没有较明确的意思，往往需要和名词进行搭配来表示某种行为，并且不会产生什么影响或是创造什么。在汉语中与之对应的词是"搞""做""弄"等。像上述的那些高频动词的语义比较弱，有些本身甚至不具有十分具体的意义，往往只能通过与其进行搭配使用的名词来表现出其意义。如：make a compromise、make a adjustment、make difference、make a choice、make an arrangement、make a guess、make a decision、make a contribution、make a sacrifice、make reparation。

在这些词组中，make 几乎不存在任何语义内容，而其构成的词组的意思就是接在后面的名词意思，也就是相当于 compromise、adjust、different、choose、decide、arrange、contribute、sacrifice 等。再如：打道、打靶、打扮、打场、打铁、打针、打水、打酒、打点、打斗、打赌、打工、打鼓、打鼾、打官腔、打白条、打交道、打退堂鼓、打埋伏、打招呼、打赤膊、打草稿、打哈欠、打主意、打算盘、打哑谜、打折扣、打游击。英语中与之对应的如：do、play、make、take、give、have 这类笼统的虚化词的搭配能力十分强。例如：do chemistry（从事）、do one's nails（修剪）、do shopping（买）、do all one can（竭尽）、do favour（帮忙）、do the room（收拾）、do the problem（解决）、do housework（做）、do one's lessons（预习）、do the lawn（平整）、do honour（致敬）、do the teeth（刷）、do the hair（理发）、do ironing（烫）、do an article（写）、do damage（造成）、等。

不难发现，do 与汉语的"做"有异曲同工之处。像 do cook（做饭）、do research（做学问）、do housework（做家务）、do manual work（做工）、do business（做生意）、do sewing（做针线）、do somebody a good turn（做人情）等。对于虚化动词的搭配，我们不能仅仅注意它们的搭配意义，同样也需要注意搭配频率。可以发现，汉语中与虚化动词进行搭配组成的词语和词组都成为了核心词汇，化为书面语体的范畴。但英语中与虚化动词，如：do、make、have、get 等进行搭配组成的短语却很少能够进入正式的书面体，在口语中使用较多。

（四）词的语体性

词的搭配能力还与词的语体相关，通常来说，词的语体越低，越倾向于非正式语体或者口语语体，则其的义项越多，能够进行搭配范围也随之越广。我们把短语动词以及意思相同的单纯动词，如：look over 和 review，bring up 和 educate、put down 和 suppress、catch on 和 understand 进行比较时发现，前者源于 Anglo-Saxon 本族动词（即主要用于表示人体活动的动词）与表示方向的副词和介词搭配。这类的词往往能体现出亲切、朴素的感情色彩，因此更多地在非正式语体或是口头语体中使用，故而可搭配的范围也较大。后者则源于拉丁语以及法语，往往更多地使用在正式语体或者书面语体当中，其词义范围较为准确严格，所以通常来说，这类词的搭配范围会较小一些。如：suppress 和 put down 都有"平定"的含义，如：suppress/put down a rebellion（平定叛乱）。但 put down 的搭配范围会比 suppress 的搭配范围要大：put down the mighty 贬低强者、put down the arms 放下武器、put down eggs 储藏鸡蛋、put down the gossip 制止流言等。put down 在这里表达的语义，单个动词则需要使用 suppress，reduce，write down，place，round 等才能表达出来。

不只有短语动词，单个的高频动词也具有相同的性质，如：run、turn、hold、put、set 这类单词的语体意义较低，词义较宽，搭配能力较强。catch 的搭配：catch a deserter（capture）抓住逃兵、catch a ball（take hold of）接住球、catch the train（reach in time to board）赶上火车、catch cold（be infected with）患伤风、catch one's eye（attract）吸引眼球、catch one's words（hear accurately）听清话、catch one's breath（hold back）屏住呼吸等等。

总的来说，在现代汉语中的词汇语体相较于英文词汇语体会低一些，而非正式词语则被大量地运用在报刊、杂志义或是政治学术刊物中，词的概括性以及笼统性也会大一些。

（五）词的语义韵

语义韵（semantic prosody）的意思是一个词与另一个词同时出现时产生的语义氛围或者是习惯性地与一些相同含义的词语共同出现。其中包括积极语义韵、消极语义韵以及中性语义韵等等。一个词的语义韵范围越大，比如同时包括积极语义韵和消极极语义韵，则其能够进行搭配的范围也就越广；若是一个词的语义韵的范围较小，比如只包括积极语义韵或是只包括消极语义韵，则其搭配范围较窄。

通常来说，积极意义的词会比消极意义的词更具有搭配能力。例如：

enjoy 和 suffer，前者搭配范围远比后者大。通过研究发现，任何一组意义对立的语素语词，积极意义的语素语词往往比消极意义的语素语词具有更强的搭配能力。由 7 个积极语素语词进行搭配组成的词语，汉语中有 677 个，英语中有 508 个；但由相同数量的消极语素语词进行搭配组成的词语，汉语中仅有 336 个，英语中则仅有 304 个。

虽然汉语和英语具有相同性，然而相较于英语，汉语中词的语义韵较宽。"职业"在汉语中能够使用好的、坏的或者理想的、不理想的来形容，而英语中与之相应的 career 却只有积极的语义韵，只能用下列形容词进行修饰：glittering、successful、international、distinguished、promising、musical、brilliant、remarkable、professional、writing。

能够与之搭配的词也体现了英语中的 career，指的是具有较高社会地位且受到他人尊重的事物（目前来说，在英语语料库中尚未发现能够用于修饰 career 的消极意义的形容词）。又如汉语中的"影响"一词，我们能够说"留下好影响"，还能说造成"不良的影响"。但英语中相应的 effect 和 influence 虽然同时具备积极和消极的语义韵，然而当运用到实际中时，effect 会更倾向于与 negative、greenhouse、side、devastating、adverse 之类的消极意义的词进行搭配，而 influence 则更多地与 great、significant、profound、wonderful、marked 之类的积极或者中性的词搭配。

通过上述例子不难发现，英语同义词的分工比较精细，能够分为积极、消极以及中性几大类。而同样是形容"发生的事情"，在英语中可以用 incident、event、happenings。incident 一般比较多用于形容发生的故障、疾病：have an incident of the stroke（disease、bleeding、injury、poisoning、infections、cracking、disruption、defects）；event 则更多地指重大的、具有积极意义的事情，比如：celebrate（mark、commemorate）event，或是 great（important、epoch-making、historical）event。综上所述，虽然英语单词的平均义项会比汉语单词多，且引申比喻的能力也比汉语单词强，但是汉语词语胜在外延大，话体低，词义更为笼统，故而汉语词语的搭配能力会比较强。通常来说，汉词的意义容量较大，因此与其他的词发生关系时产生的结构能量同样较大。

二、语言结构

（一）构词方法

总体来说，汉语的构词方法是分析性的，就是将目前存在的语素组合相加形成新的词。也就是指当我们对新概念和新事物命名时，往往会在表示类属的上义词（概括词）前添加上某个表示区别特征或是种差的词，以此来组合成一个新词。这类的偏正结构造词法会影响词与词之间的搭配。但因为上义词的概括性较大，所以使词语搭配更为宽松，范围也更为宽广。如汉语的上义词"汤"，前面加上"西红柿""牛肉""人参""药"等，就可以有西红柿汤、牛肉汤、人参汤和药汤等，即使这些汤有所不同，有的很稀，如水、有的很稠，如粥。

但在英语中，我们表达不同类型的"汤"却不是使用上义词。往往是根据其不同的特征、质地，使用更具体的下义词，从而组成不同的搭配。如：beef broth、tomato soup。再如汉语中的"卫生"，在这个上义词前加上不同的形容词，就能够指代不同的卫生：个人卫生，环境卫生、公共卫生等。但在英语中，这些卫生的意思有所不同，则需要使用各不同的词进行搭配：personal hygiene、environmental sanitation、public health。汉语上中的义词"环境"，能够与自然环境、舒适环境、社会环境进行搭配；而英语则需要根据不同的环境，分别使用 natural environment、comfortable surroundings、social circumstances。

诚然，上面的总结不是绝对的，肯定也有相反的例子。例如："case"在形成复合词时的搭配能力也十分强：glass case、cigarette case、pen case、book case、show case、suitcase、knife case、packing case、pillow case。但是在汉语中这些单词对应的意思则需要使用不同的词来与之搭配：眼镜盒、香烟盒、铅笔盒、书柜、陈列柜、手提箱、刀鞘包装箱、枕套。

（二）语言类型

词语的受到语法语义的制约度也会影响词语搭配能力的强弱。汉语是一种主题突出型的语言，在很多情况下，句子中的句首成分仅是 个话题。故而在话题和谓语动词之间，受到语法语义的限制则比较少。比如，我们可以说"小王开来一辆坦克车"，也可以说是"街上开来一辆坦克车"；可以说"吃了半个苹果"，也可以说"苹果吃了半个"；可以说"银行要加息了"，也可以说"下半年要加息了"。但是，这种的搭配在汉语中可行，在英语种却不可行。相较于汉语，英语则更加突出语言，属于主语突出型语言。英语的主谓之间有者十分严格的语法语义关系，即英语的谓语动词对主语的要求很高，比如，句子中的谓语要求是具有生命的主语，则绝对不能与无生命的事物进行搭配。

汉语中存在这样一种现象：一些原本与主语构成语法语义关系的动词，

会因为常常与某个话题一起出现，往往备就省略主语，直接与话题对接，从而逐渐地扩大了语义范围。这个动词也就与某个话题构成了一种较为牢固的语义关系，导致人们通常不会认为有哪里"怪"。比如：我们国家的建设事业需要的不仅仅是英雄和伟人。（China in her development needs not only heroes and great men, but talents of different kinds）若是按照正常的语义关系，这句话应该是"国家需要"或者"我们需要"，也就是"在建设事业中，我们国家需要的不仅仅是英雄和伟人。"但是由于"需要"通常会与"事业""斗争"这类的主题一起使用，故而"事业需要英雄"也就能够被接受。然而，在英语中却不能这样搭配。英语中是使用"a country needs something"。比如：教学科研取得了长足的进步。（You have made great progress in teaching and researching.）。"取得"的逻辑主语应当是"人"，但在汉语中出现的"教学科研取得进步"在人们的频繁使用中早已被接受，英语中的 make progress 的搭配要求则必须是有生命的人。故而 Your teaching and research has made good progress 这样的搭配是不可行的。同样的，汉语中"同敌人的战斗取得胜利"不存在什么问题，但是英语却不可以用"Our struggle against the enemy has won victories"，必须用"We have won victories in the struggle against the enemy"。

如果从另一个角度解释这种用法，即我们常说的拟人化。在汉语当中，只要与人类活动相关的因素，如人的活动时间、地点或者工具等等都能够用来和与人搭配的动词进行搭配，最终形成拟人化的表达。比如："明年将出版更多的时尚杂志""全世界比以往任何时候都更加感到中国的存在""大多数公司已将权力下放给经理"。而在英语中，拟人化的表达仅仅会出现在极少的几个动词中，如：find、witness、see、bring 等。所以相较于上述的表达，英语强调的往往是主谓语的法语义搭配："More magazines for models will be published next year""Her presence is felt, more than ever, all over the world""The decision-making rights have been given to the managers in most companies"。同样的，汉语中能够用"有一类观点认为"，因为观点与人相关，所以把"持有这类观点的人认为"省略成"有一类观点认为"，从而形成拟人化的表达。而英语无法进行这种搭配，必须按照正常语义关系：people hold the view that 或者 a view is held that。这也说明，主题突出型的语言拥有的拟人化表达会使汉语中的主语谓语搭配更能体现其灵活性。一个动词可以同时与有生命、无生命的进行搭配，也可以同时与积极词、消极词进行搭配，还可以同时与抽象、具体事物进行搭配。

（三）语义关系

英语词语搭配还会受到语义关系的制约。尤其是动宾搭配，需要同时受语法关系以及语义关系的制约。语义关系，即语义上句子成分之间的关联。但是句法的正确性并不能百分之百地保证其语义可行性。动宾关系中，语义指的是动作与受事、动作与施事、动作与工具之间的逻辑联系，我们注意到汉语谓语和宾语之间的搭配有时并不遵守语义关系，因此形成不可思议的搭配，如"吃饭"和"吃食堂"，一个符合逻辑，一个没有逻辑可言、食堂是不能吃的，同样"打扫房间"和"打扫卫生"，一个比较具体，一个比较抽象。虽然"打扫卫生"与"打扫垃圾"具有一正一反的意义，但也使用一个动词。同样的，"养生"和"养病""抢亲"和"抢险""请罪"和"赔罪""救人"和"救火"等。这样的搭配同样难以想象，前者更符合语义逻辑，但后者往往不易从字面分析。

不难发现，当我们使用语主谓、动宾或者偏正等语法结构来体现语义关系时，汉语往往更倾向于表达意合。因为汉语属于分析型语言，主要依靠短语、句子表达意思，表达也更倾向于简单易懂，就行吕叔湘提出的"汉语是比较经济的，能用三个字表示的意思不用五个字，一句话能了事的时候不说两句""尤其是在表示动作和事物的关系上，几乎全赖"意合，不靠'言合'"。意合即为使用语境弥补语法形式上的简易。实际交往中，人们通常也会突出话语中关键的词语，省略一些无关紧要的部分，而对话者则需要依据双方语境以及共识来领会。

比如，叶蜚声、徐通锵曾举了一个例子，他们提到："谢幕"这个词概括了剧场里一种比较常见的热烈场面，不太能用一句话清楚而确切地表达。而《现代汉语词典》中对它的解释是：演出闭幕后观众鼓掌时间，演员站在台前向观众敬礼，答谢观众的盛意。在这个定义中，演出、闭幕、观众、鼓掌、演员、台前、敬礼、答谢、盛意，九个词也分别概括了许多内容，需要作详细的解释。谢幕，这个复合词略去了许多细节，只抓住"谢"和"幕"两点，概括地指整个场面。"虽然这样组合的词语不符合逻辑，也破坏了正常的语义关系：怎么感谢幕布呢？但在语境作用下，并不影响理解。慢慢的，这个词语也就固定下来了，成为约定俗成。这种搭配类型归根结底是语言交流经济越来越趋向于简约的结果。像：救火、谢罪、啃老、吃食堂都是"失火现场进行灭火和救护工作""向人承认过错，请求原谅""靠家里老人吃饭""在食堂吃饭"的简约表达。将动作、动作原因、地点或者结果等等几个概念整合浓缩在同一个词种。

这样的搭配最重要的是，在中国的动词和名词约束相对放松的情况下，与汉族文化背景不会产生误解，其原因是中国是一个具有高语言，和重意合背景的国家，许多语句背后的意义和语境可以依赖一个词素（字）来表示出来，而不是依赖各个字之间表示出的逻辑感以及在语法上的完整性。汉语是一种具有并列性质的语言，在，表达的优点上是可以突破主谓动宾语法的线性结构，抓住一个句子中最能表达该语境的一个字词或者复合词短语等，再用其他的关系进行一定的组合，所以在这种结构中，动态词是汉语最基本的语篇结构之一。在这种框架中，动词是由实施者，实施对象以及目的使用的工具等所蕴含的主要的动作，以及在这个事件中的地点原因，结果都是在本族语的知识的范围内的。所以，任何一个语素和动词都可以进行搭配。只要是与该动词的事件原因，结果，工具等是一个整体，就可以依据自身的经验以及已知的规则进行处理，而不用考虑该句子的句法，语法，以及词素的逻辑。所以我们经常描述的"考大学""考硕士""考数学""考学生"等都是指的是"考"这一个动词得对象，目标以及原因等。但是在根据字面意思无法理解，或者理解出现困难得时候就需要依靠语境来进行判断。比如说"考研究生"这一种搭配就有两种意思，用英语表达：① to test a postgraduate student；② to take a test to become a postgraduate；假如给这一个词组加上一个主语如学校或者是学生，该句子都可以确定其具体得意思。显而易见，汉语动词搭配范围如此广泛是因为"考"字激活了该动词的相关知识图式。在这种认知语境中，对动词进行编码或解码就变得更加得容易。假如我们仔细分析一下这些特殊的动宾搭配词语结构，就会发现其中有一个原理在起作用。

1. actiontcause；泡病号（shun work on pretence of illness）、处理紧急情况、懒惰、逃离饥荒、改变季节、担心资金。这些词都是因果关系。正常得逻辑应该是"病中休养""懒中偷闲""得罪了别人要向别人道歉""因为饥饿逃荒""为钱而发愁"。

2. actiontinstrument：吃大碗（eat with a big bowl）、跳伞、哭鼻子、打针、写毛笔、烤火炉和说英语等。这些词是以工具作为描述得对象的。实际应该是用大的碗吃饭、用鼻子进行哭泣抽泣、用降落伞进行高空降落、用针将注射液注入人体当中，用毛笔写字等。

3. action+metonymy：吃父母（live on parents），坐出租、喝龙井、抽中华、闯红灯等。这些词都是通过借来的词来指代一类词语。应该解释为吃父母表示吃父母的饭表示啃老、坐出租表示坐出租车、抽中华表示抽中华牌香烟、喝龙井表示喝龙井茶、闯红灯表示闯过有红灯标志的路口。

4. action-place：吃食堂（have one's meals in the cafeteria）、叫门、谢幕、战上海等。这些词语都是通过在某一地点进行的事，将位置作为宾语。应该解释为"吃食堂"是指在食堂吃饭；"叫门"是站在某一门外叫门内的人开门；"谢幕"是指演员在舞台上向观众表示鸣谢并且代表节目的结束。

5. action aim：排戏票（line up for theatre tickets）、打扫卫生、考研究生、跑项目等。这次词语都是以目的作为该词语的宾语，这几个词语种的卫生，戏票，研究生，项目都是前一个动词"排""打扫""考"和"跑"的目的。

6. actiontagent：看医生（doctor check the patient）、晒太阳、闹贼等，都是以目的作为动作的宾语，其中的"医生""太阳""贼"是动作这些动作的对象。

7. actiontmanner：写大楷（write in a large character）、存活期（put money on deposit），这些词语的"大楷""活期"都是作为动作的宾语，是一种表达的类型。

8. actiontime：帮忙（give assistance when one is busy）、拜年等，这些词语种的宾语，其实是该短语的时间状语。

而英语的语义处理也是经过一样的方法，每一个英语单词都会有特定的语意的搭配，以及是用在什么语境之中都储存在使用者的头脑里，但英语的词语使用时必须安放在一定的语法框架之中，才可以组成句子，英语的动词有相应的语法结构才能使用，而与动词搭配的其他词语，也必须在一样的语法当中，并且受到语义与语法的制约。例如，在使用"吃"这个动词时，英语当中除了使用与动词搭配的宾语之外，还必须按照语法知识在动词与宾语之间加一个介词构成动宾结构，例如：吃大碗（eat with a big bowl），吃食堂（eat in the cafeteria），吃父母（eat from my parents）。

除此之外，在英语种也存在省略借此的情况，但都极为少见，或者使用别的动词：jump（over）the fence，walk（for）three hours，depend on my parents for food。也有将动词短语换做一个动名词的形式来表示：打扫卫生（sweep away rubbish），"打扫卫生"就可以使用 cleaning. 还比如说晒被子（air a quilt），晒太阳（bask in the sun）。并且还有使用两个动词表达一种意思的词语，如 restore 或 regain 都可通过搭配来表达恢复的意思。regain/restore one's health，restore order，return to normal，recover conciousness，regain composure 等等，所以，从以上几个方面来看，中文动宾搭配没有那么多的条件约束，而英语需要按照严格的规则来进行搭配。最主要的原因，汉语的造句是根据语意来进行的，而英语的造句则是根据语法规则来进行的。所以，王寅指出了，汉语及物动词的用法比英语的宾语的用法要广泛得多，它们在英语中往往不表示宾语，而是我们通常习惯使用的状语的成分，这也是一种术语配错的问题，在英语中的宾语成分与汉语中的动词接的名词的成分在两种不同的语系里面表达着不同的意思以及功能，所以可以将汉语中的动词后面的名词，组成的动词和名词的动宾结构短语称之为动名词短语，这样就包括了英语中宾语是状语等成分的问题，如此英汉语中的"宾语"矛盾的问题就得以解决。

三、修辞习惯

在汉语当中，词语的搭配习惯也与语言中的修辞习惯有关，例如想要达到一定的修辞的效果就会以重复意思作为代价，这样就搭配起来相对轻松，相反也是这样，所以在汉语当中同义反复的情况较为常见，而英语中这样的情况就很少。

这也与汉语当中的为了保持语言中的音律和谐的规律有关。比如说：假如使用单个的词"凳""石""好""盐"这类单个词就可以表示相应的意思，但为了使词语读出来更让人听着相对舒服，通常就可以加上一些虚词，来丰富词语的音律比如加上："子""头""吧""巴"等词语，这样就变成了双音节词语，读出来更加的上口。所以，在现实生活中就有很多的例子，为了上口而增加或减少虚词例如：陈队长可以变成陈队，李指导员可以变成李导等。在形容年龄时也会有所变化，十岁以下通常是数字加上岁字更加的上口，如九岁，七岁，十岁等，而十一岁以上就可以直接说数字来代替，如：十三，三十等。并且在某些语句种为了强调某事或者增强句子音律感就会使用叠词如：刚刚，试试，等等，和静静等叠词。在汉语种还存在很多为了达到双音节的效果使用词义重复的字组合一起构成双音节词语如：已经、板凳、衣服、扫帚、灿烂、传播、房间、框架、静止、禁止、恶毒、陈旧、环境、劳动、成功、等词语。

所以在汉语词语当中，为了保证词语的双音节性，对词语中的音律和工整等进行修饰就造成了大量的同义使用的现象，在我们日常中使用语句的时候也会考虑音律和程度以及节奏等关系来进行。比如说，"你今天很漂亮"，其中使用的是"很漂亮"，而不是"漂亮"，在表达过程中前者的表达会更好一些，又比如说，"你应该多听听家人的意见"使用的是"听听"，而不是单字"听"，在语意的表达上没有那么强烈更加的委婉，所以王菊泉曾说过，在汉语当中对某一些修饰词加上程度副词，并不是为了表达程度的多少，而是为了整个句子的规整，或者是语义表达起来更加的委婉。又比如说"今天天气很炎热"，和"今天天气热"比较起来，更倾向于选择前面这一种表达方式。

两个双音节词结合就形成了四字的短语，这种短语在音律和形式上，看起来更加的规整和谐，并且读起来更加的抑扬顿挫。例如我们说"这辆汽车的空间不大，价格较为便宜"而不是说这个"汽车空间小，便宜"在这个表达里面说空间不大，和价格便宜，属于同一种意思，反复使用，而在英语当中则表达为：The car is small and cheap. 使用一个句子就表达了。在汉语种业常常有两个词义反复的双音节词组成的四字成语："昏天黑地""光天化日""四面八方""甜甜蜜蜜""天长地久""花天酒地""乘风破浪""高瞻远瞩"虽然前后两组词语的语义都是相同的，但这样表达更能体现强调和画面感。

有一些为了保证音律的整齐和规范，在表达一些词语时并没有表达程度是通常会加一些程度副词，读起来更好的上口，音节韵律上更加的顺口，如：完美——完美无缺、恶毒——恶毒至极、美好——美好如初等等词语。

还有一些情况，一些动词在原来的句子中没有存在的意义，加上与去掉都没有区别，并没有影响整个句子的意思，只是为了增强整个句子的音律感。比如"进行调查""实施研究""给以打击"这些词语搭配前的动词。

除此之外，一些偏正修饰的词语并不是为了丰富整个句子的语义而是为了更好的满足整个句子的语义的需求，潘文国曾提出过：很多时候句子的节奏和音律比整个句子的语义更加的重要，汉语许多构词构句也是为了节律服务的。比如所下列偏正短语：未来的期望、最后的结果、古来的寓言、没有根据的幻想、毫无疑虑的事实、胜利的成功、完整的完成。等一系列偏正短语都是为了整个音律服务的，并没有考虑词语的意思。

但在英语的表达种并没有这种搭配，从逻辑上是不合理的。比如说在汉语中的偏正短语"聚在一起""彻底的粉碎""明智的决定""基础的前提条件"这些在汉语种都可以使用，但在英语中这样表达是不符合语法结构的"definite decision""essential prerequisite""thoroughiy smash""reunite together"这些在英语中的使用都是属于搭配不当，词语反复，不符合语法结构的表现，基本上是错误的表达方式。

但每一种语言都有自身独特的韵律，英语也不例外，通常有"wail and weep""safe and sound"这一些词语成双成对的使用。英语语言较为严谨，并且有一定的规律，所以在表达中更加的偏向简洁，明确，相对较为忌讳使用同义反复的词语。

四、认知方式

词与词之间的搭配不仅仅与不同语言的构词结构决定的，还会与不同地域的认知习惯方式有着密切的联系，比如说在汉语和英语中形容汽车速度快叫汽车跑（a car runs）而对于法语来说汽车则是走（Le moteur marche），在英语和汉语中喝通常是与酒水液体等搭配，而在日本和阿拉伯中还可以与香烟进行搭配使用"喝香烟"。所以对于不同的地域文化有不同的表达方式。最为典型的基本形容词"大"字在汉语和英语上就有很大的区别。在汉语中"大"字可有很多种解释搭配很多的词语，比如说形容某一物体的形状如"大山""大树"形容范围的"大范围"形成某件事的程度"大风""大声""大雪"表示排名的"老大""大哥"形容社会地位"大人物"等等，一个"大"字就可以有很多的延伸意义，但是英语的语境中并没有这么多的延伸意义，通常都是使用其他的形容词来表示，比如说："大山"——big mountain，"大范围"——large scale，"大问题"——serious problem，"大哥"——elder brother，"大雪"——heavy snow，"大声"——loud，"大销量"——high sales。等等，这些都是使中文中的"大"字具象化，用其他的词语替代。所以，可以看出在对某一事物进行分类描述时，汉语更倾向于对形式进行描述和匹配，而英语则是根据强度、高度和顺序等方法进行对事物的分类和匹配。除此之外还有对于知识（konwledge）的描述，汉语最为常见的搭配方式是：传授知识、学习知识、吸取知识。在英文中通常是与 cquire，impart，extend，gain，possess 这几个动词进行搭配使用，但是在英语中并没有像汉语一样的直译方式 learn knowledge，teach knowledge，give knowledge，study knowledge，这几种搭配方式。所以从词的搭配使用上就可以看到两种不同的文化概念，在英语当中的 konwledge 是通过学生去主动获取的，也可以通过老师将自己获得的知识分享给学生，所以不是学生去"学"知识，而是自己去探索发现知识。对于汉语中则是老师通过教的方式进行传授给学生，是老师对于学生的主动过程，学生处于被动的状态。"教学"一词在我国的词典中则是老师将知识传授给学生。

除此之外，对于健康（health）也是相同的原理，汉语中通常和保持健康，失去健康，拥有健康，而在 BNC 中通常是 improve，promote，damage，affect，这个五个动词进行搭配的，所以这也可以看出，汉语对于健康则是像金钱一样，有拥有、失去，保持这几种状态，而在英语中则是将健康作为一个过程，可以去改变，通过努力获得。

同一个语境，在英语和汉语中也会有不同的认知结果，在汉语中，对于嫁错了人，打错了电话，走错了房间，拿错了药等一系列动作，将这些动物结构合在一起，好像就将这种错误的结果归咎于行动者的观念，而在英语中 She married a wrong guy. He dialed a wrong number. He entered a wrong room. 和 He took wrong medicine.，对于错的宾语的搭配有一种暗示的意味，可能会觉得宾语具有一定的迷惑性质，引导了行动者的错误行动，所以对行动者的错误责任相对减少。可以看出，搭配反映了一种特定的分类模式。有些国家倾向于隐喻性地对同一事物进行分类，而有些国家则使用非隐喻性的分类，并且搭配也会有所不同。例如，在汉语中，"反映问题"是一种比喻。让别人理解这个问题，就像让别人看到镜子里反射的物体一样，更加注重反应事物的真实情况。然而，在英语中却没有这样的比喻，在英语的范畴中通常认为这种反应不能够达到完全的真实状况。在表达过程中通常采用的是 inform 而不是 reflect，正确表达式 "inform sb of the problem"。除此之外，在汉语中仍然存在很多的隐喻表达词汇，例如：穿小鞋、泼冷水、背黑锅、打小报告、走老路、唱对台戏等等一系列词语，在英语中却没有这样的表达方式。

第三节 英汉构词特点和词化

一般认为，较多的信息内容通常需要用较多的的语言文字来进行描述。由于词化（lexicalization）的逐渐出现，就使这种现象得到了改变。词化（lexicalization）是指当一个句子或者短语经常搭配在一起使用就逐渐形成了一个固定的词。例如 a person who collects stamps 经常固定在一起使用，所以这个词就形成了一个固定词 "philatelist" 作为这个短语的固定词汇。一个短语或句子形式从一个不固定的、暂时的组合由于经常被使用，从而变成一个结构稳定的，甚至是"石化"为词典条目的过程被称为词汇化。从某种意义来说，词汇化也是一种新词的来源方式。罗思明把词化归纳为以下四个特点：首先，词化是一个动态整合的过程，是根据语义整合成一个复合的词语的过程。词化的本质是造词，它所以它也属于语言的一种产物。第三，词化前是根据语义组合成的一系列词语，所以成分较为复杂分散，经过词化后的词就具备了词的相关特征，有固定的词语的意思，使用结构，且使用时可以独立。第三，词化的结果就是形成一个词汇，并非是其他的语言成分，比如说是词组、短语、句子等。如果我们用一个短语来表达相同的概念或意义，我们通常称它为分析表达法（analytic expression）。如果使用一个单独的词来表达同一种概念，则该表达式称为综合表达法（synthetic expression）。通过描述总结，词化的过程就属于综合表达法。

在同一种语言中综合表达法和分析表达法这两种表达法可以同时存在。例如在动词中，在英语中的 to foul 和 to make sth dirty，在汉语中的"水"和"给……喝水"：同样英语中的 please 和 make sb happy，remind 和 make sb think of，汉语中"取悦"和"使……高兴"与"提醒"和"使……想起"。选择两种表达方法中的一种时，除了根据说话人的风格和想要使用的修辞方法之外，还会考虑语言中的词化程度（degree of lexicalization）一般来说，词化程度越高则综合表达法使用的越多，而词化程度越低，分析表达法越高。然而，语言的词汇化程度与语言中衍生词、音译词、单纯词、复合词、借词的发展以及词汇化的过程密切相关。

一、派生词

世界上存在的语言类型的词汇可以分为以下之中类型：综合语（incorporating languages）和孤立语（isolating languages）、黏着语（agglutinating language）和屈折语（inflecting language）。而汉语与孤立语最接近，英语则为综合语更接近。综合语有较多的词根词缀，并且由词根词缀可以组成多个词语，英语中的词缀有 300 多个，词缀有 400 多个。

在英语中使用词根词缀构成的派生词较原单词有更加复杂的意味：cultural（文化的）-multicultural（多种文化的），cycle（自行车）-cyclist（骑自行车的人），conscious（意识）-subconscious（潜意识的），install（安装）-installment（分期付款），brink（边缘）-brinkmanship（玩弄边缘政策的手法）等。

在汉语中，包括现在新兴的词缀的词缀数量最多，不超过 100 个。所以汉语与英语相比，词缀数量没有英语那么丰富，实用的范围也相对较为窄，所以在英语中，许多利用词根词缀拓展的派生词的意思，汉语不能使用词化的方式进行表达，所以汉语与英语的区别在于，英语可以通过词根词缀的方式来表达该词汇更加复杂的意思，而汉语在表达更加复杂的意思时，更多的是需要使用短语或者复合的词来表达。下面我们对动词派生词和名词派生词进行进一步分析。

（一）动词

在英语中对使役动作的表达可以使用 make/let/have+ 宾语 + 补语的表达句型进行表达，还可以使用综合表达法，也就是通过添加前缀后缀等词缀来进行表达，具有使役动词意义的词缀有：前缀 dis-、en-、de-，后缀 -fy、-ize、ate 等等。比如：justify（使有正当的理由）embarrass（使为难）enforce（使实施）enable（使能够）counterpoise（使平衡）realize（是意识到）disguise（伪装）soften（使柔和）enlarge（增大）modernize（使现代化）sympathize（使同情）。等等这些词语。在汉语中要表达使动结构，必须要先对整个句子进行分析，分析出使役结构的点，再通过添加后缀"化"字来表达使役动词的意思。例如"强化练习""绿化结构""美化环境"等等，除了使役动词短语还有一些使动词例如"工业化""城镇化""操作化"等等，除了"化"，很难找到其他词缀可以构成使役意义。

英语表示动宾和动补意义的派生性动词的词化程度也很高：unpack 是指"打开行李箱"或"从箱子取出东西"的意思。除此之外还有许多前缀如 un-、dis-、en-、over-，out- 等构成的派生词也可以表达复杂的意思：unlock（把锁打开），unload（把货卸下），unmask（脱下面具），unplug（拔去插头/塞子），unseal（除去封条），disembark（下飞机），disfigure（毁损外形容貌），overbalance（因失去平衡而倒下）和 outgrow（长得太大而不适合于）新闻英语强调简洁，因此不少复杂的表达都是在媒体中通过派生词缀词化的。如：to change into the decimal system-to decimalize：to organise into different departments-to departmentalize；the process of putting things into containers-containerization 等。

（二）名词

几乎任何一个动词或形容词，加上恰当的词缀，就可以变成名词，且其表达的意义是相当丰富的。如：后缀：socialism（社会主义），unconsciousness（没有意识）deregulation（取消限制和规定），anchormanese（电台新闻节目制作者使用的一种特殊语言），Eurocrat（欧洲经济共同体），stuffer（把毒品暗藏在身体器官里偷运的人），educationwise（就教育方面而言）以及 plutography（专门写富人生活的贵重作品）和 luncheonette（物价便宜的小饭馆），swallower（把毒品吞食腹内偷运毒品的人）等等。

前缀：ecofreak（关注生态保护的保护狂）和 antihero（不按一般传统创作方法写成的小说、剧本等中的主人公不是英雄的角色）以及 super-jumbo（大型喷气式客机）等。

在英语中，单个派生名词本身就已经包含了一个复杂的主谓关系、以及动宾结构或者形容词的偏转关系等。

丹麦语法学家 Jesperson 在其 Modern English Grammar 一书中，就注意到了这个事实。来源于动词抽象名词叫做动词性主谓连系词（verbal nexus-word）和抽象名词，形容词，名词词化来的被称为表语性主谓连系词（predicative nexus-word），也就是说一个抽象名词就可以等于一个小句子，虽然这一条款没有出现，读者基于抽象名词相应的动词和形容词惯用搭配方式就能理解它的意思。

作为系统功能学派代表的韩礼德，从语法隐喻角度提出相似的观点。他认为语法隐喻是把一个常见的表达方式一致式（congruent）进行名词化形式，得到隐喻式（metaphorical），其中，一致式实际上就等同于分析型表达法，隐喻式等同于综合型表达法。语法隐喻则是通过使用一个名词概括整个小句子的内容涵义，所以这样的派生名词词化程度比较高一些。Halliday&Matthiessen 特别举了一个例子。在词化之前的句子 an animal that has four legs，通过使用派生词根 quadr-（四部分）和 -ped（足）词缀，讲这个句子词化为 a quadruped（四足动物）。

二、转类词

在一个词进行词化时，是使用分析型表达法还是综合型表达法，取决于该词的转类词的发达程度。转化法在英语中是将一个词不经过其他的词根词缀处理，而直接用做另外一类的词语，使该词语附有新的意思，这是英语中比较能产（productive）的一种构词法，并且在一个名词转化为动词之后表达的意思会比原来的词更加的复杂。也就是说一个具体名词转化为动词之后，与原词上没有太大的区别，只是属性改变了，且保留了名词的属性，并且还具有了与该名词相关的动作，或者是过程如提供、去除、使用、模仿、改变等。结合 Quirk 英语具体名词转类为动词后生成了 7 种动作的意思：

1. "to put in/on"；to garage（送入汽车库），to bottle（装瓶），to pocket（装进口袋），to corner（逼到角落），to can（装罐头）。

2. "to give sth/to provide with sth."：to shelter（给予避护），to man（配备人员），to fuel（提供燃料），to finance（提供财政），to sheet（铺床单）。

3. "to deprive of sth."：to core（挖去果心），to dust（去掉灰尘），to peel（削皮），to shell（去掉壳），to scalp（剥头皮）。

4. "to perform with"：to brake（刹车），to shoulder（用肩扛），to finger（用手指触碰），to knife（用刀杀）。

5. "to be/act as with respect to"：to tutor（辅导），to dog（尾随），to shepherd（看管），to father（像父亲般地对待），to nurse（护理）。

6. "to make/change into"：to group（把……编成组），to cripple（使受伤），towreck（使车船失事），to cash（换成现金）。

7. "to send/go by sth."：to bicycle（骑自行车），to telegram（打电报），to mail（邮寄）。

Clark 等人在他们的文章中收集了 1300 多个这种名转动的转类词。事实上英语中转类词远不止此。近些年来，英语中新出现的名转动的转类词越来越多。根据 Leech 统计，现代英语中的转类词占到 10.5%，但 Gramley 统计为 19.6%。事实上，现在不仅是具体名词，而且抽象名词也都可以转类当动词用,如:to position a picture（给画定位）, to conference in Geneva（出席大会）, to impact the plan（产生影响）等。

正如 McArthur 所说,英语中没有不可以转类为动词的名词（there is no noun in English that can't be verbed）。不仅单纯词,而且合成词也可转类,如由复合词名词转类的动词:to snowball（迅速增长）, to shipwreck（遭遇海难）, to sandbag（堆沙袋）, to honeymoon（度蜜月）, to blue-pencil（编辑）, to handcuff（铐住）, to cold-shoulder（冷落）, to wait-list（列入等候名单）, to seatbelt（系安全带）:由短语动词转类的名词:a breakthrough（突破）, a crackdown（镇压）, a cleanup（大扫除）, a toneup（健身）, a pullback（撤退）, a washout（糟糕）, a liftoff（升空）, a blowout（轮胎爆裂）, shakedown（彻底搜查）。甚至字母词也可以转类如:Don't forget to ce（复写本）this to everyone. Now we can RV（房车）across America. 而汉语兼类词或转类词的比例就少多了。

从词性上分析,英语绝大多数是名词转动词,而汉语大多数是动词兼名词用。名词兼动词用的（如板、画、坑、伤、包、站、堆、火、组织、标志意识、理论等）,动词兼名词用的（如感染、关心、反映、批判、体现、议论、思考、慰问、追求、通知、招待、会谈、挑战、思念、建议、限制、修养、调查、消耗、疑惑、超越等）。

英语中转类词词化程度较高的主要有两种类型的转类词:第一种是具体名词转类为动词,如 parrot（像鹦鹉一样学着说话）frown（皱眉表示反对）bog（使陷入泥塘）shepherd（像牧羊人一样照料）email（发电子邮件）wrinkle（使起皱纹）hedge（用树篱笆围起来）spiral（呈螺旋状上升）powder（把 弄成粉末）garden（把辟为花园）和 scalp（剥去 头皮）plague（使染上瘟疫）。第二种是将形容词转为使役动词 empty（把 弄空）, clear（使明净）, free（把 解脱）, perfect（使完美）,其中前一类占绝对多数。而汉语恰好相反,在现代汉语中,名词尤其是具体名词转为动词用的很少,较多的是形容词转动词。

以 Quirk 提供的名词转动词的其中类型作为参考样本,在汉语中只存在三类名词转动词的情况:第一种与英语的第二类相似有:电、粉、浆、油漆等;第二种与英语的第4类相似:剪、梳、锯、盖;第三种与英语的第5类相似:弓、板、虎、猫。所以汉语的名字作动词在数量和实用度上都比英语的要少。其主要的原因在于汉语较为注重双音化的因素相关。在秦汉之前,每一个单音节名词都可以使用转类的方法表达一个较为复杂的意思,比如:

1. 具名词

左右欲刃相如（用刀杀）。

有好事者，船载以入（用船装载）。

2. 处所名词

馆于上宫。（馆：住旅馆）

夫以秦王之威，而相如廷叱之。（叱：在朝廷上呵斥）

且北方之人，不习水战（在水上打仗）。

3. 身体名词

驴不胜怒蹄之（蹄：用脚踢）。

左右皆肘之（肘：用肘推）。

汤武身之也（身：亲身体验）

4. 称呼名词

君不君，臣不臣（君子和大臣）。

孔子主我（主：当作主人）。

孟尝君客我（客：待作客人）。

沛公曰："君为我呼人，吾得兄事之"（兄：像对待哥哥那样）。

5. 一般名词

雨我公田，遂及我私（降雨）夫人蚕巢，以为衣服（养蚕）甚至数量词也可以转为动词用六王毕，四海一。（《阿房宫赋》）

语言的双音化限制了单音节名词的这种转类。在古汉语中，"妻"是名词，做动词的时候也可以单独使用，但变成双音节词妻子之后，就只能用作名词，而不可以用作动词。也就是说，随着双音节词的增多，词类语法特点逐渐稳定，具体名词转动词变得越来越少，也越来越困难。

把"书架""泥塘""报纸""花园""微波炉"这样的具体名词转为及物动词，简直难以想象。

相反，现代汉语中的形容词不少保持单纯词的地位，因此和古汉语的形容词一样。依然保持动词能转性的特点。如："那可苦了你啊""这场雪乐了孩子""他强我一百倍""城里人先富起来了"等。

这个结果也很好理解。汉语的形容词和动词本身就有许多相似的语法特征，如都常被通称为"谓词"，因此即使是双音节形容词也可以和动词一样使用："便宜你了""稳定一下情绪""他轻松了""上山容易"。石毓智从概念化的方式的差异来解释，认为汉语的形容词是动态的，同动词一样是有"了""着"和"过"的体标记的："他比去年瘦了""灯一直亮着""粮仓也空过"；同动词一样可以有祈使句形式："冷静一点""严肃一些"；同动词一样可以带宾语："端正学习态度""丰富我们的生活"。而英语形容词是静态的，缺少"时"和"体"的语法标记，"在表层形式上就必须借助其他动词来表示时间信息"，因此除非是少数零派生形容词，一般不能充当动词。

还有一种转类词是动词的转换为名词，这种类型在英语中的使用词化程度也很高，特别是在与科技，法律，体育，经济等方面的学术专业中使用频率更高，当一个动词转化为名词使用时，该名词表达的意思比动词的意思更加的复杂。这可以从各类专业词典中很容易得到证实，如：hit（计算机）；两个数据项的成功比较或配对：swap（经济）：互惠信贷：sink（物理）：一种器件或系统可以吸收大量的某种物质；erase（电子）：销迹放大器：cut（电影）：镜头切换；repeat（贸易）：同样货物再次订购：stand（生物）：个体植物群丛：exchange（法律）：经过双方同意进行交换的契约等。

汉语中动转名也相当发达，如设施、笔记、报道、教练、主席、经理、先驱、填房、信用、司机、司仪、编辑、主编等，有的表示动作结果，但更多是表示动作的执行者。这些双音节兼类词几乎都是动宾结构，分析性强，意义和名词并没有发生多大变化。只有古汉语中的单音节动词转名后，其名词往往表示复杂的意义，因而和英语单纯词一样，词化程度较高。如"弹其地之出"和"则其至又加少矣"其中的"出""至"分别表示"出产的物晶"和"到这里的人"。

通过上面分析，我们注意到英语转类词的比例要比汉语大，且词化程度高。现代汉语转类词不再是一个能产的构词手段。

在汉语当中，名词转为动词使用的情况基本上都是为了满足语句中的修辞效果，而临时使用的并没有固定的词语，并没有词化或列入词典，而且以单音节词为多数。由于是临时活用，因此汉语中这些词数量不会很大。而英语主要把它看作一种构词手段，因此数量是庞大的，是与日俱增的。值得注意的是现代汉语中离合词往往通过拆分，使原来的名词或形容词当作动词用："我们可以幽他们一默""他大了半天的便"。但这还是修辞性，而且转类的是单音节词。

三、单纯词

单纯词主要是指形态上不可分析的、由单个语素（可以单音节如"俩"也可以多音节如"葡萄"）构成的词。一般说来单纯词的词化程度比较高。

例如 stink，是一个单纯动词，通过表达一个句子来解释该单词表达的意思：表达的是 give a strong bad smell（发出强烈的臭味）。所以可以得出，与派生词相同规律，在一种语言中的单纯词越多，使用综合型表达法就更多。在英语中，英语单词大部分都是属于单纯词，并且在一句话中会使用大量的单纯词，所使用频率极高。例如具有使动意义的单词：puzzle（使迷惑），annoy（使生气），shock（使震惊），dim（使看不清），baffle（使困惑），fidget（使坐立不安），strike（使人突然想到）。

英语名词中，单纯词的数量较多。例如名词 restaurant，trolley，stout，coach，rose，palm，ram，ewe，ruby，pure，quiet. 在汉语中名词的单纯词的数量就相对较少，在表达英语中单词词的意思是通常是使用复合词表达的方法进行：饭+馆、有轨+电+车、长途+汽+车、玫瑰+花、棕榈+树、母+羊、公+羊、红+宝+石、黑+啤酒，清+白，清+静等古汉语词汇中，单音节单纯词占优势。尤其是动词性单纯词相当活跃有些纯动词往往能表达更为复杂的语法关系，词化程度相当高。如单个动词表示使役意义，集动作和结果于一身

无折我树杞。（不要把我的杞树折断）

乃弛弓而自后缚之。（于是把弓弦放松，从后面把他绑住）

齐宣王欲短丧。（把丧期缩短）

却匈奴七百里。（使匈奴后退）

予我千金，吾生汝。（使你活下来）

纵江东父老王我。（使我成为大王）

单个动词还表示被动关系：

操军破，必北还。（被打败）

屈原既黜。（被废黜）

单个动词表示主语补语关系孔子登泰山而小天下。（认为天下小）

其家甚智其子，而疑邻人。（认为他儿子聪明）

巫医乐师百工之人，不耻相师。（认为……可耻）

古汉语中用单纯词表达使役意义非常普遍，其词化程度甚至高于现代英语：

亦以病吾子。（使……生病）（《答韦中立沦师道书》）

甚失孤单。（使……丧失）（《赤壁之战》）

昔先王以道明民。（使……明白）（《逆旅小子》）

归璧于赵。（使……归）（《史记》）

复释去张仪。（使……离开）（《屈原列传》）

春风又绿江南岸。（使……变绿）（《菩萨蛮》）

上面有些表达词化度甚高。但自秦汉以来来，词化的方向逐渐由单音节向双音节发展。如：

请轻之，以待来年。(《孟子•滕文公下》)

宁不亦淫从其欲，以怒叔父？(《左传•成公二年》)

乃激怒张仪，人之于秦。(《史记•苏秦传》)

汉氏减轻田租。(《汉书•王莽传》)

换句话说，在古代汉语中的单纯词放在现代汉语使用中基本上都变成了双音节词或者其他的句子和短语。双音词的大量使用外在动因可能是社会文明的发展，需要表达的意义更为细微复杂。如古汉语中，表达的概念有限，有"小之"足够了，但现代社会要求表达的概念可有"砍小 / 裁小 / 缩小 / 削小 / 磨小"等："净之"可有"洗净 / 刷净 / 冲净 / 漂净 / 酸净"等，显然，用一个"小"和"净"来概括是远远不够的。而内在动因是因为单音节词容易引起歧义现象，而这歧义会影响交际由两个语素组成的双音节合成词就大大减少了同形异义、同音异义相混的现象，使词义比较明确。但在词义变得趋于单一和固定的同时，词化度也随之降低。如词语双音化后，运动动词涉及的目标、背景、动作、路径、方式结果、原因等事件都分在不同词（或语素）里表达了。而在古汉语中这些事件可以在一个单纯词里表达因此，现代汉语主要是以"附属框架语"的结构进行表达，在汉语中要表示一个动作的完成，需要将动词和结果以及方式使用不同的词语分别表达，也就是说，表达一个动作需要，一个动词和其他的附属语言进行补充，必须用另外词或词素，形成动补结构。而在英语中对一个动作的表达，可以将其动作结果和使用的方式运用在一个单纯词中进行统一的概述，就可以得到意思，下列是中文和英文的综合性表达对比：

1. 动作与结果英语一个单纯词可以表达汉语需要一个动词加上一个附加语才能表达的动作和动作结果两个意义。如：raise= 举 + 起，squeeze= 夹 + 住，cure= 治 + 愈等。

2. 动作与方式在英语中很多单纯词可以包含整个动作过程以及方式等多个意义，而在汉语中要表达这些意义，则是需要一些复合词，或者是短语来进行表达。如动作 + 方向：take= 拿 + 走、bring= 带 + 来、fetch= 取 + 回给等动作 + 方式：munch= 用力 + 咀嚼、trudge- 艰难地 + 走、giggle= 咯咯地 + 笑等。

3. 动作与背景英语还有将动作和目标或动作和背景两个事件用一个转类词来表达，而汉语要用两个词分别表达：

He tagged the suitcase. (他在箱子上贴上了标签)

He has skinned the mouse. (他把老鼠的皮剥去了。)

He garaged his car carefully. (他小心地把车开进了车库。)

He is shelving the books. (他正在把书放到架子上去。)

4.动作与对象英语中还有一种气象动词可以同时表示动作和对象，而汉语中则需要有两个词分别表达，如：rain= 下 + 雨、thunder= 打 + 雷、snow= 下 + 雪 freeze= 结 + 冰等由于古汉语的词化程度也很高，因此，古代汉语和英语具有一定的相同点，可以使用一个单纯词就可以表示相关的概念

5.另外，同样是单纯词，词化程度不一样。单纯词的词化程度也与语言文字的类型有关。世界上的文字大致可分为音素和语素两种类型。而英语属于音素文字或者是拼音文本，字母就是该种文字的基本单位，并且也是通过字母的组合表达整个单词。使用字母文字组合就构成了音和形。而通过字母组合的形式只能够表示音但不能表示单词的意思，换句话说，字母组合的单词的形式与实际要表达的意义没有必然的联系。所以英语单词的形象是任意组合的，意思也是任意的，所以在对于更加复杂的概念是可以通过某一个字母组合表达。例如，对于动词来说，一个单纯性动词不仅可以表达动词这个动作，还可以表达整个动作的过程合结果等，比如：brawl（高声地叫喊），creep（蹑手蹑脚地走）whisk（飞快地带走），beam（愉快地微笑），stammer（结结巴巴地说），buffet（反复不断地撞击）。名词也是如此。一个名词可以表示一个小句的内容：vista（从长长的两排树木或建筑等中间望出去的景色），WOW（马达速度变化造成的唱片或录音带发出的走音失真现象）。

也就是说，我们可以人为地创造一个英文单词表达任何你想表达的意义而不受符号的束缚。而汉语就不同了。它是语素文字。汉字以形写意，无论是古体的文，还是现代的字，都以形为基础，就是占汉字90%以上的形声合体字也是在形的基础上形成和发展的。即便现代汉字已大大抽象化，符号化了（如词的双音化、多音化），但由于汉字是由图画文字发展起来的，所以它至今仍或多或少保留形象表意的原形。由于绝大多数汉字是音、形、义一体字形表音又表义。汉字顽强的表义性特点使它在用单纯词表示一个语义复杂的概念或新的概念时就不如英语自由灵活。因此，词化度较低。

四、复合词

（一）复合词定义

词汇中除了单纯词，就是合成词。合成词有两大类，派生词和复合词（汉语有所不同，由黏着语素构成的也是复合词：洗澡、睡觉）。我们知道汉语的合成词大约在80%左右。在汉语中没有很多的词根和词缀，所以说可以认定汉语中许多词都是复合词。

那么复合词是否都是词化了呢？传统的复合词有三条鉴别的标准。第一

种是判断词结构的结合度。若这个词中不能够插进其他的成分，若要插入就只能插入短语。如"白铁"，不能说"白的铁"，也不能"雪白的铁"，因此它是个复合词而"白布"可以说是"白的布"，也可以说"雪白的布"，因此它就是短语。

同样，复合词 black bird 当中不能插进任何东西。而短语 black bird 可以有 he blackest bird 和 a black night bird 的表达。第二是词义的透明度。若这个词不能由另外两个单独的语素结合推导出来，就是词，反之则为短语。例如"心疼"和"胃疼"两个相比较，"心疼"是词，而"胃疼"不是词。因为"心疼"表示的不是心脏这个事物疼，而是表达的一种心理情感，同理，"新鞋"和"破鞋"，"穿大鞋"和"穿小鞋"，前者是短语，其意义是两个语素相加，后者具有比喻意义。英语中 greenhouse（玻璃暖房）和 green house（绿色房子），redcoat（英国士兵）和 red clothes（红衣服）同样如此。三是重音的改变。在短语或者是一个组合的词语当中，每个词或字都保持着自身原有的发音，而复合词的第二个发音就会相对较轻，或者没有重音。例如 hard cover（硬的盖子）和 hardcover（精装本），red cap（红帽子）和 redcap（文牍主义）以及 break fast（开斋）和 break fast（早餐）。

汉语中，重音的区分能力就没有英语明显，只是轻音能区别意义：东西（东边和西边）—东两（事物）、下场（退场）—下场（结局）大意（主要意思）—大意（疏忽）、管家（管理家务）—管家（管理家务的仆人）、来往（来和去）—来往（交际）、自然（自然界）自然（不勉强）、运气（把气运到某一部位）—运气（命运）等。

因此理论上说，汉语重音的脱落往往意味着词化的形成。

比较而言，汉语中的复合词确定比较复杂。按这里的标准："跳舞""唱歌""看书"可以插入其他成分，因此是短语，而"怀疑""成功""解决当中不能插入其他成分是复合词。但"洗澡""推翻""游泳"和"倒霉"呢？

词典是把它们看作词收进的。但我们仍然可以在它们两个语素之间插进某些成分："洗一次澡""推不翻""游个泳"和"倒八辈子霉"。同样，"心疼"符合第二条标准，但达不到第一条标准，语素之间还是可以插入其他成分：

心有点疼""心不要太疼"。甚至两个语素的位置还可以颠倒：问讯一讯问、替代一代替。有些复合词颠倒后可以表示不同的意义：算盘一盘算、著名名著。因此有人把这些特殊词称为离合词，即没有真正词化的词。汉语中双字组合还可以同时是短语和复合词，主要取决于其表达的意思。如"龙头"本义（龙的头）就是短语，而比喻义（自来水龙头）就是词。"打手"本义（打手心或手背）是短语，比喻义（雇用打手）就是词。另外，汉语是声调语言每个字都有声调，重音难以弱化，因此从发音上难以辨别是短语还是复合词，意义是"东边和西边"还是"东西"主要是靠语境上下文，不是靠发音区别。

而英语复合词和短语的重音在发音上有明显的区别，一听就知道是"开斋"还是"早餐"。

另外从书写形式上，英语复合词尽管也有类似短语和词组的开方式：

tear gas，red tape、fish pond，但绝大多数是和短语有区别的。如用连字符号的：deaf-mute、smoking-room、deep- freeze、sweat-talk：完全像一个词的：earthquake、spotlight、cutthroat、ashtray；甚至读音也完全像一个词的：handicraft、tubiform、statesman。而汉语复合词和短语在书写上没有任何区别：视野一看书，打诨一打人、进食一吃饭。凭什么说前者是复合词后者只是短语？也有人认为从语素自由不自由可判断，如野、诨、食是非自由语素，结合而成是词，而书、人、饭是自由语素，结合而成的是短语。但是汉语中不少非自由语素组合的词也可以拆分开变成短语：进点食、睡个觉游一次泳、服什么务。甚至是两个没有意义的字（音节）组合成的词，即非语素组合也可以分开作短语用：慷国家之慨、滑天下之大稽、幽他一默。这时，这里的字或音节变成了语素，变成了词。而自由语素既可以是复合词（白天黑话）也可以是短语（白纸、黑字）。因此可以这样说，汉语复合词和短语无论在书写形式，发音轻重，音节组合，语素判断乃至语法功能上都没有区别。

定要区分只能是一个连续体，两端可能有较典型的复合词和短语，但当中就很难有一个截然分明的界限，说某个字字组合是复合词或短语，全凭个人感觉，任意性较大。

（二）复合词词化

Packard 提出判断复合词词化的两条标准：第一，复合词的语素是否还保留着原本的意思，或者是已经完全失去了原来的意义，隐喻意义是否得到了延伸。第二，在构词语法中的规则关系在复合词中是否还存在这种关系。换句话或说一个复合词，构成该符合词的语素的意思和语法关系在这个词中的影响越小，则这个复合词的词化程度就更高，反之亦然。结合这两条标准，Packard 对汉语中的复合词进行了分析，列出了以下五个方面，词化程度由低到高：

1.常规词汇化词（conventional lexicalization）。如吃饭、努力、爬虫黄豆等。这类词构成语素保留了语素原有的意思和语法，透明度较高。

2.隐喻词汇化词（metaphorical lexicalization）。如吃醋、软木、泡影炮筒

子。这类词的构成语素没有了原有的意思，通常使用了隐喻或者比喻的方法处理，但还是使用了原来的语法结构关系。

3. 去语义词汇化词（asemantic lexicalization）。如千张、问世、穿插等。

去语义词汇化的词素意义已经完全丧失（只有通过历时分析如古汉语词源分析才能得出），甚至连隐喻意义也看不出，但是它们还是保留相互间的语法关系。

4. 去语法词汇化词（agrammatical lexicalization）。如沟通、壁挂、学究、主笔。这些词的构词语素意义可能还有些保留在复合词上，但是相互之间的句法关系已丧失。

5. 彻底词汇化词（complete lexicalization）。如花生、物色、烧卖、介绍。这些词的内部两个语素意义和相互间的语法关系都没有了。

Packard 认为复合词有一个中心词原则（Headedness Principle），即名词性复合词应当以名词结尾（黄豆、赌局、传票），动词性复合词则是以动词开头（吃饭、借用、购买）。而词化词往往是违背这个原则的，词化程度越高中心词原则越是不起作用。如壁挂、买卖、构造是名词，但中心词（尾词素）是动词。沟通、瓜分、物色是动词，但中心词（首词素）是名词。它们都是词化程度较高的词。

结合 Packard 分析的汉语词化情况，可以看到汉语复合词词化的四个重要途径。

1. 句法词汇化

汉语的复合词大多是由两个相邻的单音节在同一句法结构下逐渐融合或复合而成的。也就是说，"今日之词法乃昨日之句法"。黄志强考察了《左传》中 955 个复合词，得出的结论之一就是多数复合词词根之间的关系都是句法关系，说明这些复合词都是由词组凝固化而逐渐形成的。董秀芳给出的汉语句子结构词化的例子：

作者：作者之谓圣，述者子谓明。（《礼记·乐记》）

相信：赵氏上下不相亲也，贵贱不相信也。（《韩非子·初见皇》）

非常：盖世必有非常之人，然后有非常之事。（《史记司马相如列传》）

可观：物大然后可观。（《易·序卦》）

可见，现在的复合词原先只是句法中偶然的搭配，只是它们后来一直共现，出现频率高而逐渐稳定下来，最终词化为一个固定的词语。石毓智同样认为动补型复合词大部分都是从动补结构中进行分离演变而来的：

公出自其厩，射而杀之。（《左传宣公十年》）

即便以觜啄雌鸽杀。（《百喻经》）

风吹窗帘动。(《华山畿》)

击李曲军破之。(《史记·曹相国世家》)

汤武篡而夺之。(《荀子正论》)

这些分离型动补结构 V······R："射杀破""篡······夺"随着双音化的发展进行了融合：S+V+O+R-S+VR+O，并且两个语素结合在一起使用的频率很高，形成了动补结构性复合词：吹动破、射杀、啄杀、篡夺董秀芳和石毓智的例子都说明了两个成分高频率共现搭配是最后融合成复合词的一个很重要的因素。

2. 语素义脱落

两个经常共现搭配成分最终是否词化还取决它们的单独意义是否弱化，或其中一个语素的语义已脱落或虚化和泛化，失去了原有的重音和声调，只有这样，词化才算完成。正如 Packard 说的"通过两个单音节词的复合和长短语的缩略而形成双音节词会使原来的词失去独立地位，并在词化的作用下经历语义变化或语义脱落"。

如"妻子"古汉语是妻和子（儿女）两个词的结合，长期搭配使用子"的语素义脱落，而虚化为一个表示"人"意义的词缀。同样，"窗户"词化结果是"户"的语义脱落。再以"开刀"和"开门"两个词为例。这两个词很可能是由于构词成分经常搭配而融合为一体的：开个刀就可以了 / 不用开大刀：开前门 / 开后门。也就是说"刀""门"和动词"开"分别融合后，逐渐丧失了它们原来具体的指称意义。这个刀不一定是刀，可以是激光器，也就是说刀虚化为一种医疗手术器械。门也不是具体的门，开门的意思可以是指"营业开始"(《现代汉语词典》)。再如"伤心"和"心疼"，可能是从动宾结构和主谓结构紧缩演变来的，但这里的"心"已经虚化，失去了名词的指称意义，不再是"伤了他的心"和"我的心很疼"中的具有的"心"。英语也是如此，如 She home- schooled her two children. Attempts at bridge- building between the two fields will be difficult. 显然这里的 home 不再是"家"，而是由自己教孩子的意义；bridge 也不是"桥"而是喻指"联系"。正如 Hopper& Thompson 指出的，动词复合词形成的条件是失去指称意义的名词黏附在动词上，Mithun 同样指出的，作为宾语的名词在并入动词，合成一个词后有以下特征：

（1）表示的是习惯性、熟悉性的行为：

（2）表示一个统一的概念，在这个概念中，组成元素失去了它们独立的支配地位，名词失去了作为论据的句法地位：

（3）词属于动词，但是是不及物动词：

（4）合并的名词通常指那些表示约会、地点和工具的名词。名词性复合词也是如此"的哥""打工妹"这样的词也很可能是"开的士的大哥"和"打工的妹子"缩略而成的，但成为词后，"哥"和"妹"不再是具体有血亲关系的哥哥和妹妹，而是泛指男性和年轻的女性。

可见，尽管在双音化的趋势下，短语有浓缩为双音复合词的倾向，但这些复合词要真正凝固下来，做到其中一个词的语素义脱落或虚化需要有时间和不断运用，因此下面这些偏正性和动补性复合词虽然被词典收录，但没有做到真正的词化。

偏正结构：仰望、宽纵、激战、独占、怒视、淡妆动补结构：折断、激怒、减轻、扩大、说明、推翻。

3. 比喻义引申

汉语词化的另一途径就是比喻意义的出现。有两种形成过程，一种用比喻的方法合成复合词。比较下面动名结构：丢人／丢钱、卖劲／卖布、用功／用力、吃亏／吃药、吹牛／吹气、拔尖／拔草、得手／得奖、埋头／埋钱、生气／生疮、担心／担水。前者是词，后者是短语。前者都有一种比喻意义，其整体意义并不是两个单独的词素意义的组合。尤其是这个结构中的名词"牛""尖""手"等都已喻化。再如，抢滩、问鼎、出台等词语，其中"滩""鼎""台"都已失去了原先的"海滩""大鼎""舞台"意义，发生喻化。名词结构也是如此。

如虫牙、肥皂、玉来、水平、电脑、电影、云彩、耳朵等，都是通过形象化思维使用比喻手段合成的复合词：牙好像被虫钻过的、皂的外形和质地如肥肉、来的颜色像玉、平得像河面的水一样、电的装置像人脑一样、电放出的东西像影子一样、云的颜色像彩色一样等等。另一种是从普通词中引申出比喻意思。大多数词化的复合词都需要经历一个从认知域到另一个认知域的概念的认知的过程，这就需要使用一个具体熟悉的事物来进行一个抽象概念的理解。比如"开刀"和"开门"，不仅意义虚化，而且还分别引申出比喻意义：前者的词义从医学领域投射到社会领域，比喻义为"打击、处罚、下手"；后者从生活领域投射到政治领域，如开门整风。同样，"伤心""分手"和"肩负"不仅其中的"心""手"和"肩"都虚化，而且都喻化。又如"风雨"和"风暴"原本是自然现象，经过人们在人文领域的使用逐渐投射在人文领域中，"白领"和"蓝领"本事颜色域，经过在行业中使用主要投射为行业工种，"硬科学"是从感觉向学科进行的投射。再如"线路"，根据《说文解字》中的解释线，缕也。原本是织布的材料，又由线缕的形状向马路、公路等进行投射，逐渐就形成线路这一个复合词。又比如"领袖""骨干""背心""矛盾""纲领""规矩""尺寸"等都是通过意义进行投射形成的词化。
一个词的进化路线可以用下面来表示：

本义（没有引申比喻）→比喻义（本义和比喻义同存）→比喻义（本义
丧失）→基本义（本义无法考察，因此无从知道如何喻化过程）下面是"风"
为基本语素的词化过程。

（1）只有本义：风沙、风雪、风寒、风力、风速、风级、风害。这些词
都是短语的紧缩，因此很难说是词化了。但有朝一日，从这些本义中引申出
比喻义，就有可能真正词化了。

（2）本义引申出了比喻义，但本义仍然存在。这时用作比喻义时，词就
词化了：

风声：①刮风的声音②传播出来的消息

风雨：①风和雨②艰难困苦

风云：①风和云②变化动荡的局势

风暴：①大风大雨的天气现象②规模大而气势猛烈的事件

风色：①刮风的情况②情势

风势：①风的势头②情势

风月：①风和月景色②男女恋爱的事情

风向：①风的来向②情势

风雷：①狂风暴雨②气势浩大而猛烈的冲击力量

风浪：①水面上的风和波浪②艰险的遭遇

风卷残云：①大风吹散残存的浮云②一下子消灭干净

风平浪静：①没有风浪，水面很平静②平静无事

风起云涌：①大风起来，乌云涌现②事物迅速发展，声势浩大

（3）只用比喻义，不用其本义（词典也不记录），尽管我们能够猜测本义
意义。因此，这个词是词化词：风波、风尘、风头、风靡、风霜

（4）只有基本义，本义已经丧失（只有通过历时分析，才能知道原来意
义），也无从考察喻化过程，因此是完全词化词：风采、风操、风潮、风传风
度、风发、风范、风格、风骨、风光、风华、风纪、风景、风流、风貌、风
气风情、风趣、风骚、风尚、风水、风俗、风味、风闻、风物、风险、风行、
风雅风谣、风韵、风致、风姿。

我们注意到其中第（2）类是本义（语素义）和比喻义同用，再如高峰、
饭桶潮流、结晶、脉搏、包袱、羔羊登台，它们用作比喻义就是词化词：第
（3）类只有比喻义，语素义已脱落不用，再如把手、矛盾、浪潮、爪牙、冰
炭、刀俎关键等，这些词就是彻底词化了复合动词也是如此，如加油、点火、

下海等。根据中心词原则，不遵守中心词原则（动词性复合词的中心词应该是动词）的动词都有一定的比喻意义，词化度都比较高。如网罗、瓜分、蜂起、蚕食、龟缩、鞭策、云集、鼎立、星驰瓦解、左右、沟通、物色等，都是引申出的比喻义。

尽管引申出比喻意义是复合词词化的一个重要途径，但是，根据对整个复合词的统计，不难发现，具有比喻意义的复合词比例还是低些。

4. 构词法运用

如果说，不少从古汉语演变来的复合词主要是通过句法结构词化，那么新的复合词多数是通过构词规则（如派生、类推、缩略等构词法）形成的。

一般说来从句法结构演变而来的复合词，词化度较低，而用构词规则形成的词，词化度就较高了。如：单干＋户、反对＋党、研究＋员、计算＋机、辩护＋人空降＋兵、搬运＋工、吹鼓＋手、理发＋师、发言＋人这些复合词的前半部是根据主谓、动宾、偏正、联合、动补结构合成的双音词，后半部是词缀，两者相加，其结构是变成了ＶＳ（谓主结构），脱离了句法结构。我们注意到复合词中和句法结构冲突的，基本上都是根据词法规则形成的词：

VS型：乘客、演员、记者、教师、贪官、逃兵、唱机、赢家、病人、流民、战士、年轻人、体弱者、研究员、裁判长、反对党、单干户、空降兵、煽动者、游击队、侦察兵 OV型：素食、眼罩、门卫、手套、书展、冰雕、木刻、发夹、瓶塞 OVS型：文学爱好者、资料分析员、古玩收藏家、飞机设计师、遗嘱执行人 VS型和OVS型都是用名词词缀派生构成的，这是名词形式的词法要求客：刺客、游客、看客、说客：民：移民、游民、牧民、渔民；士：战士教士、护士、隐士：者：读者、编者、告密者、买报者：兵：骑兵、步兵、卫兵伞兵：鬼：烟鬼、赌鬼、酒鬼：家：赢家、玩家、改革家、收藏家：人：介绍人辩护人、推荐人：员：教员、演员、领航员、管理员、机：计算机、印刷机收音机、压路机 OV型是运用类语素（或准词缀）类推而成的（汉语动词词缀不发达只能采用动词语素）：

食：素食、肉食：罩：眼罩、耳罩：套：手套、头套、脚套：展：书展邮展、画展：雕：冰雕、木雕、牙雕；刻：木刻、石刻、版刻这种现象就是词缀化过程，即通过加上名词词缀或动词语素，使短语成为词，使词的词化度更高通过对词化的四个重要途径分析，我们可以看出汉语复合词词化的难度性，尤其是动词性复合词。Packard认为动宾结构词化有三条标准，第结构后面可以跟宾语：第二，其中一个成分是非自由语素，第三，结构整体意义不能从构成成分中推导出来。这三个标准和赵元任对动宾结构是否是复合词的五条标准基本相似，只是赵元任还认为，不能在结构之间插入其他成分我们同意这样的看法，动宾结构能否带宾语是该结构是否词化的一条重要标准。一般说来，动宾结构本身已含有一个宾语成分，因此不可能再带宾语。

但当结构中作宾语成分的名词指称意义脱落，词义虚化或喻化，甚至已丧失了自由语素的地位，整个动宾结构就融合为一体，词化为一个词，才有可能带宾语。分析下面两类动宾结构：（1）列席、出版、告别、讨厌、满意、动员、起草、关心、担心、丢人、吹牛、吃醋。

（2）结婚、诉苦、告密、理发、撤职、说情、鞠躬、搬家、谈话、破产、请假、帮忙，显然（1）结构都可以带宾语，原因就是结构中作为宾语成分的名词已虚化或喻化，整个结构的意义已经凝固为一个不可分割的整体，再不能从两个语素的字面意义推导，它们已经词化了。刘正光列举了"提速"这个新近词化的例子。"提速"最早用于"火车提速"即"提高火车运行速度"的缩略用法，显然这个"速"是有具体的所指意义，是作"提高"的宾语，因此"提速"是不及物的。但随着"提速"共现搭配频率的增加，人们开始看到这样的用法"全面提速 Window XP""治本出路在于提速高校后勤服务改革"，显然此时的"速"的语义已经虚化，丧失了自己独立的句法和语义地位，因此"提速"可以带宾语了，也就逐渐词化了。

同样（2）结构基本上都不能带宾语，相对（1）中的动宾结构；（2）结构中的宾语成分虚化不大，如理发的"发"结婚的"婚"撤职的"职"搬家的"家"等，即我们还是能从两个语素的字面意义推出整个结构的意义，显然它们没有彻底词化。但我们不能以此为标准把它们排斥在复合词外。在汉语中，由于动宾复合词主要是从动宾结构演化来的，因此除少数词化了，大多数都顽强保持着动宾结构的句法地位，都不能带宾语，整体意义都可以从构词成分推导出来。这就是为什么无论是第一类已词化了的动宾复合词，还是第二类没有词化的动宾复合词，结构之间都可以插入其他成分：起一下草、担什么心、牛不是吹的、结一次婚、搬什么家、假只可以请一次。因此 Packard 认为，即使某个动宾结构是复合词也还是可以被重新分析为短语词组，如果这个结构当中可以插入其他成分，或第二个成分可以被其他成分修饰或可以移到前面作为话题。这些似是而非的标准等于说明汉语的复合词具有词和短语的双重地位。

现在汉语中大多数的复合词都不是由单个的语素构成的，也不能从构词成分中进行推导，但依旧具有一些短语的特征。如担心、伤风和生气，它们是词，因为它们的词义都不能从构词成分中推导出来的，甚至都带有一定比喻意义。但我们可以说：让他担了三年的心 / 这个心让他担了三年、我只是伤了一点小风 / 这个风伤不了我、他在生他妈妈的气 / 气不能生得太大。正因为如此，石毓智认为，真正词化的复合动词是有限的。大多数复合动词以及其他的一些复合词都没有彻底的被词化，从某种意义上说并不能完全的词化。

这里有几个原因：一是透明度。汉语是表意文字，汉字是属于形、音、义三个要素为一体的文字，所以即使组成了复合词，但构词的语素的含义都依然可以辨别，在一定程度上很难进行隐喻虚化，所以复合词的透明度都相对较高，从汉字造词的意义上说，造词时就赋予了各种词规定的依据，比如上岗、传销、试婚、瓶颈这些新的复合词，由于词意的透明度就对词的词化造成了阻碍。

二是结构性，汉语大多数复合词都是短语句子紧缩造成，即按句法规则产生的，如来意一来的意图、监工一监视工作的人、裁并一裁减后合并、错怪一错误责怪，尤其是动词性复合词，大多足由动宾结构或动补结构的短语演化来的。只是在双音化的作用下，这些短语结构日趋紧凑，语义逐渐凝固，一部分成了词化词，一部分停留在离合词或短语上。因此，在许多情况下这个结构中还是插入其他成分：告密（告了我的密）、捧场（捧中国人的场）淋浴（淋半身浴）、补课（补上缺席的英语课）、帮忙（帮了我的大忙）三是单音字。汉语单音节字 / 词有很强的构词 / 短语能力。尽管现代汉语有双音节化倾向，但不能改变汉语单音节字起决定作用的本质。这就是说，一个字即使是黏着语素，也有很大的自由度和灵活性，能独立使用，兼类性强（名词词素转动词词素等），分离性、再组性和结合能力和搭配能力也都很强。如一个字即便它作为构词成分参与形成了一个复音节词，但并没有丧失其自由身，在其他场合又可以和另一个词素搭配，组成另一个复合词或短语。

在双结构中，即使首个成分的词素不是动词性的，甚至不是词素，也可以在转成动词后插入其他成分：黑他们一客、幽了他一默可以说（幽根本不是词素，只是一个没有任何意义的字）。甚至在外来词中，原先无意义的音译字在获得意义后竟然可以变成白语素，作单词用。

四是双音化。古汉语中许多单音节动词都是综合表达法，一个动词蕴含动作和结果的意义，如：攻、活、从、避、晒、捅、阻、举、租等。但在双音化中，这些动词把其中一个意义让给另外一个词：攻击、救活、跟从、避开、晒干、捅死、阻止、举起、租出。处于双音结构补语位置上的词或表示结果或表示趋向，意义很难虚化，因而大多没有词化。如：第一类表状态：

（碎 / 震 / 压 / 喊 / 笑 / 扎 / 击 / 侦 / 咬 / 插 / 碰 / 摔 / 踢 / 敲）+ 破

（淹 / 杀 / 毒 / 射 / 熏 / 烤 / 哭 / 捅 / 压 / 指 / 打 / 踢 / 咬 / 吊）+ 死

（烧 / 拔 / 除 / 咬 / 杀 / 呕 / 灭）+ 尽

（哭 / 笑 / 踢 / 指 / 拌 / 摇 / 喊）+ 醒 / 痛 / 坏

（炒 / 烘 / 烤 / 晒 / 煎 / 熨）+ 干

第二类表方向：

（攻 / 踢 / 租 / 杀 / 吞 / 撞）+ 进 / 出

（跳 / 爬 / 浮 / 跑 / 调）+ 上 / 下

第三类表完成：

（解 / 撞 / 踢 / 撬 / 砸 / 挤）+ 开

（看 / 听 / 搞 / 弄 / 读）到 / 懂

（记 / 管 / 抓 / 看 / 拿）住

从深层次分析，汉语复合词尤其是动词性复合词难于词化的另一个原因就是语言表达的经济性。语言经济性是语言交际中一个非常重要的原则。Chomsky 提出的最简方案的核心就是经济原则（the Principle of Economy），即语言结构的产生过程和表达方式都尽可能做到经济。法国语言学家 A-Martinet 在解释语言变化时也提出了语言交流经济原则。他认为言语活动内部具有某种力量促使语言不断发展变化，这种力量就是人的交际和表达的需要与人的生理及精神上的自然惰性之间的矛盾，因此，省力原则和交际需要是语言变化的两个主要因素。例如为了交际需要，表达清楚无误，人们本应采用更多、更复杂的语言单位或形式，但同时出于经济和省力，又想尽可能地用越简练和最省力的形式完成交际和表达。这种矛盾冲突的结果使语言处在不断地演变中。

我们知道，相对词化词而言，离合词，乃至短语这样的语言单位更具有灵活性，它们可以进行任意拆装、扩展、插入和颠倒，这样，能够表达的潜在意义就越丰富：

又咳了两声嗽。（巴金）

这个务是如何服的。（赵树理）

接他娘个蛋风。（蔡其康）

显然，结合经济原则，在使用复合词时，人们更倾向于将双音的动宾或动补结构进行分利用短语，将其保留下来。让担心、鼓掌、散步、照相、费神、吃亏、看病、聊天、打针、服务、咳嗽、锻炼、考试、负责等这些常用动宾组合根据需要随时插入"什么""一次""点"等成分，让租出、攻下、摇破、独唱、洗净、煮熟等动补组合处于短语状态，根据表达需要灵活地和其他语素结合：租进 / 人 / 掉、攻上 / 进 / 人、摇痛 / 醒 / 坏、独占 / 霸 / 创，这样就可以表达更丰富更生动的意义，甚至可以表达在词化词中难以表达的矛盾意义：洗脏（了）鞋、煮生（了）饭、腌淡（了）蛋。显然如果洗衣、煮食、腌鱼这样的词组彻底词化了，就"死掉"了，就很难再表达上述的矛盾意义或其他意义。也就是说，想要表达其他意义时，就需要创造新的词语句法等，也就需要运用到大量的语法结构，短语字词等语速，但这不符合经济原则，况且，由于汉语辨义的音节数有限和汉语词汇双音节模式，汉语能够创造新词的数量毕竟有限，因此尽量利用现有的短语通过拆分添加来表达更多的意义是语言表达的内在需要。这也是汉语中的动宾组合或动名组合之所以难以词化的真正原因。而且，双音节动宾结构组合的词语在使用月频繁时就越可能以短语的形式保留下来，长而久之，就可能形成离合词。

名词性复合词与动词性复合词不同，名词性复合词的使用频率没有动词性复合词使用的频率高，并且名词性复合词由自由的语素组合成后，就很少将其分开因此词化的可能性就大（尽管如此，汉语的名词性复合词偶尔也有拆开使用的：拖鞋—拖着一双破鞋、决议—这是大伙决的议、专政—让敌人专了我们的政、同学—和他同过三年学、幽默—能幽政府政客们一默才算有水平，但这里都转作动词用）。其次，尽管动词和名词是反映人类认知活动和社会活动最丰富的两个语言范畴，但相比较而言，名词更能对客观世界的经验和认知（如在科技、经济等领域）范畴化和概念化。换句话说，名词在任何一种语言系统中都是最基本的信息载体，单位是一个文化的基本表达方式，若名词的意思变了，则名词承载的文化意义也会有所变化，如故事—事故、会议—议会、火柴—柴火、语言—言语，词语—颠倒，意义就变了。而动词词序变化，意义并不受到很大影响：欢喜—喜欢、妒忌—忌妒、问讯—讯问、演讲—讲演。第三，社会文明程度越高，科技经济越发达，名词性表达的使用频率和需要程度更大，而越是使用频率高，就越容易词化，这一点和动词性复合词恰好相反。第四，名词性复合词比起动词性复合词更易词化的另一个原因是前者大多是词法规则形成的，语素结合紧密，后者大多是句法结构形成的，这也就是为什么离合词基本上都是动词性复合词。如前面提到的 VS 型、OV 型、OVS 型都是名词性复合词。所以名词性复合词与动词性复合词相比，名词性复合词的词化程度比动词性复合词的词化程度更高。这也和名词在整个词汇中的比例总是最高一致的。石毓智把汉语和英语中名词性复合词最丰富、动词性复合词最少看成是两种语言构词中的共同现象，并把它列为"我们尚没有解释的重要现象"。

实际上，从语言经济原则来解释是其中一个渠道。

根据语义可将英语复合词可分透明（transparent）的和隐晦（opaque）的两类复合词。前者如 railway, fingerprint, ashtray, snowwhite, picture book, smoking car, girlfriend, bookshelf；后者如 weather-beaten（久经风霜的）、house-mother（学生宿舍女管家）、high-born（出身高贵的）、clearway（超速

公路）、full-length（未删节的）、telltale（搬弄是非的）、crossquestion（追问）、point-and-shoot（傻瓜相机）、under-the-corner（秘密的）、hole-in-the-wall（街头取款机）。

我们可以注意到，透明复合词一般是向心复合词（endocentric compounds），即中心词素的意义一般是本义，如 railway 是一种路，cathouse 是猫的屋。而隐晦复合词是外向复合词（exocentric compounds），构成这类复合词没有一个中心的语素，整个意义是不能简单从其构词成分中推导出来的，往往都已引申出比喻义。英语中这样的复合词很多，如形容词：stone-deaf（完全聋的）、sweet-tempered（性情温柔的）、open-handed（慷慨的）、fishwifely（粗野的）、lip service（口头上敷衍的）；动词：blackmail（敲诈）、brainwash（实行头脑清洗）、browbeat（厉色威吓）；名词：pickpocket（小偷）、cutthroat（凶手）、blackleg（当工贼）、pigeonhole（文件分类）、deadline（最后期限）、couch-potato（终日看电视者）、mouse-potato（鼠标迷）、red tap（文牍主义）、egghead（知识分子）、bigwheel（要人）、greenhorn（新手）、shellback（老海员）、big potato（大人物）、feather-brain（健忘者）、nethead（网虫）、fat head（呆子）、accidhead（吸毒者）、skinhead（暴徒），外向复合词还有一类是从短语动词（phrasal verb）转来的，如 slipup（不幸事故）、upstart（暴发户）、take-away（外卖的）、in-your-face（厚颜无耻的）、go-between（媒人）、pick-me-up（刺激性的）。这些复合词的意义也难以从构词成分的字面意义上获得。

英语复合词还可按句法分成句法复合词（syntactic compounds）和非句法复合词（asyntactic compounds）两种。前者如 blackboard（黑板）、earthquake（地震）、snake weed（蛇草）、service industry（服务性行业）、sunshine（阳光）、pump room（泵房）、它们都是按句法结构形成的。后者如：ice-breaker（a ship is able to break ice 破冰船）、tear-gas（something that is able to stimulate tears 催泪弹）、thought-reader（person who can read one's mind 揣摩他人思想的人）、cat-green（green color like cat's eyes 像猫一样绿）、weather-free（fly or navigate unrestricted by weather）、table talk（talk during the dinner 餐桌漫谈）。这些复合词都不是按句法结构词化的，再如 home-made（家制的，本国制的）、book-learned（迷信书本的），名词和过去分词进行组合：new-born（新生的）、deep-laid（处心积虑的），将形容词和过去分词放在一起，根据语法结构来看是不可行的。如果说汉语主要是以句法复合词为主，那么英语除了句法复合词以外，非句法复合词也有很大比例。

英语复合词较之汉语复合词更容易词化。除了隐晦复合词和非句法复合词较多的因素，还有下面几个原因。

第一，英语复合词主要是为了表达精简而浓缩信息形成的语言形式，而汉语复合词除了语言简约的要求，更多是出自于双音化的语言形式要求（如道路、乡村等联合型复合词并没有简约什么）。也就是说形式的需要，大于信息的需要。而为信息浓缩而产生的复合词，规约性和比喻性都较高。第二，英语复合词各个构成成分结合得更加得紧密。对于英语复合词来说，各个构词语素之间不能够插入其他得语素结构甚至是词根词缀等。例如 flowerpots，若要表示花很多也不能表达为 flowerspots，这个是错误得表达形式。adult day care（成人日托服务）三个词合成的复合词也比较相对紧密，词化程度较高，已经是不可分割的统一体。并且从发音来看，在第二个或者第三个语素是重音也有明显得减弱。有的复合词已经被彻底固化（entrenched）成一个单纯词。例如 because，最先是因为 by 和 cause 经常搭配在一起使用，最后人们在发音和拼写上进行了一定得变化，就变成了一个整体得单纯词。再比如 stye（麦粒肿）是因为 sty on eye 这个短语短语（sty "猪圈"，sty on eye 即肮脏东西在眼睛里）经常搭配在一起，从而逐渐的词化为一个整体的单纯词。

第三，比喻性复合词的比例更大。

英语复合词比汉语复合词的比例相对较小，但对于复合词的词化程度，喻化程度等都比汉语要大一些。当然词化对不同语言只是相对而言的，汉语某个意义，有时已词化为一个复合词，而英语要用分析性短语来表达。如来意（the purpose in coming）、眉批（notes and commentary at the top of a page）、傲视（look at with arrogance）、平视（look straightly and quietly）、骋目（look into the distance）、瞭望（look vigilantly from above into the distance）。

五、借词

词通常有音译和意译两种形式，而音译基本上属于综合表达法，意译则属于分析性表达法。经过音译表达为借词的方式，不用照顾语素中原有的意思，所以这类词属于彻底的词化类型。而汉字通常是用意译的方式构成借词，汉字更倾向于表达介词的整个表意功能，需要选择合适的语素，且融入汉字的构词模式中。比如手机（mobile phone）、踢踏舞（tittup）、蹦极跳（Bungee）、情人节（Valentine's day）、激光（laser）、自助餐（buffet）、千年虫（millennium bug）和超级市场（supermarket）等等，汉字组成介词时，要考虑到音也要考虑到意，做到音译兼备，再结合汉字构词构句的偏正结构，才可以构成借词，比如说：啤酒（beer）、桑拿浴（sauna）、艾滋病（AIDS）、万维网（World Wide web）、黑客（hacker）等等，这些词的透明度普遍较高，并且具有较强的可分析性。在汉语中形成的介词属于纯音译的词，通常比较少，并且大部分是对其他的语言进行音译过来的，比如沙发（sofa）、沙拉（salad）、克隆（clone）、巧克力（chocolate）等。

结合对《新词新语词典》和《现代汉语新词词典》的统计，在汉语中经过外来词音译的借词还不到 1.5%。而与英语相比，英语借词中音译的更多而意译的更少，所以在英语中的音译词的透明性和可分析性都相对于汉语的意译词更弱。如意大利、西班牙、德国、希伯来和日本借来的 sputnik（人造地球卫星）、mafia（黑手党）、matador（斗牛士）、blitz（大规模闪电战）、rabbi（犹太教教士）、sushi（寿司）。从汉语来的 kowtow（磕头）、tofu（豆腐）、tai chi（太极拳），yen（瘾）、pin yin（拼音）、wonton（馄饨）、kungfu（功夫）、fengshui（风水）、yum cha（饮茶）、chow fan（炒饭）等，因此从借词的方式看，英语的借词完全词化了。

六、缩略词

汉语词汇形成的过程和短语词组缩略过程有关，如从"等待就业"到"待业"，从"公共墓地"到"公墓"，从"进行抗议活动，以显示自身威力"到"示威"，从"地下铁道"到"地铁"。应该看到汉语词典中的词相当大的比例都是短语缩略的结果。也就是说，缩略语的最后结果是词化，因为只要某种缩略形式被接受，并不再以全称形式出现，或缩略后派生出新的意义，就成为一个和一般复合词没有区别的词。但即使如此，由于缩略后的词透明度高（并没有建立新的语素，只是截掉了部分语素，保留了有显著特征的语素，因此很容易把截掉的语素添进去，回复到原来的短语），要真正词化就相当困难了。

有两种情况缩略词化程度较高。一是缩略后的词不再遵守中心词原则。

如"文摘"（文章摘要）、"公托"（公办托儿所）是名词，但中心词是动词。实际上这里的"摘"和"托"不再是动词，而是摘要和托儿所的代名词，这可以从"人托"得到证明。二是缩略后的词又引申了。如下面词的第二个意义：地道（①地下坑道：②真正的、够标准的），地下（①地面之下：②秘密、不公开的）。但这两种情况在汉语中比例不高。

英语就有所不同了，词语缩略不是语素的减少，而是旧语素的破坏，是新语素的创建。由于缩略词大多是只含一个语素、不可分析单纯词，词化就容易了。下面有几类：

1. geep 山绵羊—goat sheep, motel 汽车旅馆—motor hotel, cermet 金属陶瓷—ceramic metal, brunch 早午餐—breakfast lunch, slurb 市郊贫民区—slum suburb, radar 雷达—radio detection and ranging—这一类缩略词是取原词的部分音节合成的，原来语素没有在缩略词中保留下来。

2. 10C 国际奥林匹克委员会—International Olympic Committee.GATY 关贸总协定—General Agreement on Tariffs and Trade，Hawk 霍克地对空导弹—Homing All-the-Way Killer，coo 业务经理—chief operating officer，这一类缩略词是取原短语中各词的首字母合成的。

3. hydro 水上飞机—hydroplane，chair 主席—chairman，phone 电话—telephone.

cycle 自行车—bicycle. 这一类缩略词只取原词中其中一个语素，因此也不能单从保留的语素中，推导出省略的其他语素。

4. info 信息—information，lab 实验室—laboratory，mart 市场—market，frige 冰箱—refrigerator，condo 公寓套间—condominium，tec 侦探—detective，这一类缩略词只取原词中其中一个音节，截短后的词很难回复到原词。有此截短词自己又可以加上后缀：navy（navigator），telly（television），ciggy（cigarette）nightie（nightgown），goalie（goalkeeper），fresher（freshman），starkers（starknaked），可见这些词已经完全是一个一般的单词，而非缩略词。

5. interpol 国际刑警—international police，biopic 传记影片—biographical picture，heliport 直升机停机坪—helicopter airport 这一类各取两个词中一个语素或音节构成的，因此也难以从残存的语素或音节中推导出它们各自代表的词。

七、类推词

类推形成的词也经历一个词化过程。类推词的词化度是由类推过程决定的。如果原词词化度较高，一般说来类推词的词化度也较高，反之亦然。如果原词词化度不高，但类推过程是抽象化，或泛化和虚化的过程，那么，类推出来的词词化度就较高。比较如下：原来词化度较高：国手—国脚、热区—冷区、热点—冷点原来词化度不高：空姐—空嫂、参军—参政、邮购—电购泛化和虚化：炮弹—肉弹、爆满—爆冷．扫街—扫黄英语情况也是如此。如下面这些词原词词化度较高，类推词词化度也高。

moonlight（晚上兼职）—daylight（白天兼职）、brain drain（人才外流）—brain gain（人才流入）、blacklist（黑名单）—whitelist（白名单，准许上演的节目名单）、hotline（热线）—coldline（冷线）、infonet（信息网）—infoport（信息港）原词比较具体，但抽象化后，词化度就高了。如 watergate 是美国一个政府机构名，但出现水门丑闻后，gate 变成了一个词级，引申出"问题""丑闻"意义，结果类推出词化度较高的词：Nannygate（保姆问题）、Reagongate（里根丑闻）。相反，原词词化度高，但向具体化类推，词化度也会受到影响，如 hotline（热线）—chatline（聊天热线）。

第二章 英汉句法结构对比研究

第一节 英汉基本句子结构类型对比

一、句法结构

E.A.Nida 曾表明，由于核心句是不同结构句子构成的重要条件，且不同句子的不断的打乱重组，便构成了语言，由此可见，语言所最终呈现出来的结构，都是在"核心句"的基础上所构成的。

"核心句"也有着"基本句型（clause type）"之称。且在对不同语言的研究过程中，可发现它们都有着一个不属于来自语言内部含蕴的结构特点：主语和谓语是它们存在的必不可少的条件。由此，这便直接为更好的研究和探寻不同语言之间所存在的差异提供了一定的基础条件，以及将其作为研究的必要前提。由此，综上所述可得，构成汉语和英语两种不同语言的基本句型结构是具有一致性的。

首先，在研究语言间差异性之前，我们先根据相关著名语言学家"对于基本句型的分类"进行如下说明：

Quirk 等学者曾在"A Grammar of Contemporary English"中表明，由于语言中动词功能的差异，由此便以其功能的不同，将英语中的句子的基本类型主要分为：SV，SVC，SVA，SVO，SVOC，SVOA，SVO0 这七类，后来在"A Grammar of the English Language"中维持了原来的分类。但在涉及到 A 的状语作用的 SVA 和 SVOA 两种句型中，由于这两种句型都是在其它基本句型之上所添加 A 得状语作用而形成的，例如 SVOA 是主谓宾句型后加状语而成，由此，这两种句型就只能被视为基本句型的衍生转变句型。因此，在后续的研究中，这两种句型就没有被列入基本句型之中。所以，对于更为确切的说法，英语应只有五种基本句型。

sv

She gose today.

（她今天走了。）

svo

This activity interests me

（这个活动使我感兴趣。）

SVO

Your dinner seems ready.

（你的晚餐似乎准备好了。）

SVOO

I must send my parents an anniversary card.

（我必须送我父母一个结婚周年纪念卡。）

SVOC

Most students have found this course interesting.

（大多数学生发现这门课很有趣。）

相对于英语中的基本句型结构，现代汉语在对句型句式的分类及其完整的结构体系等方面都尚待完善。

在黄伯荣、廖序东主编的《现代汉语》中表明，因为句子整体格式的不同，所以，特此将一个单独的句子又分成了两个子系统，一是具有主谓成分的主谓句子系统，二是除主谓句之外的部分就作为非主谓句子系统的成分。同时，在对于语言的语法研究中，主谓句又是其中特别重要的部分。而在汉语中的主谓句子系统中，又可将其基本句型分为 SV，SVO，SVC，SVC（N），SVOO，SVOC 这六大类，但在对英汉两种语言的语法及句子结构的研究中表明，在汉语的基本句型中，除由 SVC 所衍生转变后的两种句式结构以外，其他的基本句型与英语中的基本句型有着异曲同工之妙，由此，便可将汉语中句子的基本结构归为五类。在汉语句型中常常用 V 来代指谓语，但其在汉语中并不一定都是作为动词来使用。例如：sv 哥哥来了。

Svo 她采集了很多花草雨露。

SV 书是纸做的。

SVOO 他询问我你的家庭地址。

SVOC 怒目使你衰老。

除了五种基本句型之外，汉语也可以如同英语那般，在基本句型的基础之上进行扩充和衍生，进而得到无限多的句型和句式，以表达更加具体、深层次的含义和概念。由此便将基本句型强大的衍生功能以及语言表达所独具的魅力展现得淋漓尽致。

　　同时，由于基本句型的一致性，为英汉两种语言的研究提供了必不可少的前提条件和牢固的基础，但在研究中表明：二者在"主谓一致性"这个问题上又存在不少差异。

二、主谓一致性

（一）形式一致性

　　主谓一致（subject-predicate concord）或主动一致（subject-verb concord）在英语上所表现为：主语和谓语形式上的一致，同时谓语会随着主语人称或数量的改变而同时发生相应的改变；所以英语"形合语言"的来由便是居于上述。除此之外，英语中往往将名词或名词性词语当作主语，而动词也成为了谓语部分的标志。为了更好更科学合理更便于研究一致性的相关情况，语法学家们最终为此总结出三个原则：

　　1. 语法一致原则（principle of grammatical concord），其最主要表现在语法形式上，谓语中动词的形式是与主语中的人称以及单复数是一致的。例如：a.The kid is watering flowers.b.The kids are watering flowers.

　　（1）意义（概念）一致原则（principle of notional concord）。

　　从该原则的角度着手主谓问题，谓语动词的形式便不再是根据主语的单复数形式，而是根据主语的意义来确定。例如：

　　① The family are playing games.

　　② Ten dollars is enough.

　　（2）就近原则（邻近原则）（principle of proximity）。即句子中最接近谓语动词的词语决定了其主要的形式。例如：① Either you or she wants to go there.

　　② On the desk is a cup , a pair of chopsticks and some food.

　　由于汉语语言的独特特点，主谓在汉语中的主要表现形式，并没有那么明显，需要通过对句子中具体的意义进行分析和理解，所有，汉语也被称为与英语"形合语言"有着本质区别的"意合语言"，归属于分析类语言的行列之中。例如：我 / 你 / 她 / 他 / 他们是人类。

　　I am/You are/She is/He is/They are humans. 我 / 她买了两个苹果

　　I buy/He buys two apples.

　　综上所述，可得出，汉语中的谓语动词不会随着主语的单复数或者人称的变化而发生变化，它的谓语动词是一成不变的，而英语中的谓语动词会受到主语的人称或数变化的影响并随之同时发生变化。

除谓语动词与英语有着较大的区别外，汉语对于句子的表现形式也往往没有太过严格的要求，任何词性的词语都可以作主语，同时对于谓语部分的词语也可以不由动词充当。例如：信不信随你。

Believe it or not depends on yourself.

生的我吃不下。

The raw one I cann't eat.

老做事不休息可以把人累死。

One will be tired to death if he keeps working without rest.

（二）语义相关性

由于在一个句子之中，主语往往是作为行为的主体，而谓语部分往往是对行为主体动作的表达，因此在英汉语中这两者之间的语义都存在着相关的联系；但同时由于英汉两种语言有着些许的差异，在其相关性的程度上也随之有着一定程度的差异：在英语中，由于它的主谓形式往往是一致的，因此，其所表达的语义也与其形式有着直接的相关性；而在汉语中，由于其结构往往不受限制，主谓之间的关联也不如英语中主谓一致那般严格，所以，在汉语中，其所表达的语义往往与主谓结构有着间接的相关性。例如：那场袭击，幸亏警务人员到得及时。

The attacks,fortunately the police arrived in time.

Fortunately，the police arrived in time to stop the attacks.

在上述例子中，对于其具体的意义不能简单的仅凭显性结构去探究，要对其内部所蕴含的隐性含义进行探讨：幸亏警务人员的及时赶到并且制止了那场袭击。作为以汉语为母语的汉族人，很容易的将"制止"二字进行简化和省略，但依旧能够明白其含义；但在英语中，则必须将"制止"这个动作显现出来，蕴含在句子结构中，否则使其很难对整个语义进行完完整的把握。由此可见，对于汉语这种"意合语言"其结构没有太过严格的限制，从而使其民族在对其的语言认知上形成一种心理上的定势。

1. 直接相关

就语义的直接相关而言，英汉语两者之间并没有太大的区别。

此类句型在汉语中常有：（1）句式为动作类：主语作为相关动作的行为主体，而谓语表示其动作。例如：她瞅瞅这个，又碰碰那个。

虎啸猿啼。

他头没抬，眼没睁……

（2）句式为存现类：将处所／时间作为主语，存现动词作为谓语。例如：地上有一支笔。／笔在地上。

天上飘来了两朵云。

来了一辆车。

（3）句式为状态类：将描述的对象／其他作为主语，对于谓语则用固定的"是、有"、描写心理类词语或其他充当。

例如：我有两个苹果。

老师们的要求是认真。

我讨厌这样。

（4）句式为说明／评价类：以主谓结构或实施等的命题作为主语部分，而将表示态度的词语或如主谓结构充当谓语部分。例如：你作弊是错误的。

他不做也行。我很心累。

家里气氛很活跃。

英语中就语义的直接相关而言的句式包括以下这几类：

（1）句式为动作类：主语作为相关动作的行为主体，而谓语则表示其动作。例如：My wife has prepared food tonight.

The present was given to jack.

He lifted his leg.

句式为状态类：将描述的对象／其他作为主语，对于谓语则用固定的"be/have"心理类词语充当。例如：Yesterday was Monday.I have two apples.I hate you.

This jar contains coffee.

（3）句式为存现类：以 there + 名词词组的特殊形式作为主语，将 be/ 存现动词充当作谓语成分。例如：There's a car leaving.

There goes the first car.

There find a surprise thing.

因为这类型的句子主要是将 there 作为形式主语，而真正的主语则是谓语动词之后的 NP，所以，这类型的句式仍然将其算作是语义直接相关的句式。

（4）句式为描述／评价类：将 NP 或命题概念（S-N）充当作主语成分，而谓语则是以静态的词充当。

例如：What he said is false.

Whether they will do it or not has not been worked out.

2.间接相关与语义无关

语义的间接相关主要是体现在汉语的句子和语义结构中，"那场袭击，幸亏警务人员来得及时"便是一个将其展现得很好的例子。"那场袭击"与"警务人员来得及时"存在一种间接的语义相关性。而在英语中则就没有这种表述方式，必须在必要的地方添加上符合相关语境成分才能够使其主语和谓语之间有着直接的联系，从而使得整个句子的语义更为完整。又如：那场事故，幸好她没在场。

完整的句子应为：在那场事故中／发生那场事故的时候，幸好她没在场才幸免于难。"她没在场"在语义上只是与"事故"有间接的关系，不能理解为事故"使"她没在场，或事故与她没在场直接有关。

男生一律西装领带，女生一律白衬衫，花裙子。

这里男生和女生不等于服装，译成英语时一定要加上"穿"。

张大哥急性子，张大嫂慢性子。

主语的施事不等于性格，主语和谓语的关系是"整体与部分"。

我们这个检查站就我一个人。

主语后可添加"只有"，表示"存在"义。

一年十块钱，三年满期，四年手头就挣师傅钱。

这里指一年挣十块钱，不是一年时间等于十块钱，语义只能间接理解。他东北口音。

这里 S-V 的语义表示"他"的说话特点，他的口音。

"这事儿"我们上当了。

这事儿应完整表达为"在这事儿上"，表示"我们"与"这事儿"的关涉性。

王冕七岁就死了爹。

这里也是谓语发生的事与主语有关，不能直接理解 S-V 的关系。

我们可以说，由于汉语是一种"意合语言"，所以在对汉语句子的运用时，只要能够使读者在其整个语句的语境中明白其表达的含义，则对于汉语句子的结构要求就显得没有那么重要。因此，在汉语中就会存在极多间接相关的例子。

在英语中，对于句子的结构有着严格的限制，一般地，除祈使句外，其他句子中都有主语的存在。而如若当时句子缺少主语的成分，便会用"it"作为形式主语，将整个句子补充完整。而这种特殊情况被振邦（1997）称为虚义"it"（empty "it"）。但是由于"it"在出现时，并没有取代真正主语的地位，只是将真正主语的位置进行了一定程度的移动，使其二者在整个句子中都以主语的身份而存在，所有"it"在作为形式主语的过程中，又与其他能够代替主语的形式主语有着明显的区别。而 empty "it" 主要是指没有确切的指代对象，即本身不带先行项的 it。而这种形式的 "it" 作为形式主语时，主要出现在以下几种情况中：

（1）表时间、日期、天气、距离、自然环境等：What's the date it？（今天是几号？）

It's raining.

（在下雨。）

It was very quiet in the café.

（咖啡馆里很安静。）

（2）表示一种笼统的情况：Where does it trouble?（哪里有问题？）

How is it doing？（它怎么样？）

It was dull when Mary was away.

（玛丽不在时生活没意思。）

It was a great happiness to me when he finished it on time。

（他按时完成那件事后，我感到很幸福。）

（3）在 "It seems/appears/looks/happenst that..." 结构中作主语：It seems that he was late for the school.

（他似乎上学迟到了。）

It looks as if it will be a nice day.

（似乎会是晴天。）

It happened to rain that day.（那天碰巧下雨了。）

（4）用于 "It depends，It's time..." 2 类结构中作主语：It depends（on）whether you're determined.

（要看你是否有决心。）

It's time to go.

（该出发了。）

用于强调句式中作主语：It was yesterday that he met jack.（他是昨天遇见杰克的。）

It is he that did it.

（是他干了那件事。）

主谓语义存在三种情况：一、直接相关、主谓语义直接相关时，便将主谓语义列为同一概念范围之中，使得能够更好的对整个句子的理解和把握；二、间接相关，当主谓语义间接相关时，虽然主谓语义之间还存在联系，但仍将主语和谓语划分为两个概念范围；三、语义无关，而当主谓语义无关时，主谓之间的概念便不存在相关性。

在世界上所有的语言中，都存在着 S-V 语义直接相关性。因为，如果在所有语言中句子结构的语义都是间接相关或者是无关的，那么对于语言的使用者——人类来说，这将是一个难以交流沟通和传达信息的时代。

三、功能

（一）作单句

主谓结构可以作一个单句，表达一个完整的概念。主语或谓语可以分别是一个，也可以分别或同时出现一个以上，表达比单个概念复杂的内容。例如：张老师教我们汉语。

我们两个人的看法相似。我的行李多，他的行李少。

小草嫩嫩的、绿绿的。小明和小红差不多高。

Mr Thompson is an engineer.

（汤姆逊先生是个工程师。）

She can drive a truck.

（她会开卡车。）

Without doubt I had seen him with the rest of the Kanaka crew on board，but I had not consciously been aware of his existence，for the Petite Jeanne was rather crowded.

（当然，我见过他和一群卡拿卡水手在甲板上，但"小珍妮"号实在太挤了，我没有特别注意到他。）

John and Mary will come tomorrow.

（约翰和玛丽明天会来。）

The oranges are picked and sorted mechanically.

（橘子使用机器采摘和挑选。）

当然，原句中叮以在各句子成分旁边加上一个或多个修饰语，使概念更为复杂丰富，也使句子扩展为很长的单句。

（二）递归性

英汉语主谓结构可以充当句子中的几乎所有成分；同时，通过递归（recursiveness）的方法重复使用主谓结构使句子无限扩展，结果出现并列句和复合句。主谓结构可以作为修饰语出现在单句中作定语、谓语，也可作为句子成分出现在复合句中作宾语、表语、主语、状语、宾补（汉），在对语言学进行相关的研究中表明，借助重复的手段来将具有无限长句子的合理化的方式被称为"递归"，但要使其成立必须满足这个条件：句子必须要满足有效的沟通和交流。在系统功能语法中主要将递归分为两类：A. 线性递归；B. 嵌入递归。A 类主要是指将多个地位平等句子向连接在一起，从而形成的并列句，但也指代具有主从不平等隶属关系的主从句。例如：Jack is a journalist，Mary is a lawyer，Tom is a managerand，Henry is a doctor.（并列句，地位平等）（杰克是记者，玛丽是律师，汤姆是经理，亨利是医生。）

You will see buildings under construction wherever you go.

（无论你走到哪里，你都会看到建造中的楼房。）

He comes here when he is free.（主从复合句，第二小句从属于第一个）

（有空时他就来这里。）

在句子的语法功能中，嵌入递归常在其中被视为"级转移"。同时，对于句子中一个单位往往是由比它小的单位构成这个特点，需要在系统功能语法这一环境下运行。

就"级阶"（rank scale）而言，小句复合体大 / 高于小句，小句大于词组 / 短语，词组 / 短语大于词，词大于词素。级转移的情况往往出现在：某个单位中所存在与它同一等级甚至等级的高于它的单位时。

如：The students who came here yesterday study at Hunan Normal University.

（昨天来这里的那些学生在湖南师范大学读书。）

小句 who came here yesterday 比 the students 高一级，但却充当其修饰成分，属于级转移。

I know that he knows that she knows that Mary knows.

（我知道他知道她知道玛丽知道。）

这里第一个 know 后出现三个由主谓结构构成的从属分句，它们的级阶一个比一个高，它们都作前一个 know 的宾语，也属于级转移。

英语句中的定语从句可以出现多层套叠，使句子扩展或复杂化。下面是一首著名的英语童谣：This is the malt That lay in the house that Jack built.

"This is the rat That ate the malt That lay in the house that Jack built it is the farmer who sows his corn, keeps the cock crowing in the morning, awakens the priest, all shaven, marries the man, all ragged, kisses the maiden, all lords, milk and wrinkled horns,That tossed the dog." 每节的第一句都是基本句型之一，SVC，SV 后又套叠了共 13 重定语从句，定语从句中的基本句型为 SV 或 SVO。

这里还可表明，通过递归形成的复合句再长也可图示为一个大的主谓结构。

汉语：汉语一般不会有多个主谓结构同时出现修饰一个名词，它的长句的递归性主要表现在并列结构和从属结构交叉的句子结构中。虽然汉语长句作为句子成分的递归性没有英语典型，但也经常存在。

第二节 英汉倒装句对比

对于倒装句的研究，尤其是对英语倒装句的研究，可谓是诸多学者研究的对象。外国著名学者：Jesprson，Kruisinga，Poutsma，Quirk，Emond，Green 等及国内张道真、章振邦、薄冰、徐立吾等学者对于英语倒装句的研究都有相关的涉猎，并且对其具体的形式和结构也做出了相关的阐释和叙述。同时在学术浪潮逐渐高涨的时期中，部分研究学者和专业人士，还将对倒装句的具体功能的研究纳入了相关研究范围，并在研究后发表了相关的看法和观点：他们认为倒装句对于表达强调、惊叹、感叹等方面的情况时也完全适用。由于有着对英语倒装句研究的基础，部分学者便着手开始研究汉语的倒装句形式，其中朱德熙、胡裕树、陆俭明等学者在他们发表的相关文献中对汉语中的倒装句问题也有所涉及，尤其是陆俭明先生所著的《汉语口语句法里的易位现象》中，更是将倒装句在汉语中所呈现出来的相关特点进行了较为详细的记载和论述。而正是由于这些学者对于倒装句的深入研究，才使得我们在接触英汉倒装句的时候不会显得太过手足无措。除此之外，由于时代的发展，各类新兴理论也在以更加迅速和便捷的方式出现在大众的视野之中，其中便有关于倒装句新的信息理论的提出，从而使得我们在对句法信息分布状态的研究中得到极大的助力。而对于信息理论的分析研究，胡壮麟、徐盛桓、朱永生、马泰休斯、韩礼德、夸克、莱昂斯、Prince，Birner，等诸多学者对其几乎都有着共同的一个看法：他们认为对于英汉句子的祝伟信息已从已知转变到未知。其中，Birner（1994）和徐盛桓（1995）曾表明，在英汉两者倒装句中的信息分布状态有着一定的相似之处：主位或前置部分信息不应新于述位或后置部分信息。由此，本文将借助此前对其进行的相关研究以及认知语言学的相关理论，将对英汉倒装句的相关结构形式、句型特点等进行允分的对比和研究，将这二者所存在的共同点和差异性更为完整和准确的展现出来。

一、结构比较

（一）定义差异

在英语倒装句中，一般位于句首的逻辑主语与正序中处于动词（包括谓

语动词 / 助动词 / 能愿动词）后成分的位置进行了对调，但不位于句首的逻辑主语将出现在动词之后，而原处于动词后的成分仍将位于句首。

而对于汉语倒装句，由于汉语正常的句子结构往往也并没有严格的进行形式上的要求，因此，其倒装句也是按照语义或为了满足语用就将部分成分进行位置上的颠倒，而并没有如英语那般遵循主 + 谓（+ 宾），修饰语十中心语，述语十宾语 / 补语的语序。

但由于在汉语的句子结构中，主语有时可以进行省略，从而就会出现一种没有主语的句子，由此在其倒装句中，就存在不全是主语和动词位置进行互换的情况，因此，就与英语中的倒装句呈现出较大的区别。就一般而言，汉语中的修饰语主要是位于中心语之前，对其起到修饰作用，而在英语的句子中，对中心语起修饰作用的词语位置较为多变。由此，为了弥补这个空缺，在汉语句子的结构中就随之产生了修饰语或宾语 / 补语的倒装。

（二）结构异同

1. 英语倒装

英语中所涉及到的倒装句结构种类有很多，其中疑问句、感叹句、省略连词的假设让步分句以及直接引语后表"某人说"的形式等也都是英语倒装句中的一部分，由于某些特殊原因，本文将对上述的特殊且较为复杂的倒装句型不进行深究，而将在根据谓语部分是否完全前置的前提条件之下，对英语倒装句中的完全倒装（full inversion）和部分 / 半倒装（partial inversion）进行相关的研究，例如：

（1）Is she a nice girl?(完全)

（2）She likes music,so do I.（完全）

（3）Only in this way can we learn English.（部分）

（4）So cold was the weather that we had to stay at home.（部分）

（5）Never/Seldom has relize how important this meeting is.（部分）

同时由于在倒装句中相关成分之间存在着信息状态的差异性，因此，在英语中的倒装句主要包括以下这六大类：

①"存现句"——There+ 动词 + 主语 + 其他。例如：Here are thirty of your apples. ② So/Neither/Nor+ be 动词 / 助动词 + 主语。如例句（2）

③ Neither/Nor+be 动词 / 助动词 + 主语 + 谓语 / 主补 / 不定式 / 分词 + 其他，而在 C 类中，虽然形式上看着与 B 类有类似之处，但它们是存在差异的，在 C 类的倒装句中，不同于 B 类在主语之后只有一个简单的后置主语，而是在其主语之后有着其他以用来补充相关信息的成分。例如：You arenot young neither I am.(部分）

④副词（多为频度）+be 动词 / 助动词 + 主语 + 谓语 / 不定式 / 分词 + 其他。如例句（5）

⑤副词十动词十主语

而在这类型中，主要分为有"位移"动词，如 come，go，run，fly，rush 等；以及表事物、事件的出现、发生、到来的动词，如 come，happen 等这两个大类别。同时二者都有其在运用中的相关固定搭配：第一类常常与 up，down，in，out 等副词进行搭配；而第二类与 soon，then 等副词搭配。

（6）Out set the Red Army.

（7）Just then comes the teacher.

⑥状语 / 主补十动词 /be 动词 + 主语

在蔗农情况中，往往将短语部分进行前置倒装，从而将其称为复合成分倒装句。

（8）At the top of the hill stood the little house.

（9）In the fields of flowers lay the dying dogs.

"At the top of hill it stood out against the sky."（它背靠着天空，伫立在山顶之上。）

（10）switching to and fro，was a bushy tail a yard long ending in three black rings and a white tuft hair.

2. 汉语倒装

在汉语中，它的倒装句就英语倒装句而言，没有复杂多变的词性和结构性的变化，更多的是根据人们的用语习惯进而直接口头说出，主要以口语的形式展现出来，便显得更为简便化。与此同时，汉语倒装句与英语倒装句也有相似之处：它也有完全倒装和部分倒装之分。例如：

（11）的确很有意思，这个活动！

（12）走了吗，你姐姐？

（13）激动死人了，看得！

（14）出国去了，带着父母！

在上述的例子中，由于在例句（11）、（12）中的主谓完全进行了倒置，由此，其为完全倒装句；而在例句（13）、（14）中，前者是对补语部分进行了前置，而后者是对连谓结构进行了后置，由此，这就是区别于英语倒装句中的补语前置和状语后置。

同时在汉语倒装句中,主要包括以下五种类型:

A. 主语后置:走吧,我们。

B. 修饰语后置:六点四十了,已经?

C. 宾语前置:她转专业了,听说。

D. 补语前置:声音都没有了,笑得。

E. 连谓结构顺序颠倒:快去上课吧,叫她。

在这五类汉语的倒装句结构中,与英语的主要倒装句型有着相同点与差异性:就主谓完全倒装而言,英语句型中的 A、B、C、E、类与汉语中的 A 类句型类似。由此可见,主谓倒装这种倒装句型在英汉语中都存在较为普遍的现象。同时,二者都可以借助对相关词语位置的移动和互换实现倒装,并且在其书面语中运用时,二者的信息结构也有着相似和差异之处(这一点后面会涉及)。但在英语的倒装句中,它可以根据其的句子结构对副词或助动词进行前置,从而形成特殊的倒装句,但在汉语的倒装句中却没有此类情况。同时在汉语的倒装句型中,往往出现在口语的环境下,出现在书面语的情况较少。

而在汉语口语倒装句中其具有以下特点:

a. 在两种成分被倒置后,也可变回之前的正常顺序。

b. 在书面语的情况下,如果前后置成分需要间断,需用逗号隔开。

c. 在口语中,需重读前置,轻读后置。

d. 在前置句中,整个句子的重点意义始终在前置部分上。

e. 后置成分主要起到对真个句子的意义进行补充说明的作用。

f. 对于后移成分后一定不能带有句末语气词。例如:

(15)走吧,你。

走吧,你吧。

(16)明白了,几乎。

明白了。几乎吧。

二、信息状态

对于信息状态的分布,有着口头交际和书面交际形式上的差异。在各类语言文化中,前者很注重对信息语调的区分,一般重读的信息都属于新信息,是较为重要的信息;而轻读的则一般是交谈双方所已知的信息。

而就书面交际而言,对于信息的表达和传递,可以通过,各种语法、词汇以及符号等手段对其进行展示。除此之外,由于英语句子结构的特殊以及对其主位成分的划分需要根据英语句子中的相关成分的先后顺序,因此,在英语的信息状态中，词序和衔接方式有极其重要的地位。

在传统的语言学里，语言学家对于语言中信息状态分布的研究中表明，他们主要将其分为"已知信息和未知信息"两类。而在上世纪 80 年代时，相关学者对于信息状态分布的特点进行了另一层次的研究和观点的阐述，其中，Prince（1981）、徐盛桓（1985）、朱永生（1990）等相关学者打破了传统的观点，提出了新的信息状态分布：Prince（1981）表明，信息状态主要分为六种：已引用的信息——未使用的信息——可推知的信息——包含着的可推知信息——有依托的新信息——新信息。徐盛桓（1985）对于信息状态分布有着另外的看法，他认为信息状态主要可分为五类，大体与 Prince 相似：零位信息——已知信息——相关信息——已知新信息——新信息。而朱永生（1990）对其上述两类情况提出了相关研究的修正，他认为应在此前分类的基础上删除部分信息。同时，徐盛桓（1995）在后续的研究中，也对其进行了相应合理的调整，对信息状态的分类，推出了四分法：零位信息—已知信息（包括推知信息）—已知＋新信息—新信息。而对于已知信息和未知信息，人们对其也有着普遍的认知：人们认为，已知信息是"发话者在发话时相信已存在于受话人意识中的信息"，而新信息则是"发话人认为是通过自己的发话而引进到受话者的意识中去的信息"。但这种被大众所认同的观点，却在英语的倒装句型中，出现了差异。由于在英语倒装句型中，there 作为其标志语之一存在于其中，但对于 there 所表达的含义，却不属于上述信息中的任何一种，它仅作为"中性"信息而存在。就句子整体语义而言，"there"是没有表象语义内容的，但对于它内部或者对其整体语义有着些许暗示的信息应当一起重视。

在马泰休斯所属的布拉格学派对于信息状态分布的研究中表明，他们将主位（theme）与相关的信息建立一定的联系，同时对句子的主位结构进行切分。其主要是为了更好的将主位和述位（theme）所代表的信息进行更好的区分，而不是对句子中主位与述位成分的划分。由此可得，在倒装句型中，除表示强调和对比的句子以外，其他句子中的主位常常用来传达已知信息，述位则用来传递未知的新信息。此种观点，在后续的研究过程中，被如 Chafe（1970），Lyons（1997），Halliday

1970，1985）和 Quirk（1985）等的学者所认同。例如 John's aunt//left him a watch.

主语 / 主位

This watch//John's aunt/left him.

主位 主语

对于在语言学方面的研究，布拉格学派以及其他学派的部分学者可谓是作出了巨大的贡献：他们将句子中的主位与相关的信息建立一定的联系，同时对句子的主位和述位结构进行了划分，并将上述两部分结合起来共同进行研究。而本文在为了更简便的对信息状态分布进行研究时，特将零位、已知、已知十新信息称为已知信息，更好的与新信息进行区分。

（一）英语倒装

而在对英语倒装句信息状态分布的研究中，Birner（1994）表明，对于倒装句型，他认为，其是作为一种对信息进行调节的机制而存在的，而该机制则可实现未知信息前相对已知信息的存在。它不同于传统的分析，它主要是对于相对信息状态的强调，以及对不同类型已知性的强调。同时在（Prince，1981b，1992），Prince 对其研究的文献资料中指出，倒装就是把新信息置于旧信息之后，并且，将引用信息和推知信息都纳入已知信息的行列。

在 Prince 对于倒装句的相关研究的基础之上，Birner 又对其进行了较为深入的研究，同时得出观点：对于话语信息是否属于已知或未知，主要是根据相应句子位置分布而得出，同时，在除对照性等特殊句型的条件下，就一般句子而言，句子中所蕴含的信息都有着句首—句末 = 已知信息—未知信息的特点。在英语中往往被称为"句尾焦点"（end-focus）句型。

Hartvigson&Jakobsen（1974）声称，倒装是否合适，主要由主语和动词向对的"形式"上或"概念"上所承担的分量即"相对已知性"所决定，同时他也认为新信息应当置于旧信息（已知信息）之后。后半部分所提出的观点与 Birner 的观点相一致。但在前半部分 Birner 认为倒装是否合适并不是由主语和动词的相对已知性所决定，而是由主语和前置部分的相对已知性所决定。

例如：以"there"引导的 A 类句中零位信息主要是倒装句中的前置部分，而新信息主要是倒装句的后置部分，除此之外，在后置部分也会有一部分已知 + 新信息。

（17）There was the sudden rain wet her coat.（新信息）突然下起了雨，把她的外套打湿了

（18）The door opened and there entered a young girl in a green suit.（新信息）门开了，进来一个穿绿衣服的年轻姑娘。

（19）There is going to be a family party on Sunday.（新信息）星期天将有一个家庭聚会。

（20）There seems to be some differences between the two substances.

　　新　　　　　　　　已知（已知 + 新信息）这两种新物质间似乎有些区别。

（21）The men had piled out of their cars and werelooking for the enemy. There was not a poacher to be seen.

新　　已知　　　冗余

Beyond the thorn-fence among some trees were the poachers'grasshuts，but there was no sign of life...（已知十新信息）

新　　　推知

由于在英语句子中的 so/neither/nor 都是将前文所讲述的内容进行再次叙述，因此，在 B 类句型中，已知信息便自然而然的处于前置部分中；同时，即使在前文的描述中对新信息有所涉及，但在句子结构中，后置成分仍属于新信息。

而对于 neither/nor 在 C 类句型中也是作为前置已知信息的成分存在，它在形式上与 B 类句型有所相似之处，但在语义内容上有所区别。C 类中，主要是对前文部分中的"否定"内容进行重复性叙述，而不是像 B 类对前文中说过的某一行为状态的全部内容进行重复。同时，在 C 类的后置定语还发挥着一个补充说明的作用，由此可得前置成分为"不完整已知信息"（incomplete known information）。例如：

（22）If you don't go，neither shall I.（B 类）

（23）I don't know，nor do I care.（B 类）

（24）She didn't quite get the courage to talk with her friend about her trouble

nor did she want to be chosen to sing for the school party.（C 类：已知 + 新信息）

C 类的前置成分主要为已知信息，而新信息主要存在于后置中的补充成分里，且在补充成分中对于新信息的展示力度比一般的新信息要弱。同时，在 C 类中主语有时会与前文的主语产生差异，由此在主语不同的情况下，主语和后置补充成分就是新信息；而在主语相同的情况下，后置成分便为已知+新信息。如例（24）。

在徐盛桓（1995）对倒装句句型研究的文献和资料中可得出：D 类的新信息都处于前置部分中，同时前置中所存在的新信息只是所有新信息中的一部分。除此之外，在 D 类前置中的副词所表达的含义与前文中并没有相关性。例如：Little do they suspect that that their scheme has been stolen

他们丝毫没有想到，他们的方案被窃取了。

而在 E 类中，前置和后置中都有可能蕴含着新信息，但新信息的主要分布仍是再前置部分，而后置部分主要是已知信息的分布，偶有少部分新信息的存在。例如：

（25）The window burst open and the wind rushed in.

（26）Crack went the gun and the hawk crumpled out ofthe sky.

（27）1 pressed harder，and the mouth fell open.In went 新 the silver pliers.

（28）1 permitted myself to look into the box.Out carne handfuls of corrugated cardboard paddling，（波状纸板填塞物），and something at the bottom flashed.

由于在徐盛桓对其的调查和研究中表明：对于前置和后置成分中存在着都为"已知＋新"信息的情况，只不过在前置部分的信息中更多的是已知信息，在而后置部分的信息中更多的是新信息，因此特将这种情况的 E 类称为是复合前置成分倒装句。而对于上述种种观点和结果都是在徐盛柜（1995）对英语倒装句研究的基础上所得出的。而 Birner（1994）在"信息状态和词序——英语倒装句的分析"中曾表明了其他观点：他认为句子中相关成分的具体位置才是与信息分布真正具有联系的关键之处，而与主语无关；在整个句子中，后置成分一般比前置成分所代表的信息更新；同时他还认为：根据已知成分与信息的关系来对新成分进行调节，这是满足倒装信息顺序合理性的一个可能性理由；倒装似乎起着调节信息的功能——把话语中相对已知信息放在话语中相对未知的信息前。Vallduvi 声称，调节信息的目的只是尽可能完善地把信息转入听者的知识库。

对于"前置部分的信息状态一般不新于后置成分"这一观点，在 Birner 和徐盛桓的相关研究和分析后所得出的数据都呈现出一致性的现象。除此之外，Birner 还认为，可以在人们交谈中所提及的远近程度的不同来区分对相关信息已知程度的不同。换言之，如果在倒装句前置成分中所提到的信息与前文中所提到的事物越接近，对信息的已知程度就越大，反之越小。例如：

（29）Meanwhile the sun burns over Achill，filling the hills with blue shadow，turning the sea blue；and blue also，blue as the sky，are the wet cart tracks that run over the hills.

（30）Facts about the world thus come in twice on the road from meaning to truth：once to determine the interpr etation，given the meaning，and then again to determine the truth value，given the interpretation. This insight we owe to David Kaplan's important work on indexicals and demonstratives，and we believe it is absolutely crucial to semantics.

例（29）几乎是重复出现上文的部分内容，前置成分为已知信息。例（30）是用新词语描述了已知信息，即前句中解释的概念或内容，前置成分仍为已知信息。Birner 认为，倒装的主要作用假如仅仅只是为了让话语中的信息与前文相连接的话，那对于链接材料所代表的是什么都无关紧要，因为无论代表的是什么都能对其发挥出同样的作用。Birner 的语料研究表明，所有的前置成分在倒装中结构相似。

（二）汉语倒装

对于汉语的倒装句而言，它不如英语倒装句那般复杂和多变，更多的是以一种较为简单的形式存在，且英语倒装句常活跃于书面中，而汉语倒装句则更多活跃于口语中。同时少量存在于书面语中的汉语倒装句一般只对修饰语进行倒装，并且在信息状态分布的情况中与英语的倒装句有着一致性。

前面部分轻读，后面部分重读。例如：

花瓣飘来了，从花朵上，从树枝丫上，从春天里的每一个角落。

（32）我低头审视，想认出几个足迹和一条小径。或许我根本就不想离开这里，我可能与这墨色融成一片。

（33）她跑过来，缓缓地，慢慢地。

在汉语的倒装句中，其主要是以口语的形式将其展现出来，并且与英语的倒装以及汉语的书面语中的倒装现象有着明显的差异。同时，由于在汉语使用者根据其自身交流习惯、方式等不同，往往在句子中会出现没有主语的情况，所以，在此类情况下，对于汉语倒装句中信息状态的分布则是根据分量的轻重进行判断。而对于汉语口语倒装的信息分布主要是从分量重到分量轻、从未知到已知。

由于在少量的汉语书面倒装中只对于一般只作为位置信息的修饰语进行倒装，由此，本文不多加分析。而汉语倒装句多呈现在汉语口语中，且出现的频率和种类都较多，由此我们便对口语部分进行重点的论述。

A 类：

（34）真好玩，这游戏！ （35）回来了吧，你那口子？

（36）别动，你。

A 类中，新信息主要是前置部分，而已知信息往往是后置成分。

B 类：

（37）六点了，都？ （38）懂了吧，应该。

B 类的后置成分主要是对整个句子的信息起到一个补充说明的作用，其所单独蕴含的新信息并不多。

C 类：

（39）不走了，准备？

（40）我玩一轮，准备。

（41）他出国了，听说。

（42）"你要买什么？""笔，我要买一支。"C 类和 B 类存在着相似之处，但在 C 类中常带有主语，从而使得整个句子所强调的内容主要在前面，因此，前置成分为"已知十新"信息，而后置成分也只是补充说明，

D 类：

（43）丑死了，画得！

（44）他气都喘不过来了，跑得。

E 类：

（45）她去了公园，带了孩子。

（46）这衣服过年再穿吧，留着。

（47）我们打篮球，下了课。

（48）那画挺美，看着。

（49）马上，请他们。

（50）下课后马上打电话，（妈）叫你。

（51）通知各课老师来这儿，你明天上班。

D 类和 E 类之间也存在着相似和具有差异之处。相似之处在于 D、E 两类对于信息分量都是后面部分轻于前面部分。而差异之处在于 D 类为动补结构倒装，E 类为连动结构倒装、谓十宾后置或分句后置。

据上述五类汉语口语倒装句，可发现，在汉语的多数无主语的口语倒装句中，其信息状态都是新信息，所以对于未知信息程度的划分，就可以根据前后部分信息分量的轻重来判断。众所周知，无主句常出现在汉语的句子中，而对于正常语序的句子而言，其主语往往是作为已知信息而存在。根据上述对英汉语书面倒装的分析可得，二者在书面的倒装中，在结构和信息状态的分布上，往往具有一致性，但就汉语口语而言，其结构、形式以及信息状态的分布都不如英语倒装中那般受到诸多限制，如英语句子一般必须有主语和动词。并且在汉语口语的倒装中一般都独立存在或是与别人进行简单的交流沟通，不具备对整个语篇的衔接功能。除此之外，在汉语口语倒装中，主要是为了满足将最重要的内容率先表达出的用语需求。

三、认知心理和原则

自然语言依赖于人类的交际活动，以及在对外界事物的感知、认识。同时它主要借助人类心智的活动，将其自身的生活经验进行概念化的转变，从而促使了自然语言形成和产生。从另一个角度来看，自然语言的产生是人类心智作用的结果，而人类的心智活动又与语言有着千丝万缕的联系。除此之外，由于语言与人类心智活动有着密切的关系以及人类单独的心智活动很难

被了解，所以，自然语言也就成为了了解其心智活动的桥梁和窗口。同时在了解语言和心智这二者所存在的联系后，对于以心智活动为研究目地的心理学研究也逐渐从语言的角度着手。而在语言学家对语言结构的研究中，则更重视以人类基本认知为研究的出发点，从而更好的得出语言结构及其相关特点。

对于语言结构以及语法结构的认知，功能主义者有着区别与此前普遍学者的观点：他们认为语言结构主要是在人对客观世界的主观反映中而形成和得来的，同时语法结构与人类对客观世界的认识有着某种联系，而这种联系被其称为"象似"（iconicity）关系，而将在"象似"关系下产生的语法结构，称之为"象似原则"，而这种"象似原则"又分成了"成分象似"和"关系象似"两个主要方面，前者主要是要求句子中所包含的所有成分语素，要与某个概念相对应，而后者主要是强调语言结构单位于概念之间的关系需要一一对应。而本文主要针对后者进行分析和研究。

（一）英语倒装

1. 重形合

在相关学者对语言的研究中，对于"英语是一种'形合语言'，汉语是一种'意合语言'"这一观点都持以认同态度。英语句型句式的严谨性、逻辑性；对句式结构具有严格的限制和要求，注重对句式结构的分析等要求，都完全符合了英语的外在形式可以满足合理化的语法和语义。同时，英语对句子结构的严格要求，以及对于每个句子中必须有主语的存在的重视，将其作为一种"形合语言"展现得淋漓尽致。例如，在汉语中所说的"下雪了"，在英语中则必须说"It's snowing."由于在句子内部、句子结构的严谨和内容的逻辑化，及其丰富多变的句式形态，从而使得英语成为了一种具有高度形式化以及能够将意义表达得准确简练的语言。倒装句也不例外。例如：

（52）The point of transformations is to change a base form into a specific structure. Into this dcrived structure，then，lexical items are inserted

（53）As the skipping rope hit the pavement，so did the ball.

（54）We have complimentary soft drinks，coffee，soda，tea and milk. Also complimentary is red and white wine. We have cocktails available for $2.00.

在（52）中运用"into"介于重复的词"structure"前

在（53）借助连词"so"对整个句子进行合理的链接和重复，

在（54）中运用上文中所提到的"complimentary"一词对后续内容进行强调和链接，同时，它们在整个文章以及与上文形式的链接中都有着密切的关系。

2. 顺序象似原则

在对于语言语序排列的研究中，Jespersen 以来的功能语言学家对此提出了以下原则。

a. 旧信息（已知信息）往往较新信息先出现在一段话中

b. 具有先关性和密切联系的观念理论往往被放置在一起。

c. 在语言表达过程中，最重要的内容往往会被率先表达出来。

综上所述，它们都属于顺序象似原则，但它们的着重点却有所不同，a 点主要遵循信息顺序象似原则，注重在说话人表达时对于话语的次序是否属于其本身心中对于相关信息重要程度的次序；b 点主要遵循距离象似原则，注重语言距离与概念之间的反应；c 点主要遵循心理顺序象似原则，由于从 c 点中，不难看出在说话人在出于强调、感叹等情况时，在表达其观点的过程中，往往会根据自身心中对其相关内容重要程度的次序而表述出来。而对于英语，无论是其正常语序的句子还是倒装句的结构形式，都主要以认知语言学的角度去遵循了顺序象似原则。除此之外，本文接住了 Prince，Birner，徐盛桓等相关学者的资料文献中，对其信息状态分布主要是由已知到未知的这一观点，也进行了深入的研究和说明，同时也得到了广大国内外语言学家的认同。

（二）汉语倒装

在前文中，对于汉语倒装句的主要表现形式为"口语"进行了相关的论述。而对于汉语倒装句的信息状态分布与英语倒装句具有一致性，由此可得，汉语倒装句与英语倒装句一样遵循顺序象似原则，并且主要为修饰语成分的倒装。例如：

（55）蒲公英飘来了，从东、从西、从南、从北、从各个角落。

（56）下周我们一定出去活动，到游乐园。明年我们一定要一起去旅行，到南方。

（57）他只能将相片当做她的影子，在上面留下他对她的思念，每时、每天、每月、每年。

在汉语的倒装句中最常表现的形式为"口语形式"，而非英语中的书面语形式，同时它与英语中的倒装句和汉语中另一种倒装句表现形式一样，也遵循顺序象似原则；但它所遵循的顺序象似原则与其他两者所遵循的原则又有着本质的差别，这种顺序主要是为了满足说话者心理以及习惯用语的需要，其更注重对内容顺序的表达。

Givon（1990）表明，如若遇到特殊结构的句式，如句首是对比、疑问、强调等成分时，也应该遵循心理顺序象似原则，同时，对话语的表达顺序主要取决于说话人在其自身心中对于相关信息的重要次序。不仅如此，由于信息和心理两种顺序象似原则主要运用的句子环境、服务对象以及着重点等各方面的不同，以上两种原则并不会产生矛盾。

四、有定与无定

（一）英语倒装

根据 Birner（1994）的统计资料，前置成分的有定性出现明显的不对称（asymmetry），在 1485 个相关的例子中（除去前置成分不含名词短语而不算作有定的例子），有 1332 例（90%）前置成分是有定的，只有 153 例（10%）前置成分是无定的。然而，后置成分的有定性结果对称得多：763 例后置成分有定（51%），722 例不定（49%）。

从以上有关话语状态的结论中看出，有定性结果的可能性解释就不言自明。由于倒装对话语一已知性敏感，有定似乎也敏感于听者的已知性。倒装句的句首成分十分趋向于话语一旧，而且任何话语旧的成分也是听者一旧，因此是有定的，这种相互关系并不完美，因为不定有时能出现在前置位置，而不定有时能表示听者一旧信息。然而，句尾成分并不倾向于不定，因为（倾向于出现这种位置的）话语一新成分的那一类既包括听者一新，又有听者一旧成分，特别是"未使用"成分（话语新但听者一旧）经常出现在这个位置；它们的状态如听者一旧信息使得他们在倒装的位置中显得恰当。

有趣的是，虽然在后置位置对定指没有什么限制，但确实似乎前指代词一般不出现于这个位置（Hartvigson&Jakobsen，1974）。例如：

（57）Standing in the middle of it all is Jesse Jackson.

Standing in the middle of it all, is she 大多数研究者也注意到，这种限制可能是语用性质的，因为代词的所指是显著的、"已知"的信息。因此，代词一直被一些人认为与倒装的以下功能不一致：

a. 语义焦点聚于后置名词短语。

b. 把它标志为新信息。

C. 后置位置分量较重。

代词的限制也与此处给倒装提出的语法功能一致。

如果后置位置主要留给话语——新的实体，填上一个代词就不合适，因为代词所指必定是显著的，因此为了有效地让听者识别，它是话语一旧信息。然而，由于这点可能作为较广的语用限制部分出现，对代词的限制现在似乎不依靠上下文了，即虽然其他话语——旧材料可能出现在后置位置（如果有合适的上下文），似乎代词可能并不如此。

（二）汉语倒装

因为汉语中经常出现无主句，所以我们只能对可有主句进行有定性的分析。汉语的有定也敏感于话语—已知性。汉语书面语中的状语倒装句的主语一般为有定的。例如：

（58）他走过来，悄悄地，慢慢地。

一个人 / 几个人走来，悄悄地，慢慢地。

（59）花瓣飘来了，从花朵上，从树枝丫上，从春天里的每一个角落。

几片花瓣 / 一簇花瓣飘来了，从花朵上，从树枝丫上，从春天里的每一个角落。

汉语口语倒装一样，听者—已知信息一般为有定的（除无主句），这里重点分析后置的主语成分。

（60）怎么了，你？

怎么了，一个小孩？

（61）冷得怪呢，这座房子。

冷得怪呢，一座房子。

（62）快上车吧，小王。

（63）真高啊，这楼！

（64）看电影去，我们。

（65）看完没有，那小说？

（66）我不想买了，那茄子。

（67）什么都懂一点儿，他。

（68）五十岁啦，李老师！

（69）晴天，明天。

由于信息的已知性，因此其对于汉语口语倒装句后置成分在有定性上对应于英语倒装句的前置成分，一般为有定或定指的情况中起到决定性的作用。信息的已知性所决定，因此，话语的有定和信息的已知可以互证。与英语倒装不同，汉语口语倒装句的后置位置上代词不受使用限制，因为后置部分不是显著的分量重的，不是语义焦点，一般为话语—旧信息。

第三节 英汉存现句之比较

一、相似性

（一）基本特征相同

存现句可谓是在语言句式的运用中较为广泛的一种，在各种语言中都能看见它的影子。英汉语也不例外，从前面的分析中得知，无论是句内结构，还是语篇功能，它们都表现出一定的相似性。具体来说，表现在以下几个方面。

就信息结构而言，英汉语中所涉及到的存现句式都并不与其组织和表达原则相悖，同时其特征为都以不定指词语或少数定指词语介入新信息，符合新信息的表达原则。这里特别提出的是，英语中的存现句的动词后名词词组有时也会出现确定特指现象，但不确指性作为规则之一是无可厚非的；另外，英汉两种语言作为传达信息的行为主体，它们所处在的位置都契合相关信息值发展的方向——置于末端中心。

从句法结构的角度来讲，它们的动词都具有非宾格的属性，几乎都用来表示"存在""出现""呈现"等语义，对于"消失""结束"等相关概念的表示极少，即存现句的动词是严格受到语义限制的。

从语篇层面来说，英汉语存现句在语篇的构建中，所起的作用有一定的相似性，主要作用表现在起承转合方面。存现句的运用能强调事物的客观性、画面感，凸现真实性的效果。

（二）认知原理相同

从已有的研究来看，尽管存现句研究取得了很大的成绩，无论是就 there 的语法功能与含义，还是 NP 的确指性，一致性都已有很多相关报道，但上升到理论档次的探讨并不多见；导致现在这种局面的本质原因主要是多数研究都只是从语言结构内部去寻求解决问题的答案，其结果多数是重复研究。语言学，尤其是近些年发展起来的认知语言学，对存现句形成的深层原因提供了一个更为合理的解释。语言在认知语言学这门科学中主要以一种认知活动的形式而存在，且在认知语言学中主要借助人们对外界事物的感知以及将其物具体概念化的方式来进行对语言的研究，从而得出有关语言变化规律以及对其研究的相关意义。人们的生活方式、交流方式以及相关的生活经验在一定程度上促成了相关语言结构的形成。英汉两种语言中所常涉及到的存现句这种特殊的句型，从根本上说，其主要是通过人的感知和相关的生活经验，从而产生和发展的。存现句的认知原理的相似性主要体现在英语的 there 句型中以及汉语的表示方位名词的相关功能和用法上。

传统语法认为在语法功能和结构上，英语存现句中的 there 与汉语存现句中的方位名词组是两个不同的概念，即前者没有实际意义，是形式主语，而后者作主语。历时地看，或许这种观点有一定的合理性；而现时地看，它是没有说服力的。先看两个例句：

1. There are some flowers in the garden.
2. 花园里有花。

从上两例中可以看出，它们所表达的含义以及相关的句型是一致的，其中，在第一个例子中，所用到的 there 与 in the garden 都属于状语成分；而例1中的"花园里"按多数汉语语言学家的观点：这种方位名词置于句首，在句中应作主语。这种观点从认知语言学的角度来看，违背了人们的认知图式和视角感知的基本规律。因此，"院子里"应该是状语而不是传统意义上的主语。基于此，我们认为上两例中对于相关语法和句型的运用方式是几乎一致的，由此可得，这两种不同的语言结构都受到了相关生活方式和经验的影响。

二、差异性

英语作为一种综合性语言，其具有综合性与分析性语言的部分语法和结构特点，不仅如此，它还在保留部分拥有屈折词尾的同时，还将词序以及功能词融入其语法手段中。而汉语主要是一种借助词序和功能词为主要语法手段的一种分析性词语。由此可得，在汉语的句型和语法结构中，词序将对其发挥着极其重要的作用。同时，由于英语所特有的语言混合结构，因此，对其句型的灵活变化和衍生起到了极大的作用。正因为这些个性使得英汉存现句在更多的程度上呈现出它们的差异性。

（一）句式变体不同

众所周知，不同的思维模式直接影响人们的组词成句，连句成篇的方法。对于英语的语法结构来说，它不同于汉语中直接将语义表现在句子中的对接式直接组合，它需要将相关的语义融入到相应的语法结构中，从而通过相关的转化和折射最终形成这门语言，除此之外，在英语中，对于语义结构是否存在于语法结构之中具有相当重要的意义，因为只有语义存在于语法结构中时这个句子才真正存在。受制于各自的语言规律，它们在句式结构上表现为英语的多样性和汉语的单一性。对于英语存现句，there 作为其句法结构的标志语之一，将其严格的与其他句子结构进行区分和控制，从而在组句部分的移动中，只会针对其句子的侧重点进行变化，并不会对句子的相关语义进行较大的改动，保证了其句式的特殊性。

据已有的描述，至少有三种典型的英语存现句结构。相比之下，对于汉语的存现句主要借助相关结构的线性序列来进行确定，且不具有额外的结构。因此，一旦构句部件移位就不再是存现句。例如：

（1）湖面上飘荡着一片片落叶。（存在句）

（2）一片片落叶飘荡在湖面上。（施事句）

（3）一片片落叶在湖面上飘荡。（施事句）

（4）湖面，一片片落叶在飘荡。（主题句）

综上述例子可得，英语存现句的典型句式，上面的句 a 完全可以转换成以下三种表达方式：There's a swarm of bees dancing in the garden；In the garden there is a swarm of bees dancing；In the garden a swarm of bees is dancing. 如果可能的话，还会有更多的类似表达方法，都属于存现句。因此，从上面的阐释中可以得知，英语存现句有多种（至少三种）变式，而汉语是受到严格限制的，可以说汉语存现句没有变式。如果说有的话，只能说存现句可以服务于多种句法功能。

（二）英汉语表达习惯不同

众所周知，在英语存现句中 there 除了自身作为存现句的标志词之外，还能凭借其自身状语的成分，起到代指句末地点状语的作用。由于英汉两种存现句式表现形式的不同，以及在英语的存现句中比汉语的存现句多出一个标志性词——"there"，所以，在传统的研究中，便根据表象认为汉语的存现句比英语的存现句更为简单。而更为合理的解释是，我们认为应该是，由于两种语言产生于两个文化差异较大的民族，由此对于其相关的表达方式和交流习惯也有着较大的差异性。同时，在汉语的表达中习惯将重要的部分放在最后，但英语在其表达的过程中便与之相反，所以，在此基础之上，英语的存现句往往将地点状语放置于 NP 之后，而汉语则相反。这能更加合理地解释为什么在英汉两种语言的句子结构中，对状语部分的放置具有较大的差异性。下面我们以"院子里有一堆木头"为例予以进一步的说明。将上述句转换成英文，至少有下列四种表述方式：

（1）There is a pile of logs in the yard.

（2）In the yard there is a pile of logs.

（3）In the yard is a pile of logs.

（4）A pile of logs is in the yard.

同一语义的上述四种表达法中的最佳选择，换句话说，使用频律最高的应该为句1。为此，我们曾在英语专业本科三年级的写作课中作过调查，也证明了上述观点。为什么会出现这种倾向呢？句2以及句3都不太符合英语常见的表达方式，尽管语法上无可挑剔，因为它违背了前面我们提到过的英文构句原则，没有达到英语存现句中突显NP的要求；句4不仅很少使用而且还有语义纰漏。如前所述，在信息传递中一般是已知信息在前，而新信息在后，a pile of logs是新信息，所以不宜置于句首。综上所述，句1既符合英语的表达习惯又符合信息的传递方式，所以句1使用的频律是最高的。

英语中由于需要满足语言使用者说话方式和习惯，和需要符合存现句所表达的"存在"之意，因此，特将there放置于句首，同时为了更好的传递相关的语义以及方便沟通者之间的交流，there也作为句末地点状语的一种指代。从而使得在英语中，there be这种特殊额句子结构被定义为符合传递存现句中"存在"信息的一个信息块。从以上解释中，我们可以看出英语中为什么将NP置于地点状语之前的句法现象。同英语相比较，汉语则相反，先说次要的，再述主要的。因此，汉语存现句中名词词组总是在方位名词之前。英汉相互转换时，这条规则是需要考虑的，否则，会出现例句3那样的译文。这种句法现象的存在并不是说英语有there就复杂些，汉语无引导词就简单些，我们认为，完全是两种不同的表达习惯而已。

（三）谓语动词不同

就存现句的谓语部分而言，尽管它们表现出一定的共性，如动词都具有非宾格的属性；但是，它们之间还存在着很重要的差别：

其一，由于英语there存现句表示独特的"呈现性"和"可具性"，所以对于"消失""死亡""结束"等相关语义的词将不能表达。它的谓语主要包括动词be；表状态的动词；表发生、到达等动作的动词以及含有半助词的短语等。相反，汉语存在句是以其特有的句型结构将一个完整的概念或存在系列表现出来，即开始于"出现"开始，然后"存在"，结束于"消失"。所以，汉语中类似于"他家死了一只猫"之类的存现句是可以成立的，而在英语中则只能用其他句型表示，而非存现句。因此，汉语存现句语义上的包容性要远远大于英语存现句。

其二，对于英语存现句中所能运用的动词，除运用最为广泛的 be 动词之外就十分有限，往往以书面语的形式存在，并且其在描述和叙述性文本中时，主要发挥一个方位地点词类的作用。而汉语在此方面便与其有着极大的不同，汉语的动词在其存现句的运用中十分灵活多变，包容性极具优势，可以包容极多其他词性的融入，且活跃于口语和书面语两种语言状态之中。例如：

（1）家里住着一间草屋，一厦披子，门外是个茅草棚。

（吴敬梓：《儒林外史第三回》）

（2）正是下班的时候，马路上汹涌着自行车流。

（吴若增：《离异》）

以上两例动词并非汉语存现句的三类动词，而是非上述所提及的词类在其运用中的体现。不仅如此，在汉语中，通过运用位移类动词和趋向性动词相组合的动词短语能够使其所蕴含在内部的语义更加"显而易见"，如表消失意义动词的"跑"字就可以有以下各种组合：跑上，跑下，跑来，跑去。同时，因为汉语动词具有英语所不具备的的灵活多变、开放包容的等特殊性质，所以其在对信息的传递以及相关文学的修饰上所具有的功能都比英语中 there 句型的存现句要强得多。

其三，汉语存现句在不强调存在状态时，可以使用不出现谓语动词的形式。例如：

严家人掇了个食盒来，又提了一瓶酒，桌上放下。食盒里九个盘子，都是鸡、鸭、糟鱼、火腿之类。

（敬：《林外史第三回》）

第三章 英汉语篇对比

　　语句是表达的重要方式，句子有长有短，表达有喜有怒，一段话也可以称作语篇，语篇构成了语言。语篇的概念在语言学中是抽象的，他是用于表达意思的形式，真正理解语篇需要通过一定的分析，需要了解句子的逻辑和结构。语篇的表达也有不同的形式，口头直接的表达或是以纸为载体的书面表达，不同形式下的语篇有不同的特点。语篇是有逻辑性的，用于表达人的意志，人将文字、词语、句子有逻辑地组合排列，使之成为符合语法结构的语篇，人与人的交流便可顺利实现。语篇的作用是多样的，平平无奇的文字组合在一起，便蕴含着生命力和情感，语篇实现人际交流，助人表达情感；语篇记载历史，促进文明进步；语篇可作为象征，承载深刻意蕴……不同的语种有不同的语法，语句的表达结构和习惯用法。英语和汉语作为两种语言，其鱼片的语法、结构、逻辑表达自然存在一定的差异。在语篇研究方面，已有的研究成果表明语篇的研究层次、研究对象等多样，在研究对象方面，衔接和连贯是其重要研究方面之一，语篇的衔接和连贯需要合理的语法和逻辑结构，可以通过使用连接词、语气结构、谋篇结构等使语篇表达准确。下面将就语篇的衔接和连贯的研究展开分析和探讨。

第一节 英汉语篇语法衔接手段对比

　　在英语的语篇衔接与连贯方面，与汉语的表达有较大的不同。有学者认为语法衔接手段众多，语篇表达可通过上下文的照应，主语的省略，名词的替代，连接词的使用等手段来实现。但严格意义上来说，连接词既是语法衔接的手段，用于联系上下文，同时也是词汇表达的手段，作为句子组成的词汇之一。但研究语篇衔接的悬着众多，观点也各有不同，另有学者认为语篇衔接的手段还应该包括使用排比句式、动词的时态变化等，但是连接词不可包括在语法的衔接手法之内。还有学者认为，连接词就应该属于衔接手段。由于不同研究者研究的出发点不同，对于衔接手段的认定范围的观点众说纷纭。

一、英汉照应衔接对比

对比分析英语和汉语的衔接用法。照应（reference）是指使用代词代替语句中的对象或者使用其他语法达到前后呼应的效果，使语句更加有逻辑，使语篇更加通畅。语篇中的照应可以分为两种：

一种是外照应关系（exophora），这是指语篇意义的理解需要结合特定的语境，在语境中理解其含义，如果将句子单独拿出，可能会读不懂具体代词指的是什么等情况，例如：This is not an easy job. We must pool the efforts of all departments in order to finish the work on time. In addition, if necessary, we will consider bringing in manpower from overseas. 这一段语句就是典型的外照应关系，需要在语境中理解。

另一种是内照应关系（endophora），内照应的概念，通俗的讲就是某一语篇中，只要通过阅读，便可以直接理解语句中指称对象的意思，顺畅的了解到语义，而且指示对象有可能出现在全文其他部分，且依据其出现的位置，可以将内照应关系细分为前照应和后照应。例如：鲁迅先生是著名的文学家、教育家，他的一生充满传奇，从学医救国到弃医从文，他用笔杆作文武器，坚决的投身于共产主义事业。

在这个句子中，"鲁迅"是指称对象，"他"则是"鲁迅"的指示代词，且"鲁迅"出现在上文，该句就是内照应关系。本文将通过对比分析照应关系，将三类内照应简明阐述：

（一）人称照应

人称照应（personal reference）是指通过指示代词代替文中已出现的人名，人称代词的形式多样，人称照应一般是前照应。例如：Butterfly is one of the most beautiful animals in the world. When it flaps its wings, everyone will be fascinated by it. 然而实际上，人称照应也存在后照应的关系，例如：In fact, his job is not easy, Bill needs to do everything he can to clean up the stain every day. 该句中 his 的指称代词是 Bill，这是一种后照应的关系，指称代词 Bill 在 his 的后面。

英语中存在前照应和后照应的关系，汉语的语篇中也存在这两种关系，前照应的句子例如：小小的米兰花，细微得向玉米一样的米兰花，你总是那样的清香而又迷人，你总能勾起我儿时的回忆，你的清香淡淡，却萦绕在我心中，久久不能散去……后文中的"你"的指称代词"米兰花"在前文中，因此其照应关系是前照应。后照应的句子，例如：他小小的身躯蕴含着巨大的能量，他将家庭的重担扛在了肩上，父母的离去加重了他的负担，但他却从不丧气，总是自信而乐观，为了生活而默默努力着，邻居们总说国强是个苦命娃。几个分句中的"他"的指称代词"国强"在后文中，该句子是后照应关系

（二）指示照应

指示照应（demonstrative reference）是指利用指示代词等发挥确定照应关系作用，指代名词等。指示词语可以是指示代词、冠词等，英语中常用的指示性词语如下：this, that , these, those, the 等。汉语中的指示性词语包括这些、那些、这时、那时，这里的、那里的等等。

英语的指示照应的句子，例如：

（1）Mr. X recommended a very boring novel to me yesterday. That's why I gave it back this morning.

（2）This is how he tells the story, "A long time ago..."

（3）There are many different brands and styles of water cups in that store. I'm sure you can buy what you like there.

（4）When I was in college, I was very interested in foreign language songs. But my poor language then prevented me from completing a piece of music.

（5）They cleaned up the scene of the accident and found many victims. The injured were immediately taken to hospital, and the dead were placed in the morgue.

上述五例中，例（1）中 that 前指 boring，例（2）this 后指"A long time ago."，例（3）中斜体 there 前指 that shop，例 4）中斜体 then 前指 when I was at high school，例（5）中的 the injured 和 the dead 连用，前指 victims。

汉语指示照应的例子如下：

（1）他微微地笑着，然后转身向卖橘子的地方走去，他的微胖的身子晃晃悠悠的挤入人堆中。这时我看到了他努力的背影，莫名地留下了眼泪。

（2）小时候，在寂静的夜晚，我们总是玩抓特务的游戏，晚风拂过燥热的脸颊，月光洒下，玩耍的欢笑传遍山野。这些回忆是我们永远的珍宝。

（3）韩先生的原话是这样的：你们这些不讲道理地人是应该被惩罚的，老天不会放过作恶之人。

（4）我依然能够回忆起小时候再晒谷场上，一块不大的幕布前，一大堆子人挤在那儿看露天电影，男的、女的、老的、少的、本村的、邻村的都来看电影，毕竟在当时，电影可是稀罕玩意儿。

上面例句中，例（1）中"这时"是近指，指明时间关系；例（2）"这些"是前照应，指向前面整个句子；例（3）"这样的"是后照应，指向后面的条

件结果复句；例（4）"男的、女的、老的、少的、本村的、邻村的"指向前句中"一大堆子人"，这是前照应的关系。

（三）比较照应

比较照应（comparative reference）时通过使用比较的词语，对语篇进行表达，从而实现照应。英语中照应手段主要是词汇比较级或是比较副词或是短语等，而汉语中通常使用形容词、比较句型或结构等来实现比较照应。

英语比较照应如：

（1）Tom is slow to learn new knowledge. Compared with Jack, he grasps new knowledge faster.

（2）We have improved this machine.

（3）Tom gets ten dollars a week for pocket money. Bob receives a similar amount.

（4）Instead of paying by check，he did it in cash.

（5）They got a car more erpensive than vours.

上述例句中，例（1）用 compared with Jack 与前一句照应，例（2）用 improved 与 this machine 以前的情况照应，例（3）用 similar 与 ten dollars 照应，例（4）用 instead of 与后一分句照应，例（5）用 more expensive 与 yours 照应。

汉语例子如下：

（1）你们几个恐怕没那个能力，还是将你们班的高个子叫出来吧。

（2）你的字写得比谁都漂亮。

（3）夏天，女孩子们一个个穿着时髦，越发的惹眼了。

（4）一站起来回答问题，她的脸就红得跟熟透了的桃子似的。

语篇衔接在英语和汉中都是常用的语法手段之一，但是由于语言的不同，衔接手段的使用方法等存在一定的差异。有研究表明，汉语的语篇中使用人称照应或者比较照应的频率较低，而英语的语篇中频率明显较高。这是什么原因呢？原来，英语的语句更注重完整的句子结构，较多使用各种形式的人称词汇，而汉语则更注重语义的表达，一个主语通常可以引导多个分句，因此人称代词使用频率较低。除了人称代词使用的习惯赢下外，英语中定冠词 the 的频繁使用，增加了人称照应的使用频率。在比较照应方面，英语可以通过多种手段实现与片中的比较照应，例如：形容词的比较级、副词的比较级等，而汉语则没有比较级这一语法手段，汉语的比较照应通常是用句子结构实现。基于英语和汉语语法、句子结构的不同，翻译人员需要加大对语言差异的了解，在实际的英语教学中，教师也应当提醒学生注意这点，可有效避免学生翻译的错误，提高翻译句子的衔接性。

汉语和英语是两种不同的语言，在用法和结构上都有不同，英汉互译方面，自然存在了较多的问题，需要翻译人员仔细斟酌语义，再照应关系上，英语和汉语的语法手段不同，需要多加注意，如下例：

（1）Bill put down his pen, raised his head, straightened up and looked out of the window..

比尔放下他的钢笔，抬起头，直起身，向窗外望去。

（2）In order not to disturb his wife, he got up quietly from the bed and walked slowly to the cradle. He bent down and reached out to pick up the parcel.

Then he walked out of the bedroom carefully. She looked up, opened her eyes, and smiled at her father with magic every day.

为了不打扰到妻子，他悄悄地起床，慢慢地走向摇篮，他弯下腰伸手抱起来女儿，然后小心翼翼地走出了卧室。怀里的孩子抬头起，冲他笑了，女儿温暖的笑容每天融化着他作为父亲的心。

假设，不省略句（1）中部分具有与前文指代人物相同的代词 his（指代的人物为 bill），直接的按照原文的意思进行翻译："比尔放下（他的）钢笔，抬起了（他的）头，直起了（他的）身子，向窗外望去。"

同样的如果将句（2）中同样起到前后照应作用的代词 he 与 his（指代的人物为 her dad）直接进行翻译："他不想打扰到妻子，（他）悄悄地起床，（他）慢慢的走向摇篮。（他）弯下腰伸手抱起来女儿。（他）小心翼翼地走出了卧室。怀中的孩子抬起了头，冲他笑了。每一天女儿温暖的笑容都可以融化他作为父亲的心。"只要把前后两种译文放在一起进行比较，显而易见的，二者之间存在了许多差异。经过实验验证，得出在英译汉的过程中，可以用"省略原则"这一方法来解决前后文人称照应存在差异的问题。如下文所示，在英译汉过程中使用"省略原则"时，可以对于原文中出现频率较高的前后文人称照应的人称代词进行省略。例如：

（1）Although my daughter is only four years old, she can eat and dress and wash by herself.

虽然我的女儿只有四岁大，（）却可以自己独立的吃饭，自己进行穿衣洗漱。

（2）The mother calmly made an observation of the surroundings, without the slightest hesitation, bravely turned and closed the door, while darting to the window.

母亲镇定地对于四周的环境进行了观察，（）不带有一丝迟疑的，勇敢的转过身去，把门关上门的同时，飞快地冲到了窗口。

（3）At such times, Laura would rather not have the loaf of bread and butter in her hand because she couldn't find the right place to put it , and throw it away.

在这样的时刻，劳拉宁愿（）手里并没有拿着这块黄油面包，因为找不到合适的地方放（），（）也不可能把面包直接扔掉。

（4）At four fifty-five, professor Kant's servant, rampe, woke him punctually. At five o 'clock Kant put on his slippers, dressing-gown, nightcap, and a three-cornered hat, and prepared breakfast in his study.

四点五十五，康德教授的仆人拉姆佩准时叫他起床。五点，康德就脚上穿着（）拖鞋，身上穿着晨衣，头上戴着睡帽，（）外面再戴了一顶三角帽，（）在（）书房中准备用早餐。

在英语翻译中对于上下文的代词进行对照翻译的过程中，可以使用"重复原则"来进行处理，重复原则的英文名为：Principle of Repetition。

在本节中，重复原则的含义为，英译汉的过程中，用代词所代表的名词来取代英语原文中起到照应作用的代词，进行一部分必须要进行的重复。

例如：

（1）She was ashamed to speak directly to Rebecca on the subject, for it was so difficult to do so, that she had several long private conversations with Mrs. Prynne, the lady of the house. The housekeeper lady gave some information to the housemaid. The housemaid would have talked to the cook about it, and the cook would have told the whole business.

她不好意思直接告诉丽贝卡这个问题，因为这个问题却是让人难以启齿，只好与管家娘子白兰金素太太进行了好几次私密的长谈。在由管家娘子把一些消息透露给上房女佣人。上房女佣人估计也会和厨娘大概的讲一下，然后厨娘就又会去告诉了全部做买卖的人。

（2）Plant respiration consumes oxygen and releases carbon dioxide. At the same time, plants photosynthesize during the day, using sunlight and their own substances to fix some nutrients for their own use...Some plants, including many trees, go into hibernation during the winter.

植物呼吸作用会消耗氧气并且释放出二氧化碳。与此同时植物在白天会进行光合作用，通过阳光和自身的物质固定一部分营养物质供自己使用……有些植物，包括许多树木在内，在冬季会进入冬眠状态，冬眠状态下的植物的呼吸作用是最微弱。

（3）Suddenly, the ship was spotted by sakamoto. The ship sat motionless beside the dock like a sitting target. Sakamoto couldn't wait to rush past.

突然间，那条船被坂本发现了。那条船停在在码头边一动不动，就像是一个死靶子。坂本迫不及待地冲了过去。

而在汉译英的过程中，可以适当的使用"增词原则"。这一原则指的是在汉译英的过程中，可以增加一些必需的人称代词来实现前后文的照应关系。例如：

（1）凤姐欲还问时，只听二门上传出云板，连叩四下，将凤姐惊醒。

When xifeng still want to continue to ask some, only heard the second door came knocking, knocked four times, woke her from a dream.

（2）他有一个女儿，在北京工作，已经给她打过电话了，听说（）明天就可以从北京回来。

He has a daughter ，who works in Beijing. He has called her and said his daughter could come back from Beijing tomorrow.

（3）老栓正在专心走路，（）忽然间受到了惊吓，（）远远地就看到一条丁字街，明明白白的横着。便退了几步，找到一家没开门的铺子，蹩进檐下，靠门不动了。

Old shuan was walking on the road when he was suddenly frightened. Seeing a t-shaped street in the distance, he stepped back in fear and found a shop that was not open. He hid under the eaves and stood against the door

二、英汉替代衔接对比

替代（substitution）指的替代的方法（proform）来把上下文中分别出现的词语进行替换，从而达到语篇衔接流畅、意义的连贯的效果。英语翻译中的替代分为三种:名词性的 替代（nominal substitution）、动词性的替代（verbal substitution）以及分句性的替代（clausal substitution），汉语替代主要由指示代词和"的"字结构完成。例如：

（1）Jane needed a new bike so she decided to buy one..（名词性替代，用 one 来代替 a new bike）

（2）Paul bought a wallet for his father as a birthday present.Interestingly, his brother gave him the same gift.（名词性替代，用 the same gift 来代替 a wallet）

（3）He never goes to the bar at night, and neither do his colleagues.（动词性替代，用 neither do 来代替 goes to bar at night）

（4）In any situation work does not include time，but power does.

（动词性替代，用 does 来代替 include time）

（5）Everyone believes the American team will win the football match, including Peter, but I don't think they will.（分句性替代，替换掉的是 the American team will win the football game）

（6）A：先生，请问你们需要哪种饮料？

B：红酒还是白酒，大家商量一下得出一个统一的答案。（名词性替代，替换掉的是"饮料"）

（7）丈夫：我打算将那套老的房子租出去，而我们住在这套新房子里面，你认为怎么样？

妻子：我觉得可以，不过我们需要准备一笔钱用于新房的装修。（动词性替代兼分句性替代，被替换掉的是"将那套老的房子租出去，而我们住在这套新房子里面"）

（8）老弱妇幼完成择菜的工作，年富力强的负责把水运到厨房和端菜摆席。这样进行安排应该是合理的。（分句性替代，被替换掉的是"老弱妇幼完成择菜的工作，年富力强的负责把水运到厨房和端菜摆席"）

（9）今天又发过来了两份需要翻译的文件，你做不做？（动词性替代，被替换掉的是"翻译"）

在实际应用中可以发现，英汉语中都包含有替代词、词组、分句等可以进行替代操作的词语，但二者之间却存在着很大的差异。首先，在英语中，可以使用的替代手段明显的比汉语多。例如名词性替代，英语可以使用的词汇有 one，ones，this，the same，that 等等，而在汉语中就只有"的"字结构。第二，最重要的一点，两种语言中替代衔接手段的使用频率具有很大的差异，其中英语明显比汉语高。而在表述同一事件时，英语常使用替代衔接的方式，而汉语常使用重复或者是省略来对于上下文进行衔接。对于这种差异的清晰的认识，可以为教学实践以及翻译实践带来很大的帮助。在教学过程中，适当点名英汉语在替代方面具有的差异，可以帮助学生解决英语写作时具有的替代方面的问题。在英汉互译过程中，也可以使用英汉语在替代过程中的差异来对为翻译过程提供帮助，为初学者提供可以更快的实现英汉互译的方法。

例 如：I gave my daughter a new bike as a gift. My neighbor's son wants one, too.

比较这两个英文句子可以发现，第二句中用了 one 来替代第一句中的 a new bike，但是在汉语中，对于一辆新的自行车并没有一个相同的替代词，所以在翻译的过程中只好使用重复的方式进行翻译。翻译时也可以进行这样翻译：我送给了我的女儿一辆新自行车作为礼物。我邻居的儿子也想拥有一个。

（新自行车）。

通过实践的验证得知，对于替代衔接的手段，在英译汉的过程中可以使用重复原则，只不过是更改为使用词汇重复的手段。例如：

（1）Tom doesn't like butter on his bread. So does his brother.

汤姆吃面包不喜欢加黄油，他的弟弟吃面包也不喜欢加黄油。/ 汤姆吃面包不喜欢加黄油，他的弟弟吃面包同样也不喜欢加黄油。/ 汤姆吃面包不喜欢加黄油，他的弟弟也是。

（2）Kid A：My father just gave me a new set of Monkey King as a gift.

Kid B：Me too.

小孩 A：我爸爸刚送给我一套新的《孙悟空》作为礼物。

小孩 B：我也有一套。/ 我也是。

（3）It is more difficult to translate English into Chinese than English into French. 把英语翻译成汉语比把英语翻译成法语有难度。

（4）Mary can speak Chinese and speak it fluently.

玛丽可以讲中文，并且可以讲的很流利。

（5）My grandmother never eats beef, and neither does my mother

我外婆从来都不吃牛肉，我妈妈也从来不吃 / 我妈妈也是。

（6）The factories that are known to produce missile and submarine parts are camouflaged. Missile launches and test sites throughout the Soviet union were camouflaged.

对于人们已知的生产导弹以及潜艇部件的工厂，都采取了伪装。苏联全国范围内的导弹发射以及实验基地，都进行了伪装。

三、英汉省略衔接对比

使用省略（ellipsis）衔接手段可以在很大的程度上避免掉重复，使得语言更加简练，使得新信息得到突出，使上下文之间的衔接更加紧密。从句子的组成成分来看，英汉语中可以被省略掉的部分有主语、谓语以及宾语等，有时候也可以省略掉主语谓语或者谓语宾语。从语言单位看，省略掉的部分可以是词、词组或者是分句。例如：

（1）It was obvious that dick was very angry and（ ）left the room at once.（作为主语的代词 he 被省略掉）

（2）Reading makes a full poet, conference（ ）a ready man, and writing（ ）an exact man.（谓语动词 makes 被省略掉）

（3）A：What does she mean by that?

B：I'm not sure.（分句 What does she mean by that? 被省略掉）

（4）他迟疑了一阵，（）打开了另外一床棉被，（）之后在床的边上坐了下来，（）

身体向下后把鞋子脱掉。（将主语"他"进行省略）

（5）这个小孩儿，就在刚才吃下了俩苹果，这时候又在吃（）。（对宾语"苹果"进行省略）

整体来讲，英语中对主语进行省略次数是比不上汉语的对主语进行省略的次数的。但是对谓语动词进行省略的状况是比汉语多的。对于这一方面的不同，在进行把英语翻译成汉语的时候，就需要把文章中原先省略掉的谓语进行一个补充，而对于主语就需要进行一个删减。当然在把汉语翻译成英语的时候，就需要把原先缺失的主语进行一个补充。比如：

（1）He's handsome and witty, and he's a great dancer, and he's good at shooting, and he's good at tennis. No party can be without him. He is generous with flowers and expensive chocolates, and even if the number of treats is not very many, it is fun.

他帅气并且机智，而且是一个很好的舞蹈家，射击方面也是很好的，网球他也很擅长。任何派对都不能没有他。对于鲜花和昂贵的巧克力他从来不吝啬，即使请客次数并不是很多，但是请起来也是非常有趣的。

（2）Ball games are good for the testes, shooting games are good for the lungs, walking is good for the gut, riding is good for the mind, and so on. .

球类运动对睾丸来说是很有益的，射击类的运动对肺部是非常有用的，经常漫步对肠道是非常有利的，学习马术对我们的头脑是非常有利的，等等。

（3）We will not be discouraged, we have never been discouraged, and we will not be discouraged in the days to come.

我们不会气馁，我们也从未气馁过，以后的日子里也不会气馁。

（4）在那个时候，偶尔会过来的是一个很好的朋友金心异，（）把用手拿的皮包放在了已经破损的桌子上面，把很长的衣衫也脱了下来，在我的对面坐了下来。

At that time, occasionally a very good friend, jin xinyi, came by. () put the bag he was carrying on the broken table, took off his long coat, and sat down opposite me.

（5）我不是研究天文的学者，（）也不是这里面的任何一个派系。

I am not a scholar of astronomy, and I am not one of these factions.

（6）我走进去瞄了一眼，（ ）只回忆起是瑞士的是军人做的门警。穿着黄色的服饰，之后就没有别的了。

I went in to take a look, () only recalled that it was the Swiss soldiers do the door guard. In yellow and nothing else.

（7）我经常在这个桌子的周围站着，品尝着我单一的早饭，一袋儿巧克力，吃完之后，（ ）我就会在宫殿门口的台阶上坐着……

I would often stand around this table, tasting my single breakfast, a bag of chocolates, and after eating, () I would sit on the steps of the palace gate...

四、英汉照应、替代、省略衔接对比小结

照应、替代和省略这三类衔接手段在不同的语种里，说使用的次数是不一样的。前两类方式在英语中比较常用。而省略这种方式在汉语中使用的次数更多一些。这使得以汉语为母语进行英语的教学以及以英语为母语进行汉语的教学有着不能忽略的用途。并且在不同的语言里这三类方式经常是互相使用的，并没有什么界限。对英语来说，持续出现在文章中出现的经常会使用前两种方式来对文章进行一个衔接，但是当这种持续的状况被某些项目所分隔之后，就需要去把原来的重复的名词重新使用来对文章进行一个衔接。比如：This thing brushed behind the house. The pig was quiet for a while, and then it had disease. He arched his back and smashed his legs in the leaves. Ralph walked away from him. Then there was a fierce roar from the exit of the sanctuary, followed by a rush and a bang of creatures. Someone tripped in the corner between Ralph and piggy, and it became a complication of growling, bumping, and fluttering limbs. Ralph fought, then he rolled over with a dozen others, striking, beating, grabbing

在汉语里，省略是使用非常多的衔接方式的，当然，也不可以任意的去使用。

通常来讲，越离原先的主语越近，就越有理由去使用省略，离得稍微远一些的，就需要利用替代来对文章进行一个衔接。如果之间的距离使所听到这句话的人或者读到这句话的人不能完完整整的去回忆起以前的内容的话，就需要去利用重复的方式来对文章进行一个衔接，当然利用省略这种方式来对文章进行衔接的时候，是需要被衔接的这部分的句子在意思上是有着非常相近的关系的，经常是在相同的语义层次上。比如：

黄镇低着身子在做哑铃操，（ ）不会感受到自己肚子，他一下子冲进了洗澡房，（ ）让温度适宜的水从上面流下来，（ ）鼻子也噗嗤噗嗤的响着，（ ）在非常快乐的呼吸。

第二节 英汉词汇衔接手段对比

词汇衔接。通常会有复现关系（reiteration）和和共现关系（collocation）这两种。比较普遍的来说，共现关系讲的是在某篇文章中，所使用的词汇和这篇文章具有着相通性。稍微缩小范围来说共现关系讲的是不同的词具有着不一样的搭配，我们所提到的复现讲的就是，某一个词语通过不同的形式不同的类别连续在同一篇文章里出现，这样便可以达到对文章的衔接，这一章里我们只对复现关系进行一个比较。比如：

（1）The two women In this horse read the poem.. From the opposite side of the house Rose looked at them.（原词复现）

（2）You're hearing uncomfortable noises coming from under you as your car passes over the pier... The sound of the train in the tunnel was as loud as the pedals on a piano, and the roar was as long as a giant in a temper.（上义词复现）

（3）Tina got lots of gifts from her families at her 18. She also received lots of from her pen pal for her 18.（同义词复现）

（4）We had dinner together last Saturday. Now we had another meal together.（近义词复现）

（5）The qinling mountains are a treasure given to us by nature.

We should be grateful for what this mountain has given us.(利用 mountain 来对语篇进行一个衔接。)

（6）某人是爽快的，某人是经历过大风大浪的，某人在正式场合里从未输过气场。（原词复现）

（7）葡萄有着很丰富的营养，很多人都特别爱吃，但是我就不怎么喜欢葡萄，所以没有得到它的营养了。（上义词复现）

（8）鸟大多数都可以飞翔，鸵鸟是个特例，它只可以奔跑。（下义词复现）

通过非常多的事实能够证明，英语和汉语都是利用词汇复现这一关系来对文章进行一个衔接，但是英语里词汇复现关系是要比汉语使用次数更多，而且能够通过不同的方式去进行一个表达。在把英语翻译成汉语的时候，需要经常去使用重复原词的方式来翻译。但是把汉语翻译成英语的时候，就需要按照一定的要求合适的利用不同的复现手段。在这里，列举两个英语翻译成汉语的素材：

（1）Looking back, we can see that there are three different versions of the stellalunar pattern, but these are closely related to the fall of Constantinople on May 29, 1453. The first is that I know, when I was in school is mahomet ii with Ottoman turks came to the capital city of the eastern Roman empire at Constantinople, prepare to compromised their capital, and in the night before the battle, to observe Venus and the moon are connected, so leaves and then use the pattern to represent the meaning of peace. The second theory is that after muhammad ii defeated the soldiers in Constantinople, when he entered Constantinople, there happened to be a moon in the sky, so the design of stares and moons was used to mark the anniversary. The third theory has some connection to the lunar eclipse on the night of May 22, 1453. It was predicted that the slowly round moon would be a symbol of Constantinople's protection from the Ottoman turks. This prediction encouraged the soldiers of Constantinople.so it fell

通过回顾以前的事情我们能够发现，关于星月图案是有着三种不一样的说法，但这都和 1453 年 5 月 29 日君士坦丁堡被攻陷有着密切的关系。第一种说法是我在上学的时候就知道的，讲的是穆罕默德二世带着奥斯曼土耳其人来到了东罗马帝国的都城君士坦丁堡，准备来攻陷他们的都城，在打仗的前一天晚上，观测到金星与月球相互连接，所以之后就用星月图案来代表平安的意思。第二种说法是在穆罕默德二世打败了君士坦丁堡的将士之后，进入君士坦丁堡的时候，恰巧有一轮月亮在天空中出现，所以之后就用星月图案来表示纪念的意思。第三种说法和 1453 年 5 月 22 日晚上的月食有一定的关联。在当时有人预言说，月亮慢慢地变圆是君士坦丁堡受到保护的象征，不会被奥斯曼土耳其人所攻陷，这个预言使君士坦丁堡的将士受到了非常大的鼓励，因此，在后来的战役中，君士坦丁堡都没有被攻陷。然而在 5 月 22 号的晚上，出现了月食，这也表示着东罗马帝国不会受到保护了，所以就陷落了，星月图案里的月亮就是在月食刚发生的时候所展现的样子，是非常细的月牙。

（2）The monkey's greatest skill is to be able to drive a tractor. By the time he was nine, he could show how to drive a tractor by himself.

这一只猴子最厉害的本领就是能够去开拖拉机。在他九岁的时候，他已经可以独自去表演如何驾驶一台拖拉机了。

第四章 英汉语用对比

英汉语用对比一方面是用于比较英语汉语的叙述方式与交流时语言用途的不同。另一方面是比较英汉类似语言用途相应的表述方式的话语。但是，要想对英汉语用对比进行深入地讨论，我们首先必须掌握语用学所涉及的概念和用途范围。

对于语言学的概念有很多的语言学家从不同的侧重点对其作出研究。可是从大的方面来讲，语用学（pragmatics）是帮助人们在日常的对话中成功达成与对方交流的目的。据记载，美国的哲学家莫里斯莫里斯（Morris，1938）写的《符号理论基础》（Foundations of the Theory of Signs）中第一次用了"pragmaties"。在他的符号理论研究中把语用学说成是了解符号和解释这个符号的人之间的联系的方法。在语言学中新建立起来的学科——他语用学，比很多学科建立起来的时间都要晚一些，这一门学科是指在人与人交流中学会在一个分类明确的情境中学会如何表述自己想表达的话和对于这些话自己的见解和感悟的学科。它所涉及的研究范围一般涵盖了指示语、言语行为和理论、语用原则、礼貌原则、会话含意、语用预设、间接言语行为、关联理论、语篇结构分析等等不一样的研究范围。狭义语用学（micropragmatics）以及广义语用学（macropragmatics）是该类学科所涉及的研究范围

狭义语用学是为了在现实中真实的对话中通过使用语言学和哲学的方式来找到对话中语言的逻辑和说某句话或者说某一词的用途；对于广义语用学它是为了在表述语言和弄懂此语言的社会、文化等各个层面利用其涉及的范围达到一定的影响程度。在人与人对话中，各自表达自己所想表达意思的人会通过用言语来达到此目的，而听这个想表达出自己意思的人的人在想要弄懂此意思时所想到的范围无非就哪个人说的，想要对哪个人说，在哪个地方说，在什么时候说和如何表达等等迷惑之处。而对于同一句话，如果说说这句话的人年龄、性别、文化、社会等因素都不一样，那么此于洋所表达出来的意思在一定程度上也会发生一定的变化。比如说有个同学说出"老师来了"时，其他同学在不同情境中对这句话所理解的含义就会不同，可能会是：1. 正

式要上课了，同学们都已经准备好要上课了，说出这句话的人只是在提醒大家 2. 同学们还在打打闹闹，摆着龙门阵，这是说出这句话的人就是在告诫大家，否则老师听到了后果代价很大。3. 对于在认认真真刷题的同学来说，则是在提醒他们，不懂的问题可以提问了。以上是为了说明：一个人所说的话究竟是何意取决于具体的情景对应不同的语言环境。语言一方面是为了表达出自己所想表达的意思，另一方面是用于为了某一动机说出这句话是为了将这一动机付出为实际的行动，这既是奥斯丁（Austin，1962）的言语行为理论，也就是用说话来完成事情。并且在奥斯丁的认知里，如果某人在说话，那么他会同时作出三个行为：言内行为（locutionary act）也就是人们正常说话时的说话方式；言外行为（illocutionary act）也就是说这句话的人想要表述出这句话想要表示的含义；言后行为（perlocutionary act）也就是听这句话的人在听到这句话后的一系列回应。譬如言内行为即为说话人说出的"老师来了"；言外行为就是在各个不同的情境中所表达出来的不同含义，而言后行为则是听到这句话的人对这句话所含有的不同情绪而相对应作出的不同行为。

语用对比分析在英语学习和英语语言交际等方面都是非常必要的。我们学习英语当然首先要做到在语音、词汇、语法、句型等方面的规范性，开口说出来的话语符合英语语言规则，但这只是英语学习的一部分。做到这一点，我们只是注意了英语语言运用的正确性，却没有重视英语交际的得体性。同英语国家的人交往还需要认真观察和了解他们的话语规则、言语行为以及各种语体等。如果不注重对英语国家的社会文化的了解和学习，我们就有可能造成各种语用失误，就不能在交际中获得成功。社会语言学家认为，一个学习者如果不了解目的语的文化背景，是学不好这门目的语的。

对于表述和想要弄懂英汉这两种语言，都存在着社会和文化之间不同，而其所要表达出的意思和运用语言的方法都印证了这种不同。当中国学生使用英语与英语国家人交流时，他们就不难发现其中由于文化背景不同而造成的交际失误。如果不了解英语与汉语之间的这些社会、文化等方面的差异，只要开口说话，就会出现说话不合时宜、说话方式不妥、表达不合习惯等毛病，即言语交际不能达到预期目的或效果。这就叫做语用失误（pragmatie failures），我们在分析句子时，一方面是在脱离语境的情况下进行分析，也就是从语法的角度去考证句子的正确性；另一方面，我们还将这个话语放在特定的交际语境中考察这个话语的得体性（appropriateness）。对于英语学习者来说，要想学好英语，我们不仅要学会掌握英语的基础知识和基本技能，包括听、说、读、写等方面的能力，而且更重要的是要提高运用英语的语用能力。实践证明，语言能力强的英语学习者如果不增强语用能力的培养，就不能说真正学好了英语。

第一节 英汉语用功能对比

在英汉人与人对话中，听这句话的人大部分是由于对话语言起到了影响，所以他们才能够说话的人想要表达的意思。总而言之，语言运用的作用在人与人对话中发挥着至关重要的作用。人们在言语交际中说出的话语常常与语境有着密切的联系。在特定情境中人与人对话时表述出来的某种想要达到的效果就可以称作是这句话的语用功能。语句的语言运用是语用学研究的重要方面。对于这类似的语言运用功能不能说是一个个的词或者说是说出的整段语言形成了句子意义，这是有着一种随着不同的情景发生不同变化的意思，也就是在一定情境中才能表达吃它想表达出的意义。伴随着情景的改变，说出的这句话的意思也会发生改变。我们把汉语中的"吃过饭了吗？"译成英语"Have you eaten yet？"这两句英汉话语的句子意义完全可以等同起来，但是他们的话语意义却不样。英语中，这句话语表达"邀请"或"建议"的语用功能，而汉语中却是向听话人表达"问候"的语用功能。

言语行为学理论的最根本的构成部分就是一段话逃离出句子本身而呈现出来的延伸意义，这是奥斯丁和塞尔（Austin and Searle）所表述出来的，但是要表述出类似的话外意境往往都是根据语音语调的语法、词汇、各种副词、代词、助词、介词等等来展示出来的，也就是一句话中表示动作的词就是表述他想要传达出来的特定的动作方式，按照塞尔的话说，言外之意表示手段的意义是以他们的运用规则（如：基本规则、管理规则、言语行为理论等）为基础的。

当我们在使用话语进行交际时，每一句话都具有特定的句子意义（sentence meaning），但是，在不同语言环境中，同一句话，不管它是什么句型，都具有不同的话语意义（utterance meaning）。分析语用功能可以使用语音、词汇、句型、语法等不同侧重点，但是在这些不同的侧重点上他们都有属于自己独特色表达方式来展现出他们想要表达出的意思。本章主要从语调、词汇、语法、句型等方面对英语和汉语进行语用功能对比分析。

一、英汉语调的语用功能对比

语调是言语交际口头表达的重要手段之一。在言语交际中，语调在表达语用含义方面发挥着极其重要的作用。这是不可置疑的事实。在很多语言中，说话人可以利用音的长短、音的高低、节奏和停顿等方式来表示某种语用含义；而受话人则根据语调和语境来理解说话人的意思。人们所说的每个词、每个短语或每个句子被看作话语。话语都有各自的字面意义（literal meaning），同时在特定的场合中又具有适应这个场合的语用功用，例如表述、恳求、否定、提议、迁怒、质问、认同、疑惑、抚慰、傲慢、敬畏、感谢、警告、邀请等。人们在交流的时候是能够使用不同语言声音的方式来表述或者明白表述出来的语言所起到的语言运用的作用。

（一）解释英语不同声调的作用分析

虽然语调一边夹杂着自己所想表达的侧重点，但从根源上来说，这是一系列的规定好的、有能够发现其特点的语音系统。英语中最常用的表述自己意愿的方式就是语调。语调组就是英语语调的最小单元，一般都是一个特定的组成句子带有的各种成分，譬如句子、词语、形形色色的语句。从某种意义上来说，说话时的每一句话当中的句子、词语和形形色色的语句都是一个语调组。而对于所有的语调组都存在着"调核"（nucleus）。"调头"（head）和"调尾"(rail) 分别是调核收尾的音节，但不是一定要有的音节，一定要出现的是调核中音律的高低和长短还有位于重要位置的重读音节所掌控的句子节奏。

在不同的情境中用什么样的语调是我们平常交流时需要反复斟酌的问题。在系统音系学（systematic phonology）理论中，英语语调存在着三个可以选择的系统，这是英国语言学家韩礼德（Halliday，1967）所提出来的：1. 划分语调系统：找到方法把一段话按照一定的语调做好划分。2. 确定重音的位置：找到需要加强语调的音节和调核的位置，并将其标出记住。3. 选择核心的语调：找到最重要的调核的语调也就是对于语调组来说处于核心位置的语调。降调（falling tone）、升调（rising tone）、降升调（fall-rise）、升降调（rise-fall）和平调（level）是英语语调中的可转变的声调通过语气的转变来表示出自己所想要表达出的不同的意愿。同时和语调一起用来区分说话时说话人想要表达出的不同的意愿的方法是用一种特意地重读某一个音节来强调自己所想表达意思的重音。举个例子来说当家里有 3 个孩子是＝时，母亲想要叫一个孩子去洗碗，那么重音如果是名字上和洗碗二字上明显不同，说话时是严厉还是温婉所要表现出当时母亲的情绪也不一样。

综合一分析语（synteticanalytical language）是现代英语中当表现句子之间所用语法变化时用固定的句子形式来展现出英语变化形态的方法。声调语言（tone language）是用来表达出文字音调侧重点不同的方法，因为绝大部分汉语是形声字，而语调语言是用来表现出一个句子语调的，所以相较于现代英语，汉语不如英语那样句子的句式等都是固定不变的，要想说清楚一句话就必须掌握好语音语调的变化。

在说话时每句话都有每句话的含义，想说清楚这一句话就得在每个语调组中设置一个最想表达的信息。重读音节是在语调组中突出整句话所要表达出的最主要意思的方法，这是韩礼德所说的。所以说对于非重读音节所要表达出的意思就没有那么重要了，特别是对于调核之后的，不是你我都知晓的就是很久之前的涉及的内容。在众多突出探究各种语调所表达各种不同含义的语言学家中，韩礼德所突出探究的是语调中所传达出来的愿意交往的语言信息意思。语调的不同可以转达出不同的话语含义，在平时交流时，运用语调的转换可帮助人们明白话语所要表达的意思。在不同的情境中，说话的人所说的话即使是同一句话也会有不同的意思，所以说相较于固定所能表达出的句子含义，通过语调的转换延伸出来的句子含义就称作言外之意（illocutionary forces）。

在每一个情境中，不同的话语可表达不同的句子意思，为了达到使说话双方了解到自己说说的话的含义就需要解剖语言来达到传达正确话语含义的目的就叫做语用功能。

（二）解释汉语语调的语言运用功能

阴平（第一声）、阳平（第二声）、上声（第三声）和去声（第四声）是汉语中的四种声调频率，即"四声"。用来区分说话时不同语句含义。在本文章中，着重围绕在平时交谈中语调的作用

通过使用语序、虚词、助词和语调的方式来突出语句意思和句子之间联系的方法叫做分析语（analytical language），汉语通常就会使用这种方法。句调、重音和停顿是语调的三个重要组成部分，这与汉语语调音的长短、音的高低和停顿等息息相关。

1. 句调

句调与语调不一样，它可以通过语句中说话声调的升或降来传达句子语调的语义。

（1）升调

声调变高、尖或细来表示疑惑、设问、惊讶等情绪 譬如：

①那栋房子是他建造的？（惊讶）

②你没有感觉他今天有点反常吗？（反问）

（2）降调

声调变低，表示肯定、求助于人或叹息等，譬如：

①他这次一定能完成任务。（肯定）

②这条裙子的做工真是巧妙。（感叹）

③去帮我取个快递吧。（请求）

（3）平调

语调一直不变，表示严肃、叙述等语气。譬如：

①我们一定不会让老师同学们失望的。（严肃）

②钟声响了，现在是 12 点整了。（叙述）

（4）曲折调

用来表示含蓄、挖苦等语句本意之外的意思的语调，可以通过将语调先升后降或者先降后生来实现。譬如：

①你的力气真大，这么多的东西都可以搬得动啊！（讽刺）

②你现在还不走，大家都在那儿等你。（埋怨）

前面讲过，不同于英语的只能通过语调的变化来表达自己的语义，汉语还可以在语调的基础上通过语气的变化来实现。例如：

①他今天上午没来上课。（平调）他今天上午没来上课啦。（陈述）

②他今天上午没来上课？（升调）他今天上午没来上课吗？（询问）

③他今天上午没来上课！（降调）他今天上午没来上课啊！（抱怨）

英语在这方面只有用语调来表达不同的语用功能；而汉语当中还可以运用"啦""啊""嘛""咯""呀"等语气词表达这样的语用功能。初学英语的汉语学生在用英语进行交际时，有时将汉语的这套语言运用习惯误转用在英语表达上。例如，

① I want to go to school lah.

我想去上学啦。

② You should come here earlier ma.

你该早点来嘛。

这种错误的转用主要是因为语言使用者没有遵循两种语言不同的运用规律而造成的"张冠李戴"现象。为了避免这种错误，除了增强英语语言能力，提高听、说、读、写等基本技能的运用能力外，还要注意观察两种语言在交际中的这种差别，以便在实际交际中根据不同语境，灵活运用不同的语言形式。

2. 重音

在平常交流时，说话时特意加强语调的地方叫做重音，通常来说重音被分为两种重音主要有两种：语法重音和逻辑重音。

（1）语法重音

一个人通过辨认出一个句子的成分并根据句子中的成分挑选出最能表示

自己想要表达出的意思的成分而强调的重音就叫做语法重音，一般来说，谓语、状语、疑问代词、疑问副词等都是强调重音的最佳选择，并且还可以使用一些语气词来加强重音。

例如：

①我不知道他做了什么！（否定词重音）

我真不知道他做了什么。

②我流过了，可她还是走了。我的确留过了，可他还是走了。

（调语重音）

③不能等，不然就迟到了。（状语重音）

真得不能等，不然就迟到了。

④她忙手忙脚，迷茫得不知所措。（补语重音）

她忙手忙脚，迷茫得简直不知所措。

⑤谁会来帮我？

（疑问词重音）

究竟谁会来帮我？

⑥那就是你日思夜想的。

（指示词重音）

那确实是你日思夜想的。

Do/did 等英语的可表达强调或其他意思的单词可以在平常交流时突出说话所想表达的意愿

譬如：

① I went to school yesterday/I did went to school yesterday.

② My mother ate dinner in a restaurant/My mother eat dinner in MacDonald

在句子①中可以通过重读 "went" 或 "did" 来强调话语意义；在②通过使用不同的词来突出这句话的重点，可看出调核重音在 "restaurant" 或 "MacDonald"。同样的汉语中也可以通过使用此种方法

（2）逻辑重音

为了突出强调之前已经出现过得人或事物而加强语音语调的方式。在平常交谈时，要想表达出自己想要表达出自己想要表达的意思就需要注意逻辑重音。

例如：

①我明白你会离开。（别的人不知道你会离开。）

②我明白你会离开。（你骗不了我。）

③我明白你会离开。（我不知道你什么时候会离开，但你在某一天必将离

开。）

④我明白你会离开。（虽然我们的关系很好，但无奈之下你还是会离开？）

⑤我明白你会离开。（将要离开的人一定是你。）

想要表达出的意思不同，重音在这句话中也就会不同。在用英语来交流时，除了逻辑重音，还有一种方式就是改变语法结构。譬如：

Marry can dance.（玛丽会跳舞。）

It is'Peter who can dance.（是玛丽会跳舞。）

It is dance that Marry can dance.（玛丽会做的是跳舞。）

通过强条谓语之外的不同词句来表达出自己不同的说话意愿此种句法结构的特点

要强调谓语的部分谓语部分则能利用助动词或逻辑重音

例如：

Ellen'did ate the cake just now.

Ellen'ate the cake just now.

（三）断句

断句是指为了表达出句子想要表达出的本来意义，防止由于句子间词语连读表达出的不同意思，在该需要停留之间的地方划出斜线表示这一段表示一个意思，英语汉语都会用，标点符号会出现在书面中，而口头交际中只需要在该停顿的地方停顿就可以了

英语和汉语，因为不同的语言有不同的属性，在人与人面对面说话时各自都带有自己的说话方式：说话时的语句含义一般来说都是通过声调展示出来；但是用汉语表述语言含义的时候，不仅仅通过声调，同时还会运用某些虚词和助词。然而，虽然说可以通过使用各种各样的语言声音的方式来表示吃英汉语言能够传达出来的意思，但是任然存在着在人与人交流的时候使用的情景规则而限制着语言所能表达出来意思的作用的因素。

[语境原则][Prneiple of Context]

语境原则是解读言语交际中话语意义的重要途径之一。语境是语用学研究中极其重要的方面。运用语言很多时候是与具体的时间、具体的空间、具体的情景以及具体的人有着密切联系。按照英国语言学家威尔逊（Wilson，1994）的观点，理解话语需要回答三个主要问题：

（1）说话人打算说什么话？（2）说话人打算表达什么意义？（3）说话人对所表达和意指话题持有什么样的态度？而回答这些问题，语境发挥着关键的作用。他指出，语境不仅是指上下文或者话语产生的环境，而且还指那

些用于获得所指意义的设想。这些所指意义可能来源于上下文，或来源于对说话人的观察和直接环境中发生的一切，而且他们同样来源于文化知识、常识，更广义地说是来源于听话人当时可获得的共知或特有的信息。例如：I always treat other people's money as if it were my own.

我对待别人的钱总像对待我自己的钱一样。

这个话语的意义为：（1）他对待别人的钱很小心；（2）他很随意地对待自己的钱。如果没有语境，也就是说，如果我们不了解说话人处理钱的一贯态度，我们很难了解到说话人真实的话语意义：我们就弄不清说话人究竟是要表达什么意思。只有了解到说话人一贯都很节俭这个事实，我们才能确定这个话语的具体意义。

语境是一个非常理论化的情景，各种各样把语言组织起来的因素都是语言学家在实际发生的事件中提取而来的，而这些因素从某种程度上来讲对参加这个语境的人来说无论是语言的表达方式、语言是否适用以及语言的表达意思都会被此框架按一定的流程所认定。按照另一种说法来说就是语言形式，涵盖了话语表达方式、句子的结构和语法，一定是全部都由使用这种语言的人的控制语言的操控力所影响的；但是在特定的语言情境中使用这个语言的人在现实生活中与他人交往的能力影响了具体的语言表达方式。在与他人交往时说话的人往往要通过特定的语言不同的表达目的来挑选不一样的语言的社交功能变体。在 Lyons 看来，说话的人一定要有相应的人类对物质世界以及精神世界探索的结果总和才能够辨别出某句话是否合乎情景，而人类对物质世界以及精神世界探索的结果总和就是说话时人所处的状况和状态的特定化的表现，从另一方面来说也就是人类对物质世界以及精神世界探索的结果总和形成了说话时人所处的状况和状态的特定化的表现。

二、英语汉语中所有的（或特定范围的）词和固定短语的总和

在人们利用语境表达出与话语表面意义不符甚至相反的意义的对比，选择一定的语言表达形式不仅可以表达话语的字面意义，而且更能表达特定语境中的语用功能。在言语交际中，除了利用说话时的语音语调表达说话人的交际意图外，与此同时我们也能使用词汇的同一用语的不同词组来表述语言的作用。在具体的话语情景中，挑选和使用词汇能够使听这句话的人明白说这句话的人的话语之外的含义。在英语汉语若干部分相互联系、相互作用，形成语言的整体中，各有不同的语言使用规律。下面我们将对英汉词汇所使用的使用规律来完成语言运用时不同结果的解释。

（一）英汉词汇使用时呈现出来不同的效果的对比

因为社会中不一样的文化，无数种语言所呈现出来的词汇系统存在着差别。因此，在英汉的词汇方面同样存在着差异。从语言所呈现出来的独特性质中发现，英语存在着大量的词语的变化方式，而英语所要表达出来的意思择能够用大量的语法结构、语言的起承转合来呈现，但是对于汉语使用得最多的则是运用词汇手段，特别是虚词、语气词、助词等手段来表达出这句话说出来的作用。

1.解释英汉谦称词语和敬称词语的不同

所谓的英汉谦称词语和敬称词语大多数用在在社会指示语（social deixis）。社会指示语是通过使用特定的表达某种意思的用于来表示话语参与者的社会地位以及他们之间的关系。社会中特定的表达某种意思的词语可以总结为两个方面：

（1）存在着一类说不清的特定关联的具有某种关系的语言结构中能反应出语言使用者和社会面目和相对应社会地位的那些洗浴和语法范畴。

（2）相对绝对的具有某种关系的语言结构中能反应出语言使用者和社会面目和相对应社会地位的那些洗浴和语法范畴。对于前一种说法是指说这句话的人和所指之人、听这句话的人或者说是从侧面来听的人当中的相对性的人们在共同的物质和精神活动过程中所结成的相互关系；后一种则是之说这句话的人和听这句话的人的绝对性的人们在共同的物质和精神活动过程中所结成的相互关系；在英语中会出现词语来表示绝对性的指引。譬如：Your Grace/ Majesty（陛下）

My lord（阁下）

My king(吾王）

My liege（吾主）

然而，在汉语当中有更多的词语可以表示出关系型社会指示词语。在汉语的字典里存在着一系列理解起来不是那么容易得关系型社会指示词语，也就是敬称词语和谦称词语，也就是在人与人交流之处，运用汉语的人在说道自己和和他有联系的人或事情时，很多时候都会运用谦称词语；而在说起一起交往的人和和这位人有联系的人或者事情时，一般会运用敬称词语。汉语存在着更多的称呼第二人称的方式。运用这种方式中，第一个就存在使用"您"以及"你"的不同。"您"为敬称词，用于称呼自己的长辈或者比自己社会地位较高的人或用于较正式的交际场合："你"是简称词，常用于称呼自己的平辈、晚辈或比自己社会地位较低的人或用于非正式的场合。除此外，汉语中还有以下常见的谦称词语和敬称词语

①谦称词语

敝处（my place）

薄面（thin surface）

下官（subordinate officer）

敝人（my friend）

拙作（my article）

寒舍（my home）

鄙人（1）

鄙意（in my opinion）

②敬称词语

高见（one's brilliant opinion）

贵姓（your name）

高就（move up to a higher position）

冰翁（ice man）

夫子（master）

贤弟（younger brother）

高堂（one's parents）

贵子（vour son）

高足（your pupil）

令爱（your daughter）

尊亲（your senior relatives）

令郎（your son）

尊府（your residence）

令堂（your mother）

尊驾（you）

令亲（your relatives）

尊夫人（your wife）

令尊（your father）

这些汉语谦称和敬称词语的运用主要表示对交际对象的尊敬，避免与交际对象的分歧以求交际的顺利进行。这个语言现象符合利奇（Leech，1983）的"礼貌原则"中的赞扬准则（maxim of approbation）和谦虚准则（maxim of modesty），赞扬准则规定，在表情达意时，说话人应当尽量缩小对他人的贬损和尽量夸大对他人的赞扬；谦虚准则规定，说话人应当尽量缩小对自己的赞扬和尽量夸大对自己的贬损。汉语的这套词语具有赞扬和谦虚的语用功能。

2. 英语汉语元语言否定的方法区别

元语言否定是言语社交的措辞情景。元语言否定是对之前所说的话进行否决的一类措辞方法。元语言否定并没有否决话语的根本含义，只是否决了叙述某个话语的形式

譬如：

① She dosen't like dance;she loves it.

她不是喜欢跳舞，相反她热爱跳舞。

② Henry is not very tall；he's a dwarf.

马克斯不是很高，他是个矮子。

③ I don't eat rice and eat vegetables;I eat vegetables and eat rice. 我不是吃了米饭再吃蔬菜，我是先吃蔬菜然后再吃米饭

④ I'm not his daughter；he's my father 我不是他的女儿，而他是我的父亲。

英汉语言中常常分别用"not"和"不"表示否定，但是，汉语中否定词的用法在表现其语用功能方面较为独特。让我们来看下面的例句：

①他一个人在家，好不自在。

He is home himself，so he considers quiet relaxed.

②这块蛋糕相当好吃

This cake is quiet delicious.

③这个小伙子好不英俊。

This young guy is very handsome.

④听他这么说，她差点儿没背过气去。

As she heard what he said，she was almost breathless with anger

⑤要不是老师那么说，我差点儿没上他的当。

But for what the teacher said，I was almost fooled.

⑥她差点没说出那个地方

She virtually speaks up the place.

这个句子里的"没有"在真实言语社交里叫非重读音节，但是这并没有否决含义，只是突出"没有"之后的句子。如果将"没有"移除，可以看出这句话的含义并未变化。这就叫做汉语言否定，但是在英语中未出现过类似叙述方式。试比较下面两个例句：

① I was almost killed. 我差点儿被杀死。（意思：我没死。）

② I was almost not killed. 我差点儿没被杀死。（意思：我死了。）

从语用的角度来看，第一个例句可能具有特定的语用功能，但第二个例句的会话含义违反了格莱斯（Grice）"合作原则"（cooperative principle）中的

质的准则（maxim of quality），而且这种说法在实际交际中很少出现。

在许多情况下汉语中的"没有"表示否决，实际上，这种非重读音节在言语社交中没有否决含义，只是表现突出。研究语言的专家把前面这种称作逻辑算子（logical operator），源于这可以辩定是真是假，并把后面这种称作语言算子（metalinguistic operator），源于这能否决言语自身，就是说这种表示不准确。在英语里，元语言否定一般是在否决别人的措辞，此可帮助自己通过情景来判定这是逻辑否决还是元语言否定；汉语中"不""没（有）"表示逻辑否定，而"不是"常用于表示元语言否定。例如：

It's warm today. 今天很暖和。

It's not warm，it's cold. 今天不暖和，今天很冷。

It's not warm，it's hot！今天不是暖和，而是很热！

3. 英汉词汇的其地语用差异对比

汉语中有许多词汇运用的语用意义要比英语词汇的语用意义多。现在简要地讨论英汉词汇的这些语用差异。

（1）汉语称呼语

汉语中常用的称呼语有哥哥、姐姐、大爷、大娘、老人家、李老师、王伯伯、张师傅、赵主管、张校长等。类似的称谓通常用于表达语句的前面，作用是表达陈述者对受述者的立场和表达吸引受述者的重视。例如：

①老人家，请您坐这儿。

②李老师，我可不可以明天交作业？

汉语中很少有把这些称呼语放在话语陈述之后的情况。但是，英语称呼语的范围要小得多，一般不用 brother，sister，teacher，worker 等词语与姓名连用表示称呼的。而且，英语的称呼语通常是放在话语陈述之后，作为提醒语（alerter）表示引起受话人的注意。

（2）汉语礼貌标记

汉语中的礼貌标记（politeness markers）很多，比如"请""劳驾""麻烦"等。它们都用于说话人对受话人的礼貌或尊敬，通常表示请求别人实施行为时使用。譬如：

①请将这支笔给他

②帮我把超市里的菜拿回来一下，可以吗？但是在某些时候英语里的"please 会不像汉语那样表示"请求"。试对照以下的句子

③ Would you please give me the cake?

④ Can you give me the cake,please?（要求）

句③的句型在英语里指拜托别人操作一种举动的一定话语构造，然而在

④里运用"please"以后就携有指示或号令的口气了。

（二）英汉词语运用原则

在不同的社会文化环境中，由于各个语言的词汇系统不同，在词语的运用和选择方面肯定会有很多差异。在英语国家的文化中有许多方面与汉民族文化不尽相同。譬如，在汉语里，我们普遍讲"洗了澡了吗"。这句话翻译成英语就是"Have you taken a shower yet"从字面意义来讲，这两句话的意思完全相同，但是，它们在英、汉不同的语境中却表现出各种各样的语言含义：汉语里："洗过澡了吗"是汉语中问候的言语效果。而在英语语境中"Have you eaten yet？"这个话语则表示"邀请"的语用功能。中国是礼仪之邦，汉语民族非常讲究礼俗，一向提倡"礼多人不怪"，长期受到儒家思想的熏陶，有一套完整的道德规范直接影响到汉语词语的运用。因此，问候语、敬称词、谦称词、恭维话、称谓语等与英语相比都存在很大的差别。同时，在言语交际中，语言表达形式的选用表明说话人在特定语境中试图表达或发挥话语的语用功能。

格莱斯认为，人们在交流中用于陈述会话含义（conversational implicature），普遍会按照一些交流准则。他引用了一个例子来说明这一概念：人们通常不是直接地表达话语意义，而倾向于通过间接的方式。当 A 向 B 询问有关他们在银行工作的朋友 C 的情况时，B 回答说："Oh, very good,in my mind;she likes her classmates,and she hasn't been to the house yet"，B 的回答可以说明：说话人在间接地说明什么。这个间接所指就是 B 的话语的会话含义。人们在会话中所遵循的会话原则就是格莱斯的"合作原则"。

人们在交际中不仅要考虑和遵循合作原则，弄清话语的会话含义，还有明白我们不是干脆地，却是去委婉地、迂回地陈述我们的念头和主义。语言学家利奇提出的礼貌原则指出了礼貌在语言交际中的重要性。我们来看看利奇的举例：A：We'll all leave our school and home,won't we?

B：Well，we'll all leave home B 的答语中少说了一个词"Agatha"。实际上，B 故意违反了合作原则中的量的准则，即所说的话应包含所需的信息。一般认为，听话人可以从合作原则的违反推导出其会话含义。

因此 B 的目的就是要间接地表达他的言外之意，同时又不指名道姓地冒犯他人。

合作原则和礼貌原则有着密切的关系。合作原则在会话中强调交际双方在合作的基础上进行交际，而礼貌原则维护交际双方的均等地位以及他们的友好关系，并使得交际能够顺利进行。

在英语学习过程中掌握英汉语言的交际技巧是很重要的。一方面要学好英语的四项基本技能——听、说、读、写；另一方面，还要了解与英汉语言密切相关的不同文化以及两种语言的话语规则、词语运用习惯，其中包括称谓词语、敬称词语、谦称词语等，以及他们的语用功能。

在英汉言语交际中，明白各类文化的句子含义是是否完成社交的枢纽。与中国不同，说英语的国家有着不同的谦称词汇。比如说，英语中表达"我的建议"（my opinion）是很平常的事，无需遮掩什么。他们主要强调把话语说得真实、态度诚恳，不虚假。

但是在汉语交际中往往被说成"拙见"（my humble opinion）。之所以汉语中要加一个"拙"字是因为中国人在这种场合尽量缩小对自己的标榜而夸大对自己的批评。英汉交际中的这种出发点的不同造成了英汉跨文化交际的差异。因此在跨文化交际中，我们要牢记这种差异，认真了解"质量原则"和"谦虚原则"的运用规则，在不同的语言环境中自如得体地运用语言进行交际。

[质量原则][Quality Principle]

质量原则是美国哲学家格莱斯（Grice）"合作原则"（Cooperative Principle）里的一个原则。在格莱斯看来，全部的语言社交里，表述者和受述者中有某类理解。上述理解指表述者和受述者在语言社交了一定恪守的准则。格莱斯将这一准则叫做协作准则。协作准则里的四个原则是指数目原则；质地原则；关系原则和方法原则。在这里面，质地原则所描述的东西最好让我们讲出的语句是确切的：（1）禁止讲自己明白是不真实的话；（2）禁止讲不能被证明是真实存在的话。英语国家人在赞扬别人时往往是遵守质量原则。例如：外籍教师赞扬某学生的字写得很好，说：

Your handwriting is so beautiful.

这个外籍教师是出于诚心诚意、毫无虚假的会话意图赞扬这个学生的字，遵守了上述质量准则。

[谦虚原则][Modesty Principle

"谦虚原则"是英国著名语言学家利奇提出的"礼貌原则"（Politeness Prineiple）中的一个准则。这条准则常用于表达或陈述说话人的心情（in expressives and assertives），其内容为：尽量缩小对自己的标榜，尽量夸大对自己的批评。在讨论的话题中，汉语中类似"拙见的例子就是遵循了上述"谦虚原则"。再如：在汉语语境中，说话人在受到赞扬时，或讲话或演讲结束时，一般都要说此较客气的话语，以表达说话人的谦虚。上面提到的外籍教师赞扬某学生的字写得好时说：Your handwriting is so beautiful.

这个学生听到这样的赞扬会很自然地用汉语习惯回答道：No, my handwriting is so bad 这个学生的这句话确实按照汉语习惯缩小了对自己的标榜，夸大了对自己的批评，但不符合英语国家人士的语用习惯。

三、英汉语法的语用功能对比

在英语中，决定句子是否符合语法的两个方面是句法（syntax）和屈折形态（inleetional morphology）。句法是研究在某一具体的句子结构中词与词之间的组合关系；屈折形态是指词在一定句法组合中所采用的形态形式。语用功能可以通过这两种形式表现出来。而且，由于社会文化背景的不同，各种语言都有自己的句法结构来表现不同的语用功能。各种语言运用作用也许用类似的状态样子或句子语法状态展示出来，一样的语言运用作用也可能通过不同的形态形式或句法形式表现出来。汉语表达各种语气常常使用词汇手段，但英语却可以通过动词的各种形态变化来表达其语气。本节将通过对英汉语言的形态形式变化和句法结构形式的讨论来揭示英汉语法与语用功能的关系。

英汉语言中都有很多不同的句型结构。英语学习者在传统的英语语法教学中学到了：要表示陈述意义就必须用陈述句；要表示命令意义就必须使用祈使句；一般疑问句用 yes 或 no 回答；回答特殊疑问句必须根据具体细节情况进行回答。但是从语用学的角度来讲，这些结构在不同的语境中表达着不同的语用功能。

（一）各种句子语法的布局展示一样的语言运用作用

在真正的语言社交里，具体的语境决定话语的运用策略，也就是说，交际双方因为各种社交想法、说话立场、各种社会职位等会导致社交策略的改变。因此，同一个语用功能可以通过不同的句法结构表达出来。例如，英语有表示"命令"的 17 种方法：

1. Those chairs should be got away. 这些椅子该搬走了

2. You should get away chairs,Marry. 玛丽，你应该搬走这个椅子

3. You are responsible for chairs. 你负责搬走椅子

4. It's my business to ensure the chairs got away. 我的责任是保证有人可以搬走椅子

5. I can't watch out the chairs. 我不能看透这些椅子

6. I'm such illness to get away those chairs. 我身体不好，搬不了那些椅子
7.Somebody forget to get away those chairs. 某人没有搬椅子

8. I dislike ask someone to get away those chairs. 我不喜欢让别人搬椅子

9. Are these chairs been got away. 这些椅子被搬走了吗？

10.Have you been so ill that you can't get away those chairs? 你生病了么，不能般椅子了对吧

11. Aren't you are responsible for getting away those chairs? 这不该是你般椅子吗

12. Did I forget to ask you to get away those chairs? 难道我忘记叫你搬椅子了？

13. Do you love sitting on a broken chair?你喜欢坐在已经坏了的椅子上吗？

14. Have you used over the Jie window spirit for cleaning the chairs yet? 那么你的"洁窗灵"用完对吗？这是用来擦椅子的？

15. Have I get the right person for getting away the chairs? 我是否找对了搬椅子的人？

16. Do you bear in mind that I love going around to give person orders every day? 难道你觉得我热爱整天向别人发号施令吗？

17. Get away those chairs. 将那些椅子移开。

以上的例子里，存在着陈述句、祈祷句和问句。但是这些句子都被用于表达"命令"的语用功能。从以上英语句子后的汉语译文考察，我们可以看到，汉语也有相应的"命令"表达形式。各种言语在各种情景里，也许用的社交战略有着不同之处。譬如，通常状况下，表述者在表述拜托其他人完成一些事情的时候，英语中一帮会采取不直接语言举止。但是汉语通常采取不那么间接的语言举止。来对比：英语：Would you tell me where the post-office is？

汉语：劳驾，邮局怎么走？

英语：Can you get the cake?

汉语：请将蛋糕给我

在此讲过的英语和汉语例句中了解到一般情况下这两种语言的运用规律，但由于言语交际

双方的关系、各自对交际话题的态度、观点以及双方不同的社会地位等诸多原因，英、汉语言又表现出不同的语用策略。

（二）相同的句法结构表现不同的语用功能

前面讲过，传统英语教学把句法结构的功能局限在一个很小的范围之内，但是从语用学的角度上讲，在具体的言语交际中，相同的句法结构可以表达各种不同的语用功能。先看看各种句法结构表达不同语用功能的情况：

1. 陈述句

（1）The teacher is coming. 老师来了。（建议或警告）

（2）I's cold in here. 这里很冷。（请求）

（3）Boys are boys. 男孩始终是男孩（抱怨）

（4）The door is still open. 门还开着。（命令或建议）

（5）There are many people in the house. 在这个房间里可是有许多人（胁迫）

2. 一般疑问句

（1）If you see the sugar？你看见糖了吗？（请求）

（2）Can you eat more cakes？你能多吃点儿蛋糕吗？（建议）

（3）Can you get to this place tomorrow? 明天你能到这个地方来吗

（4）Can you stop talking now？你能闭嘴吗？（威胁）

3. 特殊疑问句

（1）What are you doing？你在干什么？（威胁）

（2）What time is it now？现在几点了？（抱怨）

（3）What's the weather like today？今天天气如何？（拒绝）

（4）Why don't you turn off the lights？干吗不把灯关上？（建议）

这些仅仅是英汉句法结构的一部分，还有许多其他的句型结构，如反意疑问句、否定句等也可以根据不同的语境表达不同的语用功能。首先它们在一般情况下用于表达陈述、询问、反问和否定等意义，但是在特定的语境中却具有不同的语用功能。

（三）英汉其他语法手段的语用功能对比

说话人除了运用句法结构表达语用功能以外，还可以根据不同的语境，通过其他的一些语法手段，比如时态、语态以及句尾附加语等，用于实现说话人的交际意图。从语言的特性来讲，英语具有屈折形态形式，说话人常常利用这种形式来表达语用意义，而汉语却不具备这类形式，在表达语用意义方面多半都是利用词汇手段。

1. 时态（tense）

在英语言语交际中，时态可用于表达礼貌的不同程度而不改变话语的句子意义，其目的就是说话人要把话说得更礼貌一些。例如，英语句型"can you？"通常被认为是一种表达"请求"语用功能的形式。试比较：

（1）Can you tell me which one is the right direction for home?

你可以向我指明回家的方位你能告诉我去火车站吗？

（2）Could you tell me you which one is the right direction for home?

你向我指明回家的方位好吗？

这两句话都有同样的句子意义，但是，句（1）不如句（2）那么委婉和客气。类似的词语如"would""might"等都具有这种表达委婉和客气的用法。

在汉语交际中，不同语境的语体差别主要是通过一些句法手段来表达的，而且表达方式较英语更为直接。例如：（1）老板，来两碗面条。

（2）请给我们来两杯咖啡。

从这两例看来，英语在这种语境场合要比汉语更强调礼貌原则。但在某些场合汉语要比英语更注重礼貌原则，比如汉语在对待上下级等关系之间时使用的敬称词语和谦称词语。

2. 虚拟语气（subjunctive mood）

在英语中，由于说话人交际意图的不同，话语中的动词需要使用不同的形式。英语中有三种语气，即陈述语气、祈使语气以及虚构的口气，虚构的语气一般在社交里来表述出自己的意愿、提议、猜忌、号令等语言运用的意义。譬如：

（1）I would not guess this if I were you.

我要是你就不会干这个。

（2）If you hadn't do me a favor,I couldn't have complete that job in a fixed period.

假若你不帮我，我也不可能按时完成这项工作。

（3）It looks as if it might rain.

天好像要下雨似的。

（4）It is time that you went to bed.

你们该睡觉了。

句（1）表达说话人语气委婉地指出受话人不应该犯这个错误的"抱怨"意义；句（2）表达说话人对受话人的"感激"的语用意义；如果说话人不愿做某件事，可以用句（3）表达"拒绝"意义；句（4）也可用于父母表达孩子早该上床的"命令"意义。

在汉语中不存在同一动词的不同形式。汉语表达同一种语用含义要比英语更直接一些。从上面例句的汉译部分可以看出：汉语译文中看不出谓语部分的变化，表达这种语用含义主要还是依靠词汇手段来完成。

3. 否定（negation）

说话人在特定语境中不愿说出受话人讨厌的词汇，所以总是运用多数词汇相反的模式，就是为了要抵达婉约和谦逊的作用。英语和汉里有很多类似的句子，来对比以下句子：

（1）她很胖。She is fat.He is short.

（2）她不瘦 .She is not thin

句（1）表达了真实情况；句（2）表达的意义并不很明确，由于这个否定词而使话语变得意义模糊，因此产生了句（2）比句（1）更加委婉和客气的效果。

4.附加语

表达"请求"的汉语话语后面常常附加一些短语，如"好吗""行不行""行吗""可以吗""好不好"等。这些附加语的功能是用于缓和语气。英语中也有相近的附加语。譬如：（1）Open the box,if you won't mind it.

Get here later before hospital,if you can.

后天早上七点出发，行吗？

（4）顺便帮我寄一下这封信，好不好？

从实际交际的情况来看，如果把上述例句的附加语去掉，这些话语的语气就没有那么缓和了，而且给人不礼貌的感觉。

汉语中的附加语与英语中的反意疑问句的基本功能有一定区别。英语的反意疑间句的基本功能是对话语的事实或观点提出疑问。

在实际的言语交际中，怎样才能推导出交际中话语的会话含义？这是一个很值得关注的问题。在英语学习中，学生往往重视句子的字面意义，认为句子就是陈述、描写的，而忽略了话语的会话含义，忽略了语言的"以言行事"的功能。当有人问道："What does this sentence mean？"（这个句子是什么意思？），这是要了解句子的字面意义；当有人问道：

"What do you mean by saying this sentence？"（你说这句话是什么意思？），这就是询问说这句话的用意何在。也就是说，我们要想了解话语的语用含义，我们首先从说话人的用意着手。

例如：The teacher has come back. 那位老师回来了。

这句话的字面意义很简单：那位老师回来了。但是，我们还要了解说这个话语的用意：为什么老师要回来？老师回来对听话人会产生什么影响？言语行为理论认为，不管是陈述句、祈祷句和问句，在不一样的情境中通常表示出不一样的话语意思，还有推导出话语的会话含义的一个重要方面是看这个话语在特定的语境中是否违背了会话的合作原则。一般认为，人们在言语交际中通常遵循会话的合作原则，但是在实际交际中，一旦出现违背合作原则的情况，我们就可以推导出说话人说出这个话语的用意，即会话含义。就以上例句而言，其会话含义有可能是：（1）老师来了，我们可以开始上课了；（2）老师来了，我们的难题可以得到解决了，等等。

[协作准则][Cooperative Principle]

"协作准则"是由美国哲学家在 1950s 创造出来的。在他的观点里，在全部的言语社交情境中，讲述者和受述者里有一些理解，这是讲述者和受述者普遍会恪守的准则。格莱斯将这个准则叫做对话的协作准则。"协作准则"能够将其划分为四条基础原则：数目原则（Quantity maxim）

（1）禁止讲自己明白是不真实的话；（2）禁止讲不能被证明是真实存在的话。

数目原则（Quality maxim）：

发挥自己所有的能力确保自己所说话语的准确性。

（1）禁止讲自己明白是不真实的话；

（2）禁止讲不能被证明是真实存在的话。

关系原则（Relation maxim）：说出的话合乎逻辑。

方法原则（Manner maxim）：说出的话表达准确，内容分细致

（1）防止出现艰涩的词汇

（2）防止出现词汇意思的差异

（3）句子精简

（4）语言逻辑清晰

这些准则是人们在言语交际中大多遵守的几条约定俗成的规约。在社交里，我们希望讲述者所描述的事件和所谈论的主题相符，希望讲述者讲述的东西没有涵盖自己储备的知识以外的东西。然而在真实的社交里，上述原则很多时候都会被背离真实意义。上述原则被违反总是会出现出会话含义。现在来谈谈违背四条准则而产生会话含义的情况。

（1）违背数量准则

某学生请他的哲学教授为他写一封推荐信，证明他在哲学方面的学习情况。这位教授写道：

Dear Sir,Mr.X's viewpoint in English is perfect and his present at this one place is quiet normal.

Yours，ete.

上述教授并没有说到这位同学在哲学里的状况，违背了数量准则而产生的会请含义是：这个学生的哲学成绩很差。

（2）违背质量准则

看看下面的对话：① Beirut is in Peru，isn't it ?

② And Rome is in Romania，I suppose. ②显然是故意违背了质量准则。①可从②的话语中推导出其会话含义：A 的话语非常荒唐。

（3）违背关联准则

有时候双方的言语交际似乎毫无关联，但是实际上，一方故意说出与话题无关的话语，听话人可从中推导出其会话含义。例如：① Mrs.Peg is an old bag ② The clothes has been very beautiful in this shop,hasn't it？

在这个对话中，双方的话题显然没有什么联系，但正由于这个无关联，听话人推导出其会话含义②不愿意与①讨论这个话题。

（4）相悖方法原则

分析这一段对话：① Let us make them something.

② Yes,but I am against C-A-K-E.

②未明确讲出蛋糕，只是用不同的方法表述，直到令他们想出这句话的意思：我们不会让他们吃蛋糕的。

第二节　英汉礼貌言语行为对比

礼貌（politeness）是语言中的言语行为表现得谦虚恭敬的普遍现象。从事语用学、社会语言学和人类学的学者认为，说话一方使用"吁请""吩咐""倡议""告诫"等语言来进行行为表示的具体方式表达和反映了交际双方的关系特征。礼貌的中心概念就是"面子（face）"问题。"面子"被认为在社会交往中发挥着非常重要的作用。它具有正面面子（positive face）及负面面子（negative face）两种含义。正面面子是说进行讲述的那一方具有旁人能够认同、赞许其形象与行为以及能够被视为同一群体的成员的愿望；后者指说话人的行为和价值尽可能少地受到强制或干扰。面子和礼貌总是与特定言语行为密切联系。而且由于文化和语言的不同，其表达方式很难把握。这主要表现在跨文化的交际中，我们可能把英语说得非常流利，但是，如果我们不能驾驭学习语言中的礼貌原则，对待别人的请求就会表现得无礼或唐突；赞誉别人也显得滑稽可笑。

一、英汉家庭称谓和社交称谓的语用对比

称谓是人们在相识或交往中不可避免地要面临的看似简单的问题。家庭称谓是指在家庭内部成员之间相互的称呼语；社会称谓是社会群体内人与人之间在言语交际中的称呼语。它对人际关系的建立有着非常重要的影响，甚至有决定性的作用。现在，让我们来看看英汉语言中是如何运用称谓进行交际的。

（一）英汉家庭称谓差异

在用英汉语言进行交际时，由于文化背景不同，家庭称谓的词语常常在交际双方理解称谓意义方面造成很大的难度。汉语中的很多称呼语表达了较具体的关系，而英语却没有这样的对应词，因而影响了交际的顺利进行。我们先来看看下面的英汉家庭称谓对照表：

表 4-1 英汉家庭称谓对照表

汉语词	英语词	英语释义		
祖父	grandfather	paternal grandfather		
外公		maternal grandfather		
祖母	grandnother	paternal grandmother		
外婆		maternal grandmother		
伯伯	uncle	paternal uncle	father's brother	elder brother
叔叔				younger brother
姑父			husband of father's sister	
舅舅		maternal uncle	mother's brother	
姨夫			husband of mother's sister	
婶子	aunt	wife of father's younger brother		
伯母		wife of father's elder brother		
叔母		wife of father's younger brother		
舅母		wife of mother's younger brother		
姑妈		father's married sister		
姨妈		mother's married sister		
堂姐	cousin	elder sister on one's pateral side		
堂妹		younger sister on one's paternal side		
堂哥		elder brother on one's paternal side		
堂弟		younger brother on one's paternal side		
表哥		elder brother on one's maternal side		
表弟		younger brother on one's maternal side		
表姐		elder sister on one's maternal side		
表妹		younger sister on one's maternal side		
哥哥	brother	elder brother		
弟弟		younger brother		
姐姐	sister	elder sister		
婶子		younger sister		

从上述英汉对照表可以看出，在汉语文化中，存在一定血缘关系的人即亲属之间的称呼较之于英语文化，就显得尤为全面、复杂与多变。如汉语中

对于堂、表之类的关系来讲，从以上对照表可以看到，汉语有八个不同的称呼，而英语却只有一个词"cousin"统称之。实际上，以上只是部分亲属关系，更多的还没有被列出来，如隔辈的祖父母的兄弟姊妹、同辈亲属的配偶及子女等更细繁的方式来区别亲属关系，给英汉言语交际造成了很大的困难。这是英汉家庭称谓的差异之一。英汉家庭称谓的第二个差异是：在汉语文化中，同一个辈份的亲属之间还需要按照年龄的大小来进行称谓的区分，比如大哥、大姐、三弟、三妹等的区别。英语当中则极其粗略，不需要根据年龄来分别称呼。家庭中同一个辈份的男性都叫做"brother"，同一个辈份的女性都称呼为："sister"。汉语中将年纪长于父亲的长辈称呼为"伯伯"，将年龄较父亲小的称呼为"叔叔"，但是在英语中，无论年纪大小，都称呼为"uncle"。

（二）英语和汉语在社会生活中的言语交际差异

社会称谓理所当然要受到社会、文化的影响。在同一社会群体中，任何言语交际都无不面临相互间约定俗成的、适当的称呼问题，而交际双方的关系也因此得到建立和维护。但是，在跨文化的英汉言语交际中，由于社会文化背景不同，社会称谓已成为一个不小的问题而受到重视。

我们先来看看在英语社会里人与人之间在称谓上的变化：在英语社会里，人们初次见面或刚开始相识的时候，常常使用"Sir""Madame""Mr. x""Mrs.""Dr.x"等，但一般不用"comrade"或"master"，当交际双方比较熟悉后就去掉姓，而直呼其名，如："Peter""John"等。如某人姓名是：Jacob Mey，初次见面或在正式场合介绍此人时称他为Mr.Jacob Mey，当双方熟悉后，称呼就用Jacob，有些中国人在英语国家时被称作"Zhang"或"Chen"，便误认为对方不懂礼貌。实际上，这表明交际双方的关系已经很熟悉，因为英语国家人名在前，姓在后，对方误以为Zhang，Chen是名。在汉语中，当人们初次见面或刚开始相识的时候，通常称呼"同志""师傅"或称呼经人介绍的职务等，比如"王主任""张所长""江师傅""刘小姐""夏女士"等。但是当人们开始逐渐熟络起来，他们对对方的称谓也会发生一定改变，比如变成了"小夏""老王"等等。甚至当他们的关系熟络到了非常好的地步时，他们对彼此的某些信息了解得比较详细，可能就直接称呼对方的小名、给对方起绰号等。而且，在汉语的社会群体中，人们已经把家庭亲属称呼扩大到社会交往中，例如，在陌生人之间按照年纪长幼，会对不同的性别及群体称呼为"爷爷""阿姨""弟弟""姐姐"等等。

（三）英汉称谓运用原则

了解了英汉之间家庭称谓和社会称谓的差异之后，我们应该逐步在英语学习中以及在英汉言语交际中学会如何正确使用称谓进行交往，努力掌握跨文化的交际原则。

称呼问题是我们进行交际时首先要解决的问题。无论多个人或者双方之间存在什么关系，对彼此进行较为正确合适、对方能够接受甚至喜欢地称呼很大程度上有助于为其友好关系创造一个良好的开端，也有利于对其关系进行维护。反之，言语交际也就很难顺利进行下去，解决好称谓问题也就意味着成功的交际有了一个好的开端。

我们已经认识到了英汉交际中称谓的差异，但是，为了进一步提高跨文化的交际能力，我们应当掌握英汉交际中称谓的运用规律

1. 英汉语称谓差别

社会文化不同，英汉交际中的称谓肯定会有区别。了解到英语当中不像汉语那样强调"长者为尊"的观念。所以我们不应当照搬汉语的称谓运用规律。在汉语环境中，家庭中对亲属的部分称呼同样也能够适用于对社会生活中各类关系的称呼。例如，对陌生人，男性可以称呼为"爷爷""叔叔""小哥哥"等，女性可以称呼为"阿姨""小姐姐""奶奶|等等。但是，这种情况和英语环境有着截然不同的区别。它们一旦运用到英语环境中无疑就产生了对语言的错误使用。因此，对于汉语中常用的爷爷"Grandpa"、解放军叔叔"People's Liberation Army Uncle"、护士阿姨"Aunt Nurse"等等用法会让使用英语的国家及人们无比困惑。

2. 英语和汉语对于"老"字存在差异化认知

在中国国内，"老"字是见多识广、足智多谋的同义词，是一个让人尊敬的字，因此熟悉的比说话人年长的人可以被称作"老。而英语国家人不仅不愿别人说自己老，反而讨厌这个字。在英汉交际中要尽量避免类似的说法。

3. 英汉职业称谓差异

汉语中，有很多表示职业的词可用作称谓，如"汪老师""黄工（程师）""赵处（长）""田会计""王木匠"等，但是这些称谓在英语中不能用作称呼语。常用于称谓的有 Proessor 教授），Doctor（大夫、博士）、Captain（船长、陆军上尉、空军或海军上校）等。至于 Engineer（工程师），Teacher（教师）、Accountant（会计）等词语却不能用作称呼语，否则就会出现交际失误。

4. 英汉昵称差异

汉语中，关系很密切的人之间常使用昵称。英语中也有昵称现象，只是其格式与汉语不尽相同。英语中主要有以下固定格式：

（1）使用名字的第一个音节。例如：Edward-Ed；Timothy-Tim；

（2）在名字的第一个音节后加上"y"。例如：Jennifer-Jenny Andrew-Andy；

（3）使用名字的其他部分。例如：Anthony-Tony。

在汉语中，我们通常将那些较为年长的人称呼为"爷爷""奶奶""大爷""大娘""大伯"或"老人家"等是很平常的事，但是把这种称呼词语套用在英语国家中就会出现语用上的失误。例如：一个初到英国的留学生称呼他的房东太太为："Grandma"。房东太太回绝了他，宁愿这位留学生直呼她的名字。这种像"Uncle Worker""Aunt Nurse""PLA Uncle"等的称呼词语如果用在英语本族人当中会让人觉得不可思议、莫名其妙。因此，在英语群体中使用称呼词语一定要留意英语称呼词语的运用规则，不随意把汉语称呼词语的运用规律套用在英语中，深入认识英语国家的文化对称呼词语的影响。

[文化制约原则][Principle of Cultural Restriction] 由于各自社会环境及背景的显著差异，英语和汉语的使用在一定程度上反映了其各自国家及社会的文化内涵，也受到其一定约束，特别是在对人的称呼的问题上。所以，那些母语不是英语的国家在使用英语进行社会交际时一定要了解并尊重英语国家与我国文化的差异性，从而进行正常、顺利的社会交往行为及活动。还要对某些特殊的称谓的适用情况进行一定学习，从而让其符合英语应用的准则，切忌与汉语的称呼一概而论。还是因为各自文化存在不同，英语语言中的家庭称谓和社会称谓远不如汉语的那么丰富和复杂。比如，对于和父亲同辈的男性长辈，在汉语中根据年龄大小可以称为"大伯""小叔"等等，但英语中却只有"uncle"一词来代表；在汉语的社会称谓中可以说"王木匠""张会计""李工（程师）"，而英语的社会称谓中却没有这样的称呼。如上所述，我们在对英语开展学习与研究时，不要仅仅停留在表面，更要深入了解、学习、体会到其映射出的国家及社会的文化背景及内涵，从而有助于我们在使用英语进行交际时不会出现违背其使用规则的行为。

二、英汉日常交际语的语用对比

英汉日常交际语，从某个侧面看，是了解英汉话语中语用功能差异的窗口。英汉语言生长在不同的文化社会里，因此，在这两种不同文化的社会环境里的人们相互问候、告别、感谢、请求以及致歉等都有很大的差异。日常交际语的这些语用功能可以通过不同的言语交际形式和内容来表达。在不同语言中，人们按照不同的语用原则进行交际。本节将通过对英汉日常交际语差异的讨论，进一步考察语用原则在英汉的言语交际中的运用。

（一）英汉问候语和告别语的语用对比

人们每一次交际都离不开相互问候，英汉语言产生于不同的社会文化背景，因而在言语交际中的问候在形式、内容上存在很多异同。

1. 问候语

它指的是需要开展交际活动的双方在碰面时以此来表达各自对彼此的关心的语言。没种语言中及其文化中都具备一系列问候语。英语和汉语当然也会通过不同的表达方式来相互问候，从而促进人际关系。我们来找出英语和汉语中常见问候语的不同与相同：

表 4-2 英汉常用问候语的异同

英语常用问候语	用法
How do you do？（您好！）	陌生人初次见面时用
Hi/Hello（喂 / 你好！）	熟人或朋友见面时用
Good Morning！（早上好！）	熟人上午见面时用
Good afternoon！（下午好！）	熟人下午见面时用
Good evening！（晚上好！）	熟人晚上见面时用
How are you？（你好吗？）	熟人或朋友见面时用
How are things going？（一切都好吗？）	熟人或朋友见面时用
How are you doing?（你过得好吗？）	熟人或朋友分别一段
How is your wife？（你妻子好吗？）	时间后崇奉时用
汉语常用问候语	用法
您好！你好！	熟人或朋友见面时用
（你）早！早上好！	熟人或朋友同辈见面时用
您早	长辈或上级见面时用
（你）吃了吗？（你）去哪里（你）干什么去	熟人或朋友见面时用

在跨文化交际中往往由于问候方式、问话内容而出现一些交际失误。中国人在问候别

人时常用上述话语。这些只是打招呼的方式，其实并不是真想知道句子表达的意义。从语用学的角度考虑，中国人讲这句话的语用功能是"问候"，表示说话人对交际对方的关怀。所以，对方无论从哪个方面都可以进行回复，也没有一点尴尬。但是使用"What are you doing？"（在干嘛？）、"Where are you going to eat？"（你打算去哪里吃？）这种问候语来进行英语交际中的问候时，它们就不同于汉语的语言含义了。在英语国家，这些往往都会被进行含义的深入理解，从而使其认为是"倡导"或者"跟循'从而双方共同开展某个活动及行为。他们听到这样的话后没有看到进一步的行为会觉得很古

怪，有时会很不高兴。如果我们不注意英汉语言的问候习惯，上述的误会就会很容易出现。所以，这要求我们一方面要对英语的问候语开展深度理解与研究从而能够合理使用；另一方面，要能够比较清楚地分辨英语及汉语问候语的差异及不同，从而促进良好的言语交际的开展与进行。

2. 告别语

从英汉交际的问候语可以了解到英汉向候语的不同形式和内容可能造成的交际失误。告别语也能表现出两种语言运用而产生的交际失误。请看英汉常用告别用语的异同。

英语常用告别用语：Good bye！（再见！）

It's nice meeting you. 或 It's nice to have met you.（见到你很高兴。）

See you！（再见！）So long！（再见！）

See you later/tomorrow！（呆会儿再见！/明天见！）

Please say "hello' to your family.（请替我向你的家人问好。）

I'm sorry I have to go now.（对不起，我得走了。）

汉语常用告别语：晚安！下次再见！恕不相送！一路平安！珍重！后会有期！

从上述英汉常用告别语来看，各自都有不同的侧重。如果把汉语告别语翻译成英语并用于跨文化交际之中，比如，"We shall meet again some day" "May a favorable wind send you safely home"，"Hold dear" 等等，英语国家的人会觉得格外奇怪或难以接受。此外，告别语在汉语中的使用比英语更为详繁。这主要是由于社会文化的差异所致。英语国家的人在社会交际中遵循的礼貌原则是要具备良好的修养、言行举止要得体大方、要具备一定的绅士风度。而在汉语文化中，尤其是古代，礼仪被看作治国之本，直接影响到中华子孙的行为方式。由于这种礼制观念的影响，中国人处处都以礼为出发点，事事都从礼的角度来考虑。因此，汉语日常的言语交际受到这样的影响也就不觉得奇怪了。

（二）英汉致谢语和答谢语的语用对比

英汉言语交际中，说话人表达谢意的内涵以及因为致谢所作出的反应各不相同。现在，我们就来讨论这些问题。

1. 致谢语

它指的是收到他人帮助与恩惠后来表达对其谢意的语言。当然，它在英语和汉语的使用中也存在相当的差异性。英语国家的人们几乎张口就是"Thank you"，句句不离，对其进行极为广泛地使用。无论是什么情况或者人际活动，"Thank you"（谢谢）、"Thanks a lot"（多谢）、"Thank you very much"（非常感谢）等都可以广泛地适用，其理由就是遵守礼貌原则。在汉语中，代表感谢的词语非常多，常见的有"有劳""承蒙关照""麻烦了"等。但是，汉语中的"谢谢"不像英语那样处处使用，有时还须谨慎使用。有几种场合是不适合道谢的：

（1）交际双方的关系越亲密就越不用，比如家庭关系中长辈与晚辈、一方及其配偶、同辈的兄弟姐妹等等。这种亲密关系中如果经常表达谢意，那么普遍来看则代表其关系具备了一定的隔阂。比如：丈夫需要读报纸，找不着眼镜了。妻子从卫生间里找到了丈夫的眼镜并交给了他。如果这时丈夫说声："谢谢！"妻子就会觉得莫名其妙，反而会生气；假如这是在英语国家，在这种场合说声"Thank you"是一件很自然的事情。从这个实例看，英语国家人很讲究礼貌原则，事事表现得以礼待人，其语用功能就是"感谢"，而中国人更重视人际关系。人际关系越亲密就越少用致谢语。如果在这种场合说"谢谢"，其语用功能就不再是"感谢"，而是让人误解成故意疏远他人的表达。

（2）汉语中，在受到别人夸奖或赞扬时一般不表示谢意，其原因就是担心给别人一种不谦虚的印象。例如：小王穿了一条漂亮的裙子。她的美国教师在教室门口遇到她。美国教师：Oh，how beautiful your skirtis！

（啊，你的裙子好漂亮！）

小王：No，no，just an ordinary one.

（不，不，只是一条普通的裙子。）

从小王来讲，她认为，美国教师的话是恭维她的裙子有多漂亮，回答恭维话自然应当谦虚一些；从美国教师这方来说，小王的回答让美国教师觉得裙子漂亮或不漂亮她都分不清了，简直就是怀疑其鉴赏力。实际上，美国教师遵守的是格莱斯的"合作原则"中质的准则，即：尽可能使自己所说的话是真实的。她看到小王的裙子的确漂亮才如此说。而小王遵守的却是"礼貌原则"中的自谦原则，指的是一定程度地减少对自己的夸赞，增加对自己的反思与评判。小王的说法在汉语环境中是很得体的，但在跨文化交际中却出现了交际失误。

（3）在自己的工作范围之内的事情一般不要表达谢意。换言之，讲述的那一方如果对于在责任范围之内应该做到的事致谢，会让人感觉过于客套，有点奇怪。譬如，如果在线下购物时，顾客对销售人员表达谢意会使其觉得十分不自然。正确的做法应该是销售人员向顾客表达谢意来谢谢其选择了本店的商品。但是，随着社会越来越开放，外国开放的风气传入中国使友好的社会氛围越来越浓厚。中国人对致谢语的使用越来越频繁与广泛，即便工作范围内的也是如此。

2. 答谢语

英汉交际时的答谢问题和致谢语一样，常常也和英汉两种语言的文化差异有密切的关系。一般而言，在对方表达谢意后，英语一般这样回答：

Don't mind it. 不用在意。

As easy as a pie. 小事一桩。

I'm glad to do this. 很高兴做这些。

其中，英美人在使用这些答谢语时也存在一定不同。比如，美国人经常使用的是 You're welcome，而英国人经常使用的是 It's my pleasure。此外，汉语常常有下面几种回答语：不谢不谢。

小事一桩。

不麻烦。

应该的。

很高兴能帮到你。

不足挂齿，

据上文所说，在汉语环境中，当讲述的那一方被表扬时，常常代表了"谦虚"的意思，这是符合礼貌原则中的谦虚准则的。但是，正因为汉语中这个谦虚，与英语国家人恪守合作原则的质的准则的冲突，从而造成了英语和汉语交往活动中某些表达谢意的行为的错误发生。比如：

某个活动中突然增加了一位专家来进行其相关成果的讲述，他在开始和结尾都说：I'm sorry that I have disturbed you.

对不起，我打扰到大家了。

在汉语里，我们作报告结束时为了表示谦虚，都要用一些谦辞。这是汉语环境下的客套话，很自然、很正常。说话人以此表示"谦虚"的语用功能。但是，在英语环境下，人们通常都难以接受这种谦虚。他们会按照他们遵循的有关准则来思考：是不是专家认为他们对其讲述内容一窍不通，所以说打扰到他们？说话人既然知道打扰到了他们，那为什么还要来打扰呢？换言之，专家如果觉得打扰到参与者了，那怎么还来进行讲述呢？在这种情况下，英语国家的人一般都明确地向参与者致谢，说句"Thank you"或者其他相近的谢语，例如"1'm glad to you like my talk"等。另外，英语中的答谢比较直接，但在汉语中有些说法让英语国家人很难堪，比如说像"不足挂齿"，它的英语翻译为：Not worth mentioning. 运用英语国家的语言规则来解释，就成了"不值得被提到。"因此，他们会感到十分奇怪与不自然。这就体现了英语与和语言用法及含义的显著差异。上文还说到，在汉语中，工作范围内的事情不需要表达谢意。因此，讲述的那一方想借此说："这是我应该做的，不用客气。"真实情况是汉语中的这种表达体现了表达谢意的那一方的尊重与礼貌。

许多英语学习者很想和英语国家的人交流来练习英语，然而，由于他们不知道选择什么样的话题，初次见面就常问下面的问题：

（1）Where are vou from

（2）How old are you？

（3）Are you married？

（4）How many children do vou have？

（5）How is your income status？

（6）Which brand is your mobile phone？

（7）What did you buy？

上述都是英语国家人在交际中尽量要回避的问题。在他们看来，这些问题冒犯了他们所注重的隐私。中国人之所以问这样的问题是出于向交际对象寒暄或表达关心。英语国家人听到这样问题的反应与中国人不同，认为这些话语的功能是"询问"。这种语言运用的冲突主要是由于不同的社会文化背景所致。因此，为了消除这种文化冲突，我们在英语学习的过程中也要逐步了解和学习一些英语国家的社会文化知识，以便在英语交际中减少和消除交际失误。

[隐私回避原则][Principle of Privacy Avoiding]

中国人往往出于关心常用上面的问题来表达问候。但是，在与英语国家人的言语交际中，有些话语是不能直接用于交际的，这样会让人觉得不礼貌。因此，在这样的言语交际中为了使交流顺利进行，要尽量回避询问那些涉及个人隐私的问题。那么什么是个人隐私呢？不同文化背景的人有不同的认识。英语国家人认为上述问题就是触犯他们的个人隐私，而中国人却认为这些问题恰恰是用于关心交际对象的手段。了解这个文化上的差别对于英汉言语交际顺利与否是很重要的。

第三节 语用失误与英语学习

在探索和研究英语时，我们不能只知道如何合适使用语言用法。在真实的语言交往与人际关系中，不同的语言用法能够代表相同的语言含义。因此，在英语交流与人际交往中，我们如何使用多种多样形式的英语语言来进行人际交往就显得十分重要。换言之，我们应该清楚各种不同的语言情境该运用哪种具体的语言形式，以此来遵循其规则，进行合理正确地运用。不同的文化之间使用各自的语言来开展交流与人际交往，除了以其发音、语言的结构方式及语汇为出发点之外，更要深入对其遵循的原则、语言用法及形式的学习，有助于在言语交际中的正确、合理运用。英语和汉语在其结构和用法体系这两方面存在显著的差异性，并且它们都只遵循自身设置的规则，各自都具备一定的独特性。很多使用英语的人，特别是母语不是英语的那些人，他们或多或少都不够了解英语语言文化及其内涵，不能较为正确及合理地将其用于人际交流与交往，从而容易导致在对其进行使用时产生错误，进而不利于交往活动的正常开展。在言语交际中，一般都存在一种错误行为，称为语用失误（pragmatic failure）。它指的是语言表达形式不合适、没有按照语用规则来进行使用从而造成交往活动效果不佳受到影响的一种错误。它主要出现在两个方面，即语用—语言及社交—语用。本章拟用语用学的有关知识，从使用原则、不同性质的活动及大脑的思考方式等角度出发，来对其开展语用失误的对比及研究，并探讨语用失误与外语学习的关系。

一、英汉语言语用失误对比

使用者在使用语言进行人际交流与交往时，普遍来说，都要与具体的语言情境紧密联系起来，从而有助于对其进行合适、正确地运用，以便于能让交际对方能够明白自己的意思。而语用失误指的是英语非母语使用者或多或少不够了解其语言文化及内涵，详细来说体现在下面几个方面：（1）使用模式不正确；（2）对完全句的适用情况不了解；（3）讲述的那一方想要阐述的意思没能被听众明白；（4）讲述方将相同的形式理解成了相同的语言用法及功能；（5）讲述方错误地添加句子成分，是交际对方不能清楚地理解其想要表达的意思等等。

（一）使用模式不正确

英语和汉语由于其文化背景及内涵的显著差异，所以在不同的情境下使用模式有着极大的不同。各种语言在不同的场合存在不同的使用模式。譬如，在广泛运用英语的国家中，人们点餐或者点酒时，通常不直接说道，而是以一种较为委婉的方式：

（1）Could you give me one glass of orange juice？

（2）Would you offer me a beer？

但是，汉语交际环境中不用这样的间接形式，其语气比英语更直接：

（1）给我来一杯橙汁。

（2）请给我上一杯啤酒。

在这种情况下，如果我们将英语语言替换到汉语语境中，说："你能给我一杯橙汁吗？"便不符合中国人的日常言语习惯，极不自然。反过来，如果将汉语语言替换到英语语境中，说："来杯啤酒。"就会让人感受不到你的礼貌与尊重，不利于良好的人际交流。

（二）对完全句的适用情况不了解

许多对英语进行学习的使用者，在将其运用到人际交流与交往中时，常常会使用大量的完全句，但是他们并不清楚完全句会在特定语境中产生出话语的特殊的语用含义。在英语的学习过程中，老师们大力推广完全句的使用，并要求学生增加对其运用频率。但是，在各种场合中，它也具有不同的适用情况。很多情况下，它很大程度上会使听众理解到可能讲述方根本不想表达的含义。例如：

（1）Did you come to school very late this morning？

今天早上你很晚才到校吗？

（2）Yes，I came to school very late this morning.

是的，今天我很晚才到校。

格莱斯的"会话含义"（conversational implicature）有关理论指出，人们通过语言来进行人际交往时经常需要遵循合作原则中的有关准则。如果他们不遵循其规则，对此原则进行违背，那么就容易使听的那一方展开错误的理解与想象，即"言外之力"（illocutionary forces）。上面的例子就没有遵循其原则中量的准则（quality maxim），就是指使用的语言不能掺杂有其他不需要的信息。上面的回答就是添加了不必要的信息。因为其没有遵循合作原则，听众就很容易对其含义与内涵展开不正确的联想。所以其回答过于正式会容易造成对方误解他产生了许多种不好的情绪。想要避免或者消除这种误会呢，就只需要简单地回答一句"Yes，I did."，如此便可。

（三）听话人误解说话人要表达的"言外之意"

言语行为理论（Speech Act Theory）提出，生活中人们用语言进行人际交往的活动中不只是使用词语、句子或其他方式来对有关事物进行描述与介绍。但是真实情况是，它是多种行为活动的集合体。譬如，进行承诺、建议、下令、告诫、请求、要求等行为活动。我们来看看下面的例子：

（1）I'd like to know if you would mind taking something for me.

我想知道你是不是介意帮我捎个东西。

（2）I don't mind.

不介意。

实际上（1）的话语中的"言外之意"是请求（2）完成话语中的行为，即要求（2）为（1）寄一封信。听话人（2）把说话人（1）的话语误解为询问，而用"I don't mind"却不实施其言语行为。（2）最好的回答应该是去行动，真正做到其提出的行为，而不只是简单地进行表面答应。

（1）It's a nice day for a walk. 今天很适合散步。

（2）Yes，it's true. 对，确实如此。

（3）OK，let's go for a walk. 好吧，咱们散步去。

（1）的话语根据不同语境可以有不同的理解。如果把（1）的话语理解成具有"询问"的语用功能，就可以按（2），回答；如果把 A 的话语理解成"请求"的语用功能，则按（2），的形式回答，并实施其言语行为。

（四）讲述方将相同的形式理解成了相同的语言用法及功能

上世纪 70 年代中旬，克里珀和维多森两位学者就已经发表有关观点。他们认为教师在对某种语言进行讲述时，错误地将其具备同一形式的特征理解成了其具备相同的语言用法及功能，让许多学生形成了不正确的观念。例如，下令的意思需要以祈使句的形式来表示，疑问句代表了提问的意思。但是，真实情况是，每种语言都存在各种不同的表达形式，并不只是单一地将某种意思表示和某个表达方式捆绑起来。譬如，下面几个例子就都能够表达"命令'的意思：

（1）You should not do that next time.（否定句）

你下次不应当那么干了。

（2）Why don't you go back to your seat？（特殊疑问句）

你为什么不回到座位上去？

（3）You haven't finished your homework.（否定句）

你的家庭作业还没有完成呢。

（4）Do you want to come in？（一般疑问句）

你想进来吗？

（5）You might close the window.（肯定句）

你该把窗户关好。

另外，英语中的"Can you..."为非直接性且较为委婉的一种语言表达形式，在使用语言开展人际交往的过程中，代表着"请求"的含义。比如：

（6）Can you pass me the book？你能把书递给我吗？这句话的语用功能是"请求"，要求听话人完成递书给说话人的言语行为。但是，这种"can you"的语言形式在不同的语境中可表达其他的语用含义。例如：

（7）Can you drink coffee？（建议）

（8）Can you go shopping together with me tomorrow？（询问）

（9）Can you keep quiet always？（要求）

（10）Can you get off my fucking foot？（威胁）

（11）Can you run as quickly as Sandy？（询问）

（五）讲述方错误地添加句子成分，是交际对方不能清楚地理解其想要表达的意思

在英语中，某些表达方式应该是用来修饰文辞的，比如夸张和比喻等方法。但是，受讲述者没有掌握它在不同的语言情境下具有不同的含义，因而不利于清楚地表达自身的意思。下面是几个典型例子：

（1）My friend is stronger than a horse 我的朋友比马还强壮。（夸张）

（2）Jack runs as fast as a hare.

杰克跑得和兔子一样快。（比喻）

（3）Tom appears bold like a lion.

汤姆像狮子一样勇敢。（比喻）

前文所举例的语言存在修饰文辞的作用。但是，讲述者在利用语言开展人际交往活动时，在句子结尾添上"are""does""do"，使句子不再具备本来的修饰文辞的作用，从而对其进行了错误地运用，不能正确地传达自己想要表达的意思，导致了语用失误问题的产生，不利于与另一方开展良好的人际交往。

[讨论] 带否定的疑问句或反意疑问句在英汉语言中都很常用，看起来也很简单，但对这类问句的应答却反映出不同语言思维方式上的差异。例如：

（1）A：Aren't you going to have breakfast，Chen Hong？

B：Yes，I am not

（2）A：约翰，你不去散步吗？

B：不，我不去。

例（1）是英语学习者之间的对话，例（2）则代表了汉语学习者。前者很明显，没有遵循英语的有关使用规则，后者亦然，违反了汉语使用规则。此问题的产生是因为两种语言针对此类问题进行"是"与"否"的回答时，出发点和根据点存在显著差异。在英语环境中，针对此种疑问句的回答重点是阐述自己对其的意向，而不是针对对方进行询问。例（1）中，如果说话人打算吃早饭就说："Yes，I am"如果不打算吃就说：

"No，I am not"，不考虑是否与问话者的语气相承。所以英语中回答"Won't they come t school？"或"They won't come to school，will they？"时，

或者是"Yes，they will"或者是"No，they won't"，而在汉语环境中对此种疑问句进行回答时，指的是对讲述者提出的问题进行回答。如例（2）的肯定回答是："对 / 是的，我不去"；反之。则答道"不，我去"。在使用英语和汉语进行人际交往时之所以会产生类似的语用失误，重点在于英语学习者按照汉语的思维习惯讲英语，而英语国家人在回答这类疑问句时却按照英语的思维习惯讲汉语。因而在回答"你不去散步吗？"这样的问题时，就会产生上面提到的对语言存在不当运用的情况。因此，在使用英语对此类问题进行回答时，要主要考虑自身的意向，从而有效减少甚至消除此类错误的出现，进而促进语言交际。

[意向原则][Principle of Intention]

它说的是在使用英语进行人际交往的场合中，在对带否定词的疑问句或反意疑问句进行回答时，讲述者必须清楚地明确自己对其有关问题的具体意向。肯定的意向就回答"yes"；如果是否定的就回答"no"。例如：A：Didn't you come to school yesterday？你昨天没到校吗？

B：Yes，I did. 不，我到校了。

B：No，I didn't. 是的，我没有到校。

说话人如果到校了就应按 B，回答：如果没有到校就应按 B，回答。汉语的回答"是"或"否"是说话人针对这个话语的态度，即：同意这个说法就回答"是"，反之就回答"否"。

二、英汉社交语用失误对比

英语和汉语受其各自独特的社会背景及文化内涵的影响，其语用功能具有显著差异。如果对英语进行学习的使用者没有深入学习英语国家的具体环境与社会背景，就很容易在言语交际的过程中造成一些错误的发生。这些语言的错误运用主要体现在下面几个方面：（1）无法依据其有关使用规则来开展应用；（2）无法按照不同的情况与场合来合理、正确地开展应用；（3）将汉语运用的有关规则与英语一概而论，盲目使用。

（一）无法依据其有关使用规则来开展应用

在人们刚开始学习英语或者已经掌握了比较浅显的英语知识的情况下，这种对语言进行错误地运用的现象经常发生。处于这种阶段的学习者和使用者，只是理解到了英语最表层的一些知识与运用，没有深入去学习其背后的文化背景与内涵。因此，就非常容易产生许多应用上的失误。比如：

（1）背景：一个中国学生在路上遇到他的外籍教师。为了表示问候，他说：Hi，how are you getting on？

问候语一般都是使用模式化的言语。上述话语并不是客套用语，而只是被应用在讲述方向聆听的那一方提问问他手头上在进行的工作完成的怎么样了的情况下。因此，上述问候方式显然在英语国家不合适使用。

（2）语境：一名年轻人和一位老人在同一时间都需要上公交车，年轻人对老人说：You go first.

在英语国家的社会交往中，如果想要表达让对方在自己之前进去某个地方或者上车，通常情况下，说的都是"After you"。这是固定的、不能轻易改变的，是受其社会文化背景长时间的发展而形成的。所以，我们要遵守其有关语言的使用规则，"入乡随俗"，切忌按照学习者自身日常的思维方式来进行使用。

（二）无法按照不同的情况与场合来合理、正确地开展应用

在使用语言进行人际交往的情况中，我们常常要有针对性地对不同的人、场合等等制定个性化的交际方案，并实施具体活动来促进人际交往的顺利进行。如果我们只是在意语言是否使用合适得体而没有结合具体情况及场合，也会很容易造成语言运用中出现许多错误。比如：

（1）语境：一个初来乍到的中国姑娘参加迎新活动需要去买一件漂亮的裙子。她对售货员说：Excuse me，could you show me a long beautiful dress for evening party？不好意思，请问你能给我看看有什么适合晚会的长裙吗？

上面的话语的确在我们看来，体现了那位女生优秀的品德素质。然而，在上述情况中，不要忽略了中国姑娘和售货员是顾客和服务人员的关系。顾客这样礼貌地向售货员表达自己的需要在这种关系中，是不符合两者的地位的，所以就出现了错误地运用语言进行人际交往的问题。对于这种情况，消费者只用简单地说一句："Evening dress,please."就足够了。

（2）情景：一位公司雇员想抽烟，对经理说：Mind if I smoke？介意我吸烟吗？

按照英语使用的有关规则来看，这种语言没有遵循礼貌原则，职工没有考虑到其工作地位和等级的差异。上述语言一般在双方地位平等或职位较高的人对职位较低的人所说这两种情况中才适用。因此，公司雇员违反了有关规则，没有结合具体情况来进行交际，从而出现了语用失误。

（三）将汉语的语言习惯套用于英语交际中

在学习和使用英语的过程中，中国学生经常会下意识地将汉语的一些使

用规则和表达习惯带入到英语中，从而导致与英语国家的人在进行言语交际时会出现语用失误的现象。比如：

（1）表达对同事的关心说："What are you doing？"

（2）对多年不见的朋友说："You haven't changed much！"

（3）见到拿着碗走进食堂的朋友说："Going to dinner？"

（4）到机场迎接远道而来的美国专家，说："You must be tired, I'm so sorry."

（5）和老同学重逢叙旧时说："Are you in love？"

（6）看到同学的脸色不好，说："Are you sick？"

假如上述话语用中文在汉语环境中使用时是非常自然的。我们习惯这种言语表达，但是，如果误将汉语的这些语言运用习惯套用在英语交际中就可能造成语用失误。上述话语的汉语意思分别为：（1）吃了吗？（2）你没变啊。（3）去吃饭吗？（4）你辛苦了。（5）你的个人问题解决了吗？（6）你病了吗？它们的表达的言外之意是：（1）问好，（2）夸赞，（3）问好，（4）爱护，（5）挂念，（6）挂念。但是一旦将这些放到英语语境下，就产生了截然不同的意思。第一个例子向听者表达了类似邀请的意思。这是汉语中的使用习惯，但是在学习英语的时候，就必须要根据其语言规则来进行运用。第二个例子在英语国家的人看来，和汉语中表示的意思恰恰相反，不仅没有让他们感受到夸赞，反而会让他们觉得你想表达他没有进步的意思。一般这时候可以说类似"You look as fine as before."这样的句子为好。对于例（3）、例（4），英语没有类似的表达形式。一般就说声"Hello"，或再加上几句祝愿的话"Have a nice dinner."等。例（5）涉及个人隐私，应当回避。例（6）的口气过于直接。

我们这时可以说："You look tired，are you OK？"

[讨论] 美籍留学生 Peter 在晚饭后来到小张的房间。在交谈中，Peter 对小张说："I's a nice day for a walk." 小张回答说："Yes，it is." 这时，Peter 显得有些失望。这是什么原因呢？实际上，Peter 是来邀请小张晚饭后出去散步的。但是，小张却并没有明白 Peter 的意图，主要是因为小张并没有根据交际的语境来推断 Peter 的话语意义。那么，在英汉言语交际中，我们怎么来推断说话人的交际意图呢？

[以言行事原则][Principle of Iloutionary Act]

以言行事（llocutionary Act）是英国学者奥斯汀发表的言语行为理论成果中一个重要组成部分。它指的是讲述方处于特定的场合与环境中时，依靠他所表达的一些话语产生某种行为。通常来说，这种行为包括叙述、下令、作出承诺、提出意见、遭受危险、邀请、问好等等具体活动。上述行为都是通过言语来完成的行为。说话人说出某种话语并非出于陈述或描述，而是在完成某个行为。例如：情景：Jack 的朋友在放学后约他出去玩。当他问妈妈时，他妈妈说：Have you finished your homework ？

从句子意义看，她妈妈是在问他作业是否完成，但根据这个语境，实际他妈妈是在发出"命令"，即：你应当完成作业后才能去玩。在不同的语境中，这个句子的话语意义就会发生改变，比如 Jack 的同学对他说这句话，其话语功能就会是"询问"。因此，学习者在利用英语开展人际交往活动时，一方面要清楚地理解到对方所说话语的字面含义。另一方面，还要结合具体场合与情况来对其所说话语的"言外之力"进行推测，从而使得在不出现语用失误的基础之上顺利进行交际活动。

三、语用失误与英语学习

在中国，教师在传授英语知识给学生时，一直以来都特别强调语言形式，教学重点一般都放在成分解析、运用规则和组成结构这几方面。这种情况下，学生的英语知识和有关素材的积累确实能够得以增加，但是，他们的实际运用能力相较之下，却十分薄弱。经验证明，如果我们想要真正地掌握英语这门外语，在学习其理论知识的同时，更要培养将理论运用到实际中来的能力，持续提升自身的英语素养。

语用能力即在真实、具体的情况下，针对某个特定的场合，运用有关语言来开展人际交往的能力。虽然许多学生都已经掌握了一定的英语知识，英语表达能力也很优秀。然而，如果他们没有深入去学习其使用规则，没有在特定的场合及不同的情况中使用不同的话语，就很容易导致语言地错误使用即语用失误。从而不利于同英语国家人士言语交际的顺利进行。现在来讨论在老师传授英语知识、学生进行学习的过程中怎样提高学生运用英语能力的问题。

（一）提升英语表达能力

学生学习英语的目的就是逐渐培养运用英语的综合技能，能够在跨文化言语交际中增强我们的交际能力。海姆斯（Hymes，1979）在谈到交际能力的四个方面时，指出其中一个重要方面就是语法能力（grammaticality），即：一个人具有的识别语言中某个句型结构是否符合该语言的语法规则的知识。语法能力相当于乔姆斯基（Chomsky）所提出的语言能力（competence），指一个人对自己语言的规则系统内在化的知识。具有英语的这种语言能力可以使我们在运用英语时更加符合英语的语法规则。这是我们运用英语进行言语交际的基础。如果我们要学好英语，真正掌握运用英语的交际能力，首先我们必须不断提高英语的语言能力，加强英语听、说、读、写四项基本技能的训练，逐步深入了解英语语言系统的变化规律和语法规则，在英语学习中，经常对英汉语言的语法规则进行对比分析，争取早日实现英语表达能力的提升。

（二）深入了解英语背后的社会文化背景及使用规则

上文提到，增强英语的表达与运用能力是利用其开展人际交往活动的前提条件。然而，得体地、成功地运用英语进行跨文化交际则是提高交际能力的必要条件。因此，我们的英语学习不只是一个语言学习的问题，而且还要在学习英语的过程中深入了解其文化背景和使用习惯，能够较为清楚地掌握在称谓、问好、离别、吁请、表达谢意、回复谢意、表达歉意、不同意等行为及活动中的使用规则和适用情况，将这些表达形式和实际使用的语言紧密联系起来。与此同时，还要在英语和汉语在被运用到人际往来活动中的使用规则和表达形式开展比较与分析，充分认识到英汉语言多方面的差别，以便加强和提高语用能力。

（三）将言语行为理论与英语学习紧密结合

学习者在学习英语的过程中，如果他们已经较为熟练地掌握了语言的表达和运用能力，那么进一步适当学习言语行为理论的基础知识，有利于帮助提高语用能力。

言语行为理论指的是上世纪 60 年代英国哲学家奥斯汀和美国语言哲学家塞尔共同发表的有关理论成果。两位专家指出，人们在运用语言开展人际往来时，不只是利用完整的语句或者其他形式来对具体事物进行叙述与描述。更重要的是实施像承诺、下令、吁请、提出意见、告诫、询问等等具体活动。奥斯汀将上述存在一定的作用的语言命名为"施为话语"（performatives），将叙述、描述、解释事物的语言命名为"表述话语"（constatives）。此理论指出，因为叙述者存在不同的用意（force），所以，每种话语都能够适用于用于言语行为的发生与执行。他还将此类由于受话语推动而执行的言语行为划分成下面几类：（1）言内行为（locutionary act）：使用合适的说话强调来讲述已经明确的语言；（2）言外行为（illocutionary act）：讲述者在叙述某个说出来的语言时具备的话语之外的含义；（3）言后行为（perloeutionary act）：讲述方叙述完某个话语之后对听取叙述的那一方产生的某种作用。例如：

（1）1 promise that I will come to see you next week.

我答应下星期来看你。

（2）I name this ship Elizabeth.

我把这艘船命名为"伊丽莎白号"。

在特定的语境下，说话人用正确的语调说出上述话语，这是言内行为；说话人说出这些话语实际是完成或将要完成某行为的实施，比如上面句（1）的"许诺"和句（2）的"命名"，这便是言外行为；听话人在听到这些言语行为实施后所作出的反应，就是言后行为。

许多语言学理论将语言视为是语音语调和语言意义的共同作用而成（描写语言学）。此外，还有许多理论认为语言是一个能够无止尽地产生尚未显露的语句的系统（转换生成语法）等等。语言运用学说是近年来才出现和兴起的一个新兴理论成果，它主要研究在特定的场合与具体情况之中，适用于开展人际交往的话语。因此，它格外注重语言环境的关键作用，指出话语能够被推断出的其他含义伴随着语言环境的变化而变化。所以，不同于在过往的语言学研究中将重点放在语言静态研究的情况，语言运用学说更加强调对语言开展动态研究。在英语学习中，我们不仅要系统地学习语言基础知识、培养相关能力，更值得被注意的是要提升将所学语言理论知识运用到实际生活中的能力，有助于我们深入了解、学习其文化背景和使用规则，减少甚至避免语用失误的产生，从而顺利地开展人际交往活动。此外，它还有利于我们未来对其进行更为深入而具体的研究与学习。

（四）避免语言形式学习的单一化

受到传统英语教学的影响，我们在英语学习中往往都孤立地分析和理解句子，而没有把句子与语境紧密地联系起来。我们所掌握的英语知识是以学到的语法知识和句型结构为基础的，按照传统的英语教学模式学到的语言形式进行言语交流。这样必然会阻碍语用能力的提高。我们个能用固定的语言形式来适应言语交际，而应该随言语环境的不同来使用不同的语言形式。我们来看看实例情景：一位学生到办公室找外籍教师 Rebecca 小姐，发现她不在那里，但看到另一位外教。这位学生对这位外教说：

"Exeuse me，sir，is Miss Rebecca in？"

当我们想询问某人在不在时可以使用上述问句。但说话人明明看到办公室里没有要找的人时，我们就不能不分场合地运用同样的语言形式。实际上，还有其他语言形式适用于这样的语境，如"Can you tell me where she is？"或者"Did you happen to see her？"

1. 语言形式学习与语境相结合

在语言能力提高的基础上，我们可以理解句子意义，但更重要的是学会识别句子在特定语境下的话语意义。句子意义在任何语言环境中都不会发生变化，而话语意义随语境的不同而改变。例如：There is a policeman at the corner. 街道拐角处有一个警察。

这句话的句子意义如上所示，在任何语境中，这个意义都不会改变。但是，它的话语意义会随语境的不同而发生改变。这句话要是对一个迷路人说，它的话语意义就是"你可以去问那个警察"，其话语的语用功能是"建议"；这句话要是对一个正在行窃的贼说，它的话语意义就变成"当心！警察会把你抓起来"，其语用功能是"警告"。

2. 语言形式学习与语言功能相结合

传统英语教学模式规定，不同的语言功能要与相应的语言形式等同起来，即：发出命令要用祈使句；要提问就用疑问句；一般疑问句要用 yes 或 no 回答；特殊疑问句要根据具体情况回答；等等。在实际的言语交际中并不是遵循这样的规律。请看下面的例句：

（1）Can you pass me the book？

你能把书递给我吗？（请求）

（2）Have you finished your homework？

你完成家庭作业了吗？（命令）

（3）Is this what a student should do？

这是学生应当做的吗？（抱怨）

上述例句都是疑问句，但它们在特定的语境中表达的语言功能有所不同。

3. 语言形式学习与文体相结合

言语交际不仅需要表达准确，而且更重要的是在交际中表达要力求得体。我们所说的得体，就是指在进行言语交际时选择适当的词汇、句型结构、语音语调等手段，以便交际顺利进行。这种选择要根据交际对象的不同而作出改变。例如：情景，学生写好了一篇论文，想请求导师为他批阅，说："Perhaps you could read through this by Friday."

也许你到星期五就读完了。

学生使用这样的句型结构，其语用功能是"命令"，因而造成了语用失误。实际上，学生对自己的同学可以这样说，但对老师却不适合。

4. 语言形式学习与文化习俗相结合

在英汉言语交际中，如果不了解英汉的社会文化习俗，思维方式以及观察事物的角度等差异，很容易出现人际交往中错误地运用语言的情况。此种错误在没有遵循其国家文化背景及使用规则的同时，还容易造成听者对讲述方想要表达的含义进行错误的感知与理解，因此不利于顺利推进人际交往活动。我们在英语学习中必须重视英汉语言运用的规律和差异。我们可以向英语国家人士介绍中国人的文化和社会习俗，使他们理解在交际中出现的某些与他们文化和习惯不同的现象，但我们并不必强求英语国家人士都必须按中国人的习惯去改变自己的思维和表达方式。例如，当受到他人的夸赞时，国人常常会谦虚、礼貌地回答："没有，没有""你过奖了"。而英语国家人常用"Thank you（谢谢）"。再如，英语国家人士不会觉得"How is your wife？"这样的话语是冒犯别人的隐私，相反还非常高兴地接受这样的问候，但在汉语群体中没有问别人"你妻子怎么样？"，因为这样的话语让人觉得讨厌。出现这种语用失误主要是因为语言使用者只注意语言形式，而忽略了对中华民族的社会文化背景的了解。[讨论]我们在进行跨文化交际时如何表达得更得体？如何准确地理解说话人的话语？这些实际上是我们提高言语交际能力的首要问题。归根到底，解决好这些问题的关键是真正处理好语境的问题。从语义学的角度来讲，话语的字面意义一般不会发生变化。传统的英语学习只是孤立地看待句子，强调句子的真实条件，把句子意义看成是静止不变的。然而若果从语言运用学说出发来进行分析，语言深度含义的明确随着语言环境的不同而发生改变。而且，语言学家奥斯丁认为句子有两类：施为句（performatives）和表述句（constatives），施为句是指那些能够以言行事的句子；表述句则是指那些具有"陈述""说明"或"描写"功能的句子。在特定的语境下，表述句同样也可以表达"以言行事"的语用功能。例如：It's a nice day for a walk. 今天很适合散步。

这是一个表述句，有"说明"或"描写"的功能。但在特定的语境下，它的语用功能有可能是"邀请"。所以，我们在言语交际中要将话语与具体的语境联系起来，了解产生话语的环境以及说话人的意图，才能真正理解话语的语用含义。

[话语意义原则][Principle of Utterance Meaning]

话语意义是语用学研究的范畴。话语意义受语境制约，是以句子意义为基础的，是真实的交际环境中句子抽象意义的具体体现。也就是说，话语的具体含义会伴随语言环境的变化而变化。例如：The weather forecast says it will clear up later！

它的句子意义如上所示，在任何语境中这个意义都不会改变。但是，它的话语意义会随语境的不同而发生改变。如果是对因为下雨不能出去玩耍而闷闷不乐的孩子说，它的具体含义就是"你可以出去玩了"，其话语的语用功能是"建议";如果是因为家里的衣服很潮湿而觉得浑身不适的丈夫对妻子说,它的实际含义就成了:"快把衣服晾出去晒",其语用功能是"命令",等等。可见,话语意义在不同的语境中会发生变化。

　　了解了话语意义之后,我们在进行跨文化交际时不仅要分析交际中的句子意义,而更重要的是注意根据不同的语境去推导出话语意义,从而使言语交际顺利进行。

第五章 影响英语写作的因素

　　英语作为中国学生最主要的一门外语，一直是我国学者研究的焦点。其中影响我国学生英语写作的因素也是学者们关注的重点。在诸多因素中，汉语思维和写作能力、英语水平、写作任务的设置及现代技术等对英语写作的能力和水平都有不同程度的影响。关于"能力"和"水平"的含义，根据新华字典的解释，能力是指个体能够有效学习并利用相关技能的特质。能力包括一般能力和特殊能力。一般能力指在日常学习和工作中需要运用的能力，如观察能力，注意力和记忆力等；而特殊能力是在完成特定的学习或工作任务时需要运用的能力，常常被成为一种个人的技能。水平是指业务、生产、生活等各方面所达到的程度，如水平相当、文化水平、生活水平、政策水平、提高水平等表达方式。那么具体到英语学习领域，英语写作能力是指学习者内在的掌握和运用英语知识技能进行英语写作的能力，而水平则是指学习者在英语写作方面所能够达到的程度，是一种外在的表现，是可以用输出文本的质和量来进行衡量的一个指标。英语写作能力和写作水平一个内一个外、互为里表，相互关联、互相解释。写作水平是写作能力的外在体现，而写作能力是写作水平的内在基础。所以在本章中，英语（写作）能力和英语（写作）水平会在不同的语境中出现。

第一节 母语对二语写作的影响

　　学术界关于母语对第二语言学习的影响，有三种不同的观点。第一种观点认为，母语在第二语言学习中主要是产生负面影响，因为母语的语言使用习惯、语言本身的结构、语法等都会影响第二语言的学习，学习者还有可能在学习中混淆母语和第二语言的使用规则等，所以持该种观点的学者建议二语学习者尽量摆脱母语的不良影响，提高第二语言的学习效率，第二种观点则认为，母语对于二语学习的影响不大，因为语言的本质是类似的，所以并不存在过多的干扰或不良影响。第三种观点提出母语对第二语言学习的有利影响，要远远多于不利影响，因为两种语言在某种程度上是可以找到共同点的，而这些共同点和联系，可以帮助学习者将母语的知识迁移到第二语言上，从而推动第二语言的学习。另外该观点还认为母语写作水平较好的学生在运用第二语言进行写作时，也能够有较好的成果。

一、国外相关研究

二语写作并非一个纯粹的二语思维过程，学生在二语写作中依赖母语思维的情况十分普遍。对此，国外的学者从不同侧面进行了多种研究。

国外有学者就对学生在二语写作中依赖母语思维是否有利这一问题进行了探讨和研究。该学者记录了四名以汉语为母语的学习者进行写作的过程，并在写作完成后和四位同学一一面谈了解同学们具体的写作方法，以及对于母语的依赖情况。而在对四位同学进行面谈和对同学们的作文进行分析后，发现更依赖母语思维的同学的作文，在内容、选词和结构上都表现得更为出色，而避免使用母语思维的同学反而在写作时受到影响，作文较为普通。

同时发现运用母语思维既不影响外语写作的时间，也不影响质量。上述两项研究结果都肯定了母语在外语写作中的积极作用。Cunming（1987）研究6名以以法语为母语的加拿大人使用第二语言即英语进行写作时得到结论，如果只是利用母语进行写作那么作文并不一定十分精彩，真正能够有较高写作水平的加拿大人，还使用母语进行第二语言单词的挑选。研究结果表明，对母语依赖性更强的学习者，往往第二语言的写作水平更高。这一研究说明在用英文作文时，英文水平高并不意味着不需要母语的帮助，反而可能更多。也有学者侧重研究用英文作文时翻译的影响，如Zamel（1982）发现在她的8名研究对象中，唯一通过翻译来写作文的，英文写作水平最高，而其余的不仅不用翻译，而且认为翻译对英文写作没有帮助。

二、国内相关研究

关于母语在中国学生的英语写作中所起的作用，国内报道的实证研究主要有四项（郭纯洁、刘芳，1997；文秋芳、郭纯洁，1998；王文宇、文秋芳，2002；王立非、文秋芳，2004），这四项研究都对中国学生的英语写作的思维过程进行了研究，主要从母语在二语写作中的功能、母语的参与量和母语的影响三个方面入手，对母语的作用加以确定。

（一）母语的功能

对于母语在第二语言写作时具体的影响，两位学者郭纯洁、刘芳详细地记录，并分析了十位高中生和两位大学生进行英文写作的思维过程，并且对于母语在第二语言的运用中对于个体思考方式和写作的影响进行了探讨。通过对几位参与者思维的具体分析，两位学者认为母语对于第二语言写作最重要的影响，是母语会影响学习者认知处理信息和输出信息的方式。母语在学习者利用第二语言进行写作时，主要有三个方面的作用：首先是学习者对于整体作文的构思。在构思过程中学习者往往都是使用母语的思维方式以及母语的行为使用习惯进行构思，而这会直接影响作文的结构；其次是学习者在梳理文章大意时也会频繁使用到母语，部分学习者可能会用母语进行简单的大纲写作，这会直接影响到作文的内容和主题思想；母语最后的作用是影响学习者在遣词造句时对于第二语言单词和短语的挑选。学习者不可避免的会先在脑海中形成一段母语的文字内容，再使用自己认为最合适的第二语言的单词完成作文的写作。结果表明，在使用第二语言进行写作输出时学习者往往都是运用母语这些思考和打草稿。母语对于第二语言写作的影响，远远高于学习者的预期，但应当明确，母语最重要的作用是沟通第二语言，担当好桥梁的角色，而非单纯的迁移母语。

两位学者的研究结果是具有重大意义的，推动了人们对于母语对第二语言的作用的认知。但另一方面两位学者的研究样本较小，结果相对粗糙，可能会有一定误差，并且在研究结果的阐述上将母语的作用简单化，难以解释人们在实际生活中遇到的其他情况因此文秋芳和郭纯洁两位学者在前文所提的研究中进行了深入的探讨。她们以六位中国高中生的英文写作思维作为分析样本，详细研究了在高中生使用第二语言英语进行写作时汉语的影响，并提出母语在第二语言的写作中共有五项作用，其中转换中介是指将母语的内容使用第二语言进行表达；内容验证中介是指对照作文所表达的意思，是否符合作者的意思，当出现偏差时写作者可进行及时的纠正。母语在第二语言的写作中有着双重作用，而具体哪种作用占主导，更多取决于学习者自身的学习方法和学习态度，如果将母语作为转换和内容验证的桥梁。那么母语就起到更多的积极作用。而如果在内容生成时过度使用母语，导致学习者对于第二语言的练习不足，那么母语就可能有更多的消极影响。想要把握好平衡，就必须适度使用母语。

（二）母语的参与量

在二语写作中的母语具体的参与量上，王文字和文秋芳（2002a）采用有声思维、回顾、访谈等方法，记录了 16 名 1—4 年级的英语专业学生的一次英文议论文写作思维过程，对母语思维参与量进行定量和定性分析。

研究结果是：

1. 二语写作过程具有双语特征（即母语与二语同时参与思维），16篇有声思维记录中，除一篇是纯粹的英文外，其他都是中、英文两种语言交替出现平均母语思维量为24%。

2. 不同思维活动中的母语参与量有所不同。研究结果表明，学习者在思考较多的活动中对于母语的依赖程度最大，而在进行内容和结构的架构时仍有近一半的概率使用母语，而在造句和回答问题时对于母语的依赖程度最低。综上所述，学习者在不需要使用第二语言进行写作或谈话等输出时对于母语的依赖程度最高，母语参与量最大。

3. 母语思维量随二语水平的提高而减少，从一年级到三年级，随着二语水平的提高，母语思维量逐渐减少（43%—29%—12%）；而三年级至四年级，母语思维量略有回升（12%—13%）。

4. 不同思维活动中的母语参与量下降幅度不等，在文本输出层面上的母语思维量持续减少，近乎消失（减少到2%）；在内容构思和过程控制层面上的母语思维量虽然也呈现出持续下降的趋势，但还没有要消失的迹象；而四年级学生在解题和结构构思活动中的母语思维量没有明显的递减趋势。

这告诉我们，学生在用英语进行作文时，汉语始终参与其中，只不过在不同的阶段参与量是有差异的；随着英语水平的提高，学生使用汉语的数量会逐步减少，但即使到了高年级阶段，学生还是不能完全摆脱汉语的影响。这或许充分体现了二语写作过程的双语特征。

（三）母语的影响

关于母语对二语写作影响的研究，主要包括两个方面：母语思维对二语写作的影响是正面的还是负面的，以及母语能力对二语写作的影响。

1. 母语思维与二语写作

王文字和文秋芳（2002b）采用有声思维、回顾性访谈等方法，详细记录了十六位英语专业学生，使用英语进行写作的思维过程，并使用科学方法估算了学生在写作中运用母语的思维量。而后就母语依赖程度和写作成绩进行了相关性分析，结果表明，对于母语思维量依赖度更高的同学，作文得分更低。而母语依赖程度更低的同学，写作成绩更优，即母语依赖程度和作文成绩之间为负相关（r=-0.34，p=0.20），但不具有统计意义，不能就此推断母语思维对外语作文起负面的影响。

为了使研究结果更加准确，两位学者又尝试将写作中不同的思维步骤内母语的影响进行了分析和归纳。结果表明，在运用第二语言进行写作输出时，母语的依赖程度越高，写作的语言分更低，并且关系十分强烈。而在构思作文结构和内容时母语的影响较小，可以忽略不计。

该研究通过分析英语作文过程中的汉语影响，发现母语在二语输出过程中所起的作用，不能用"正迁移"或"负迁移"来简单概括和描述。在写作的某些步骤中，母语对于第二语言写作的影响是十分明显的。例如，倘若学生在遣词造句时大量依赖母语思维，就会对作文的流畅程度以及语言选择的准确度都会有不利影响，而在写作中进行构思时，母语思维对于写作的负面影响不大。

2. 母语能力与二语写作

王立非和文秋芳（2004）选取 180 名大学二年级英语专业本科生作为研究对象，采用三种英、汉语测试工具收集数据，并对数据进行详细的分析，最后得出结论：母语的写作水平，在一定程度上会影响学习者第二语言的写作水平，其中汉语写作能力、汉语词汇能力和汉语语篇能力都对第二语言的写作有着十分显著的影响，这三种能力可以直接在一定程度上预测第二语言学习者的写作水平。具体为：（1）汉语写作能力可直接预测 47.6% 的英语写作变异，间接地预测 4% 的英语写作变异，两者相加，汉语写作能力对英语写作的影响达到 51.6%。这表明，母语写作能力强的学生写二语作文的时候往往在选词、语法和作文结构方面具有较大的优势。（2）汉语词汇能力可以直接预测 11.5% 左右，可间接预测 2% 左右，将直接和间接预测力相加，中国学生的汉语词汇对英语写作变异的解释力达到 13.5%。这一结果表明，母语词汇能力有助于二语写作，从而支持了母语词汇能力强的中国学生在英语写作中具有一定优势的假设。（3）汉语语篇对英语写作没有直接影响，间接预测力为 6.7%。一般而言，母语水平高的学生，母语写作时学到的语篇知识，会向二语写作发生迁移，从而使英语作文的语篇衔接和连贯性较好。

从研究结果来看，汉语的语篇能力对学生英语写作的影响最小，不到10%；影响最大的是汉语写作能力，说明英文写作水平高的学生往往其汉语写作能力也很强。母语写作能力更好的学习者可以在使用第二语言进行写作时也借鉴母语写作的经验，从而将母语写作的优势转移到第二语言的写作中。母语写作能力对英语写作能力有恒定的预示作用。这可以说是验证了"深层共享能力假设"，对于学习者来说，母语和第二语言的写作能力在一定程度上时可以共享的，尤其是结构和内容方面，语言的深层共享能力是语言迁移的机制。母语写作水平的提高有助于二语写作的提高，母语在外语学习中具有积极的作用，那么学生在提高英语写作水平的同时，应该继续提高汉语水平。

第二节 英语水平与写作能力的关系

在以英语为外语的写作研究中，有人认为英语写作水平低主要是母语写作能力差；另一些人则认为，英语水平对英语写作能力的影响大于母语对写作能力的影响，决定英语水平的各种分项能力包括听、说、读、写、译等多方面的能力，写作水平的高低是其他能力的风向标。总体而言，学习者所具备的英语能力中的阅读能力和词汇运用能力与写作的关系最为密切。写作能力的提高需要以阅读理解能力的提高为基础，学习者的词汇运用能力也会影响写作能力。

一、阅读能力与写作能力的关系

就英语各项能力而言，中国学生普遍较好的是阅读能力，进行最多的英语学习活动恐怕也是阅读理解。一般而言，阅读能力较强的学生写作也比较好，写作好的学生阅读能力也强。写作活动可以提高阅读理解能力，同样地通过阅读来提高写作也是有效的。阅读经验始终与写作能力有关系，或者说始终影响着写作能力。所以阅读与写作这两项能力的关系非常密切，两者间相互影响、相互依存的特性最为突出。

在过去，人们通常倾向于认为，阅读是读者的个体活动，是读者对于写作者写作内容的自我解读。但由于语言学的不断进步，更多学者提出了一个新的看法：阅读，其实是一种交际活动。具体来说，是读者和作者跨越时间和空间的一场交际。作者对于某个事件提出自己的观点，而读者也在用对于文章或书籍的理解和作者进行互动，从而迸发出新的火花。

在二十世纪八十年代初期，阅读届和写作届开始相互探讨。而在研究分析后，学者们普遍赞同，阅读和写作，其实并非传统观点理解的截然不同的两种活动。事实上，阅读和写作有着非常多的相似点，甚至于部分学者认为阅读和写作就是两个一样的过程，因为这两个活动都是对于某个事件抒发自己的观点，并且需要从一个"认知基础库"里提取信息。阅读是通过理解作者的观点，从而刺激自己的观点；而写作则是通过对于选题的理解，直接阐述自身的观点，阅读和写作都存在了理解和创造。

谢薇娜（1994）提出阅读和写作实际上是在相互模拟。阅读中，读者认识理解作者的行为就类似于写作中写作者了解查阅选题的相关资料。而阅读过程中，读者对于作者意见的赞同或反对都和写作中写作者进行相关观点的抒发极其类似。她为了验证以上理论，做了一次抽样调查。调查结果表明，阅读与写作有着十分紧密的联系，并且相辅相成。因此，写作能力和阅读能力也是相互促进的。通过阅读能在一定程度上提升学习者的理解能力，使学习者在写作时能更好理解选题的含义，从而保证写作的准确度；而通过写作，学习者能更好地发表自己的意见和看法，使得学习者在阅读时能够有更多的自己的理解和思考，而非单纯的理解他人。马广惠和文秋芳（1999）的研究结果却表明，英语阅读能力的培养，对于写作能力的影响较为间接，并且没有直接证据能够证明阅读能力的提升，可以促进写作能力的提升，所以这两位作者对于阅读能力和写作能力相辅相成互相促进的观点持保留意见。但目前学术界的普遍观点认为阅读能力的提升是可以提升学生对于词汇的理解和掌握，从而间接提高作文水平。

而对于许多中国学生来说，第二语言，一般情况是英语的写作，在英语学习中是非常困难的。因为使用英语进行写作，实际上综合反映了学习者的第二语言学习情况。写作中学习者不仅要选择合适的词汇句型，还要构思结构，充实文章内容，理解选题含义，者一系列要求对于语言学习者来说难度较大。学生在阅读中可以开阔思路，获取写作知识及素材，学会用英语进行思维和作文的技巧，进而提高英语写作能力。

二、词汇与写作的关系

没有语法我们只能表达很少的内容，而没有词汇，我们就什么内容都表达不了。语言的贫乏，特别是词汇的缺乏，是中国学生英语写作的一大难点。写作中的许多困难实际上是缺乏表达词汇造成的。学生在英语语言上的困难，不仅造成作文内容贫乏、词不达意、句型单调及上下文不衔接等诸多问题，也影响了文章内容的深度。他们在英语写作过程中，往往因为找不到合适的词语表达有一定深度的思想，而采取回避策略去写他们可以用英语表达的简单思想。

学习者心理词库中的词汇包括消极词汇和积极词汇两大类别。前者是指学习者在一定上下文中能够认出或理解的单词，但不能正确产出；后者则是指学习者能够在认知的基础上在口头和书面表达两个方面熟练运用的词汇。而学习者所掌握的单词究竟是积极单词，还是消极单词，这主要看学习者对于该词汇的熟悉程度。简单来说，学习者对某个词汇的熟悉程度，包括两种。一种是领会式的；另一种是复用式的。领会词汇也可称为阅读词汇，即学习者在阅读中遇到时能理解含义，而复用词汇也可理解为写作词汇，即学习者可以在写作时熟练运用这个词汇，领会词汇类似于消极词汇，而复用词汇则类似积极词汇，也叫表达词汇。马广惠和文秋芳（1999）以三所高校五个自然班的 133 名二年级非英语专业学生为对象，研究影响大学生英语写作能力的因素。参与者进行了九种相关的测验以及命题作文测验，而已分析的结果表明，母语的写作水平、第二语言的口语水平以及词汇水平对于第二语言写作有着重要的影响，其中学习者掌握的复用词汇的多少直接影响着学习者写作的流畅程度和语言的精彩程度。复用词汇更丰富的学习者，能够在写作中使用更准确的词汇表达出自己的意义；而复用词汇较少的学习者，在表达意思更有可能出现词不达意的情况，并且词汇的多样化也受到限制。

这直接说明第二语言词汇的掌握程度和掌握量，对于写作有着巨大的影响。当学习者的母语写作水平以及口语水平都差不多时，学习者在写作时，构思和内容可能差距不大，但要将构思展示出来，词汇的丰富程度就会直接影响着学习者能否将自己的含义完整的表达。对于词汇较为匮乏的学习者，有可能出现构思和立意都不错，但却因词汇水平较差而难以表达表现自己的构思的情况。在对英语写作能力产生间接影响的诸因素中，英语领会词汇水平在众多影响因素中，对于写作能力的影响是最为直接和明显的。这也说明想要快速提升自己的写作能力，学习者就必须在词汇上下功夫，尤其是复用词汇的丰富与否，直接决定了学习者的写作水平是否有上升的基础。

单词对于学习者第二语言的学习十分重要。这不仅体现在写作上，也体现在听力和阅读上。但不少学习者对于记忆单词没有找到合适的方法，不少学习者只是零散的记忆词汇，而这种形式容易出现反复遗忘，记忆不牢靠的情况。事实上不少词汇量大的学习者都是更加系统性的学习单词，这种方法能有效地提高学习者的词汇量，还能使词汇的记忆更为牢固。在教学实践中，可以发现高水平的写作者英语词汇量都较大，对单词的记忆较为系统和科学，而低水平的写作者英语词汇量往往很小，很少记忆或有系统地学习和掌握词汇。词汇学习可以直接促进英语水平的提高，学生的词汇量大，才能读懂和听懂，阅读和听力的水平才能提高，才能为写作提供更多可以利用的素材。

三、其他因素

除了学习者的阅读能力和词汇运用能力能够影响英语写作能力以外，英语口语表达能力对英语写作能力也有直接影响。尽管口语和写作在心理、语言和认知等方面存在不同，但两者仍有不少共同之处。例如，两者都需要用合理贴切的语言把学习者的观点和看法表达出来，以达到交流的目的；两者都需要思考接受者的要求；两者都是进行语言的输出使用。但不同的是口语的表达会对写作者在词汇的掌握上有更高的要求，因为相对于写作来说，学习者在口语输出时思考的时间较短，所以口语水平更好的学生意味着他对词汇也有更好的掌握度。而口语水平的提升，也能促进学习者自身思维方式的成长，所以，英语口语能力的提高有助于书面表达的提高。

作为理解能力的一种，英语听力对英语写作能力的影响是间接的，主要是通过它对口语能力的直接影响产生的。如果在第二语言的学习中，有较高的听力水平。那么在日常的对话交流中，学习者就能够通过听，学到更多的语言知识，从而在一定程度上提升写作水平。另外语言学习中的语篇知识，也对于写作水平有着十分重要的影响。语篇知识掌握更丰富的学生能够更好地进行作文的构思，衔接上下文，保证作文的层次和连贯性，从而推动其写作水平的提升。综上所述，我们可以发现在语言学习中，各种能力大多是相互影响，相互促进的。一种能力的提升，往往能推动其他几种能力的提升，因此想要提高写作水平，口语、阅读和听力的训练都是有必要的。

第三节 写作任务对英语写作水平的影响

一、前期研究回顾及问题的提出

陈慧媛、吴旭东（1998）调查了 14 名中国英语专业一年级学生在两种时间条件要求下进行的三次写作，并且对写作结果进行详细分析。研究后发现，标题性写作种学生的语言准确度最高，另外两类写作准确度类似。并且在学生完成任务类型写作时，有无时间限制会直接影响学生语言的准确度，而回忆性写作准确度高与低和学生的第二语言水平有着直接的关系。其次，归纳性写作中学生使用的语言最为复杂，而标题性写作中语言复杂度最低。这可能是因为归纳时所需要的句型更为复杂，使得语言复杂度提高。最后，有无时间限制对于回忆性和标题性写作的水平影响不大，这可能是因为这两类写作都和学生自身的语言水平相关性较高，而和时间的相关性较低。

但是，时间的限制与否，对于归纳性写作的作文水平有着明显的影响，当时间没有限制时，学生进行归纳性写作的水平更高，而当时间有限制，知识归纳性写作的水平就明显降低了。

受此项研究的启发，邵继荣（2003）将 30 名大学非英语专业一年级学生随机分为两组，分别在"有时限"和"无时限"两种条件下完成三项写作任务，即个人资料任务（介绍自己及家庭）、图画描述任务（根据所给图画编故

事）和观点陈述任务（阐述对计划生育政策的看法）。研究表明，任务的具体类型对于学生写作呈现出的语言准确度和流利度都有明显的影响。这可能是因为任务类型的不同，使得任务难度也有明显的不同，如个人资料认为中语言的水平最高，而观点陈述任务中学生的语言水平降低。其次，学生在进行个人资料介绍时，不管有无时间限制，所使用的语言复杂程度都最低，这可能是因为这类任务难度相对较低；而在描述图画时且限制时间时，语言的复杂程度最高；当没有时间限制时，观点陈述写作中学生使用了最为复杂的语言。

上述两项研究尽管写作任务有差异，但写作条件一致，都是分为"有时限"和"无时限"两种，并且研究的都是任务的类型和条件对书面输出语的影响重点是学生作文语言的准确度、流利度和复杂度。由此可以看出，两项研究都是局限于语言形式，忽视了作文的内容，而内容是衡量作文质量最重要的方面，意义表达更是任务的核心。为此，笔者拟以大学非英语专业一年级学生为研究对象，从语言形式和意义表达两个方面对学生的作文进行评判，重点要解决的是：

1. 任务条件对任务结果的影响；
2. 任务类型对任务结果的影响；
3. 学生的看法与任务结果的一致性。

二、评价写作结果的方法和标准

评价写作结果包括哪些方面？应该采用什么方法来评价？以及如何操作所采用的测量方法？陈慧媛、吴旭东采用的测量标准是语言的准确度（accuracy）、复杂度（complexity）和流利度（fluency），三种测量标准的操作定义如下：复杂度：指 T 单位（T-unit）与 S 节（S-node）的比率。两个术语的定义都出自 Crookes（1990），T 单位意指一个主句及任何依附于这个主句的从属性句子。S 节则由所采用的基础分析单位中的一个谓语（tensed）动词或非谓语（untensed）动词来表示。在本研究中，含有一个谓语动词或非谓语动词的单位和不含有一个谓语动词或非谓语动词的单位都被当 S 节看待。为的是将那些可看作是动词从句的同源结构（如 because of the influence of TV）的表达方式也算成 S 节。

准确度：正确无误的 S 节的比率。即指一书面语篇中正确无误的 S 节的总数与全篇中 S 节总数的百分比。流利度：书面语篇的总字数。

文秋芳（2007）从语言形式和作文内容两个方面，构建二语作文评分层级指标体系对学生第二语言作文的等级进行评定。一级指标由语言形式和作文内容构成，两者均占同等比重。二级指标内容更加丰富，包括词汇句型的挑选、语法的难度和准确度以及文章细节。词汇主要是指作文选词的准确性和丰富性，单词的搭配是否正确，句型的复杂程度；语法则是更多关注在句子中是否使用了正确的语法规则；细节部分则是单词拼写的正确性、标点符号的使用等。但是二级指标中没有给出详细的等级划分，因为作文文体多样，需要根据不同的问题确定不同的二级指标，以提高指标的准确度。根据限时写作的基本环节：审题、立意、布局和表述，将对议论文内容的判断分为四个指标：第一个指标是指写作者审题是否准确，能否正确理解到题目的含义，是否有偏题的情况出现。第二个指标立意是指作文提出观点的质量，是否能提出新颖独特的观点。第三个指标是布局。文章布局是否合理会影响文章的流畅度和前后衔接。最后一个指标是表述。表述主要指文章的观点是否表达清楚，以及观点之间逻辑性的强弱。可以看出审题是最基本的指标，如果审题时出现的问题那么整篇文章的价值就会大打折扣。

梁茂成和文秋芳（2007）认为，对作文进行评分一般至少需要从作文的语言质量、内容质量和篇章结构质量三个主要方面对作文的整体质量加以衡量。

在综合上述研究结果的基础上，本着便于操作、清晰明确的原则，本研究将作文的评价标准分为两个方面：语言形式和内容表达，各占50%。前者包括语言的复杂度、准确度和流利度，借鉴陈慧媛和吴旭东采用的测量标准；后者则不分文体分解成三个指标：内容是否切题、表达是否明确以及结构是否连贯。

三、实验方法与实施

1，受试：受试为140名大学非英语专业一年级学生，年龄在18至20岁之。实验开始时他们已完成一个学期的大学英语课程。

2.实验设计：受试是笔者所任教的两个分级教学班的学生，每班70人。

两个班使用相同的材料，采用一致的任务实施顺序，只在完成任务的时间条件上有差异。一个班级处于"有时限"条件下，另一个班级处于"无时限"条件下。三项写作任务涉及同一题材但不同文体，为了避免阅读材料的内容和语言对受试产生影响，降低练习效应，所以任务实施的顺序是：（1）标题性写作；（2）归纳性写作；（3）回忆性写作。

3.实验工具：标题性写作要求受试就"Do you think a person's name Is mportant？ Why or why not？"自拟题目写一篇议论文，阐明自己的观点，并给出理由。归纳性写作要求受试先阅读一段约300词的短文，文章内容是一名叫Bobby的男孩叙述名字给他带来的困扰。接着受试用大概100个词汇总结出文章的人意。在总结大意时受试者可以阅读原文，但是在归纳种引用的原文有一定的比例限制。回忆性写作则是让受试者先花五分钟阅读一篇约350词的短文，内容是说明一个人的名字对其命运的影响。阅读后让受试重写这篇短文。如果记忆允许，受试可以照搬原文，也可以用自己的话表达原文内容。三项任务的文体分别是议论文、记叙文和说明文。完成作文后，要求学生对刚刚经历的写作过程进行回顾和思考后回答问题。回答时从两方面考虑：一是写作时是否有要表达的思想，二是能否较流畅地写出想表达的内容。

4. 实验步骤：两个班级在同一个上午的正常上课时间，分别进行三项写作任务。两个班都是先进行了实验培训，向学生讲清任务的含义和步骤，要求他们认真对待和完成。有时间限制的班级，老师会在写作开始前通知学生写作规定的时间，并且在时间结束时，立即要求学生停止写作上交作文；而对于没有时间限制的班级，教师只告诉学生上午需要完成三个作文，但并不告诉学生论文是否需要上交，以及时间的限制。表一是两个班级完成三项任务的时间记录。

以往的研究从对概念形成机制和形式合成机制的负担和压力来看，认为回忆性写作的难度最低，而回忆性写作任务的难度，主要聚焦于对于文章的记忆，但在进行写作输出时，对学生的写作水平，并没有太深入的考察。而标题性写作难度适中，在标题性写作中学生需要自己构思文章的结构和内容，但同时学生也可以将自己的思想和所学知识进行利用；难度最大的是归纳性写作，因为在归纳性写作中学生不仅需要理解文章含义，还需要用简洁的语言归纳文章。并且在归纳性写作的过程中，学生很难有机会使用自己的学习的各种知识。但本调查结果与此种观点有出入，学生普遍认为回忆性写作是最困难的而不是最容易的，在时间充裕的条件下，归纳写作有可能成为最容易的，而标题写作的难易度取决于时间条件，总体上对学生而言不是最难的。

至于哪种写作任务能够更好地促进写作能力的提高，学生的看法出现了分歧。在两个班，各有48%的学生选择了回忆写作，分别有约三分之一的学生选择了标题写作，选择归纳写作的人数是最少的。从学生罗列的理由可以看出，他们注重提高的是理解能力、记忆能力和表达能力，而对复述、综合和归纳能力重视不足。这就不难解释为什么较少有人选择归纳写作。

四、结果及讨论

作文的评价标准分为两个方面：语言形式和内容表达，各占50%前者包括语言的复杂度、准确度和流利度；后者则包括内容是否切题、表达是否明确以及结构是否连贯。从对学生的调查来看，既然都认为回忆性写作最难，那应该是这项任务两个班都完成得最差，有时限班级应该是标题写作而无时限班级应该是归纳写作完成得最好。实际情况是否如此呢？笔者分别从第一次挑选出的样本中随机抽取五份，从语言形式和内容表达两个方面对学生的作文进行了具体的分析。

（一）语言形式

陈慧媛和吴旭东的研究是：在标题性写作中学生写作的准确度要高于另外两类写作，具体表现是没有错误的句子会更多。此外时间限制与否，对于回忆性和标题性写作的写作水平没有明显的影响，但对于归纳性写作有着明显影响，没有时间限制的条件下，学生进行归纳性写作时会比有时间限制时体现出更高的语言准确度。在本研究中，标题写作的准确度相对较高，这与陈、吴的研究结果一致，但复杂度要差一些，从中可以看出学生运用了回避策略，只选择自己有把握写对的句子。回忆写作的复杂度较高，但流利度和准确度较差，尤其是有时限的班级的学生，写出的篇章普遍偏短。受试很可能把过多的注意力用于短文的阅读理解当中，并花很大力气去记忆短文内容和语言表达，而没有向书写机制分配足够的记忆力。英语水平较低很可能是造成这种情况的主要原因。归纳性写作的流利度最高，或许是因为写作时有原文加以参考，但是当学生尝试着用自己的语言表达出文中的意思时，准确度不够。或许因为该文章是记叙文，要将故事说清楚和完整，也不需要太复杂的语言，所以此项任务的复杂度也不高在这种写作过程中，学习者很难运用回避策略来减轻认知负担，因此，时间因素就显得异常重要。正如陈、吴所述，时间条件对回忆性与标题性写作的语言形式影响不明显，对归纳写作的影响至关重要；但在本研究中，"无时限"条件下归纳性写作的语言准确度并没有如陈、吴的研究中所认为的那样有明显的提高。

（二）内容表达

时间条件对内容表达的影响几乎可以忽略不计。从内容表达的角度来看在两种条件下的三种写作任务，都是回忆性写作最差，或许是因为学生过多地关注句子等语言形式的记忆，难以顾及整体内容的表达和结构的安排。标题性写作相对而言是最好的，因为是议论文写作，学生基本上能够先表明自己的观点，然后围绕观点进行论证，结构比较清晰。而归纳性写作尽管所给材料是篇记叙文，不难理解，但学生的归纳显得拖沓、啰嗦，细节过多，摘抄原文过多说明学生欠缺复述和综合的能力。从事后的调查来看，也有为数较多的学生认为该项写作是最容易的，或许是与他们没有掌握此类写作的要求有关，错误地以为照搬照抄原文即可，而无需个人的归纳和整合。从实际的作文也可看出来学生极少能用自己的语言表达出原文的意思。

五、结论

1.任务条件对任务结果的影响。任务条件对三项写作任务的影响都不明显，说明在水平有限和一定的情况下，单纯靠加长时间，并不能必然提高作文的质量，关键还是提高英语的整体水平。

2.任务类型对任务结果的影响。从语言形式和内容表达两个方面综合起来看，标题性写作是最好的，回忆性写作最差，归纳性写作居中。这既可能与平时的练习有关，也可能与所给的阅读文章比较陌生有关。在今后的写作中，除了学生熟知的标题性写作外，也可以适当地加大回忆性和归纳性写作的比重。

正如学生所说的"在锻炼阅读能力的同时也提高写作的能力"。原因是这两种任务会促使学习者去为无法避开的内容寻找和选择合适的语言结构和词项，在这个过程中学习者更有可能在超越自己现有水平的情况下运用语言，从而为提高运用语言能力提供了机会。

3.学生的看法与任务结果的不一致性。学生的主观感受和他们作文的客观情况之间存在一定的差异，感觉很简单的写作任务他们不一定写得很好，如归纳性写作。本来被认为最简单的回忆性写作，对他们而言反而成了最困难的。

从写就的作文来看，回忆着写的作文的确质量一般，辞不达意。这说明学生的记忆能力亟需锻炼和提高，也不符合人们通常对中国学生的印象：擅长记忆和背诵。在记忆方面的困难很可能是由于英语水平较低造成的，因为二语水平与语言记忆力之间有很强的相关性，不能理解的内容往往就难以记住。

第四节 现代信息技术对英语写作的改革

一、CALL 的发展阶段

计算机辅助外语教学（Computer-assisted Language Learning，CALL）从20世纪60年代以来，就开始对外语的教学和学习产生着越来越重要的影响，尤其是互联网和多媒体技术的发展，外语教学的形式和模式都有了新的变革，如网上教学，网络公开课等形式开始逐步走进人们的视野。而 CAL 也经历了单纯的英语学习工具到扮演的角色更加多元化的转变。语言学在20世纪经历了从结构主义到认知主义和功能主义的发展，外语教学也发生了从听说法到交际法的转变。

二、网络资源与英语学习——兼谈对写作的影响

这是一个网络时代，人们的一切似乎都和网络有联系，英语学习也不例外。

在教育国际化、信息化、网络化的大背景下，如何利用和使用网络资源就是摆在我们面前的必须严肃思考的一个问题。网络资源种类繁多，众多的英语学习网站层出不穷，提供了海量信息；英美影视剧以各种方式在网上播放，人们也是唾手可得；近几年才兴起的世界名校网络公开课资源更是以出其不意的方式改变着人们的学习理念和学习方式，本文以之为例谈谈其对英语学习和英语写作的影响

（一）世界名校网络公开课资源概览

随着经济的繁荣，我国互联网技术突飞猛进，手机和电脑不再是奢侈品，逐渐走入千家万户成为时尚。而由于互联网的发展，优质教学资源的共享成为可能，许多原本难以享受到名校资源的人也可以通过互联网非常轻松获取世界名校的教学资源，而网络公开课就是其中一种形式。到目前为止，超过五十所世界一流大学公开了自己的优质资源课程，去年11月份两大门户网站新浪和网易的加入，使淘课"这一星星之火在国内迅速蔓延。在世界一流大学的支持下，这类公开课往往水准较高，已经被大量翻译成中文版。而课程类型也十分丰富，包括通用性基础课程内容，从人文社会到自然科学不等。公开课资源的普及也让更多普通人能够有机会享受到更好的教育资源，在一定程度上减少了教育资源的不公平。另外由名师们精心制作的公开课，非常适合学生进行观看学习，视频的可观性强。大多没有纪录片那么枯燥无聊，而又比电视剧有更加专业和丰富的知识，除了学生可以进行学习专业知识外，我国各高校的教授老师们，也可借鉴世界一流名校公开课的创作，发展自身高质量的公开课，提高本校课程资源的丰富性和专业性。

（二）通识教育与大学外语教学

作为专业教育的补充，文化素质教育或曰通识教育旨在纠正长期的片面注重专业教育带来的不足，是高等教育的有机组成部分。通识教育不仅在于使学生掌握基础知识，而且还要使学生掌握学科间的联系，最后能把知识应用于生活。纵观中外，尽管国外高校有把外语课程纳入通识教育核心课程的先例，国内也有高校把外语类课程作为通识教育课程体系的有机组成部分，

但鲜有把外语作为教学语言开展通识教育的例子。就目前大学英语教学的现状而言，似也难堪此重任。同时，通识教育内容范围十分广泛，包括政治，心理，文学等各方面的知识，尤其是在深度上有一定的要求。而国外的外语类课程，往往在专业性和内容讨论深度上难以满足国内各高校通识教育的要求，另外，即便国内部分高校将外语类课程纳入通识课的范围，也和真正的通识课有所不同。这类课程往往是以了解英美文化、欣赏名作为目的，并且也和学校具体的授课情况有关。但总的来说，外语类课程难以担当国内通识教育的重任。

（三）公开课资源的利用

通识教育中的知识十分普遍，而目前大学英语在通识教育中主要是担当一个桥梁的作用，学生用英语学习专业领域中较为普遍性的知识，并且了解英语国家的相关文化。2010年相关文件也表明我国各高校应当积极吸取国际丰富的教育经验，并结合我国的实际情况积极创新，探讨更有利的教学方式，对于国际优秀的教材也可以适当引进学习。我们既然囿于种种限制，能开设并开好的英语通识课程并不多，那么为何不可以尝试直接利用优质的国际教育资源？

世界名校在网络上的公开课的内容可谓是包罗万象，想要真正借鉴世界名校的网络公开课就必须有专人进行负责，高校可以先尝试组织人员大量观看公开课，并进行分类整理，而后将各种资源收集整理，成为学校的语料库，从而为本校学生提供更加丰富的学习资源，也方便学生的学习。此外，学校也可以邀请学生进行资源的整理和归纳，让提高学生参与感，另外也可相对降低成本。

1. 学生的培养

如果使用外语作为唯一的语言进行通识教育，可能对目前学生的英语水平要求过高，许多学生难以达到，并且部分学生也也可能没有相关的兴趣和需要，因此可以尝试在基础的大学英语教育结束后，挑选一部分，对于英语学习真正感兴趣，并且英语水平基础较好的学生参与外语同时教育课程。而在参与课程期间，教师和学生双向选择。学生可以先试听后，决定是否要选择一堂课，而教师也可以通过学生的综合表现决定是否要劝退学生。另外具体的班级开设，也可以实行多种形式，第一种是小班制，即一个班级内人数不得超过30人，在课堂上会对学生进行相关主题的引入和铺垫，而在并且讨论和分享，在课后学生还需要对相关话题收集资料以及思考，并在后面的课上进行分享交流。这种模式和传统的教学有着较大的区别，因为在这种模式下，教师更像是名校教授的助教，督促和指导学生观看视频进行学习。此外，第二种模式，是实验课。这种模式对学生的要求更高，学生独自拥有电脑，并且在上机房内完成，而教师只需要评定学生的任务完成度以及作业上交情况即可。

2. 师资的发展

在目前的大学英语教师中，大多数老师专业都是英语语言文学，在英语方面有较高的专业性，但是对于其他学科的专业知识，许多老师就相对欠缺，因此教师也需要积极吸收学习新的知识，提高自己在更多领域方面的专业技能，从而为自己的职业生涯提供新的选择。

教师的成长不应当仅仅是教师自我的努力，还应当是整个教学组的共同努力，而学校应当积极支持，例如教师可以成立学习互助小组，通过观看世界名校公开课的形式，相互讨论，以提高自身的专业技能。另外，这也能一定程度上提高教师的表达水平和教学水平，教师之间的相互发展，也能够取长补短互相促进，推动整体教师水平的提高。

3. 写作的作用

由于互联网的发展，教学资源共享程度加深，教师不再是信息的唯一获得者。学生可以通过网络搜索，更加直接，有效地获取到教师已经拥有的资源，甚至更加优质的资源。在这种情况下传统的师生关系就面临着挑战，而这也促进者教师进行自我角色的转变，教师不再是学生知识的提供者，更多的是学生学习的引导者。另外，教师也可以利用互联网资源和学生共同进步，相互学习。

在基于网络公开课的外语通识教育教学中，写作对师生双方都具有重要的意义，都大量运用在他们的学习和活动中。无论是参加传统课堂的教学还是利用视频资源自主学习，每个单元学习结束后，学生都要根据所学的内容和教师要求写作一篇小论文，或是写作一篇将所学理论应用于生活的实践报告。写作的过程就是思考和梳理所学内容的过程，写作最能够反映出学习者的语言能力也能够很快地提高语言能力。

写作对教师的意义在于，无论是自学还是小组学习，通过写作可以总结归纳所学的思想内容，使之更清晰化、体系化，丰富教师的学科知识，提高教师的语言表达能力和教学能力，促进教师的自我发展和自我成长。教师在依托语料库提高教学方面的业务素质的同时，还可以开展基于课堂的、来自实践的、结合自己教学的研究，即写作教学反思，来深化对问题的认识，提炼原有的经验，提高科研能力和写作水平。

三、其他现代信息技术对写作的影响

如果说网络资源和语料库对英语写作的影响主要是偏向静态的，那么下面三项则主要是动态地影响写作教学和写作能力的培养。

（一）E-mail 与英语写作

写作是人们表达观点输出知识的一种非常直接的形式，他既可以个体独立完成，也可以多人合作完成，而对于写作的研究应当有至少以下三个方面：（1）对写作成品的分析；（2）对写作过程的研究；（3）对写作背景及功能的分析。写作的成果，在一定程度上也可以看作是一种交际行动写作的目的就是和未来的读者产生有意义的交警进馆，这种交际可能并不是及时的。而已没有的写作就更加凸显了写作的交际功能，这不仅仅是一种个人的写作行为，也是多人之间的交流行为写作的内容被赋予了更多的交集意义和价值，而另一没有进行写作业成为了一种新的潮流，你们要的写作形式也称为学习者必须掌握的写作格式之一。

（二）博客与英语写作

在博客中也可以进行英语写作的训练和教学。事实上，建构主义理论认为学习就是需要在一定的情境下进行。博客就提供了相应的情境，在博客环境下进行英语的教学写作教学，可以充分利用博客。方便快捷的特点，此外，博客交互性高学生在写作完成后，可以立即发给老师有老师评价后发回而学生在收到评价后又能够再次改正十分便捷。

（三）网上互动交流与英语写作

网上交流已经成为外语学习的重要方式。从 20 世纪 90 年代开始，人们开始利用互联网进行英语的学习，在网络上，大家可以比较便捷的认识英语母语者，并且使用英语和他们进行交流，从而迅速提升自己的英语能力。此外，通过和英语母语者的交流，还能对英语文化有更深层的认知，而这种交互式的学习方式，能够促进学生及时将知识进行输出，并且在输出有务实，立即纠正让英语的时间。实践变得更加快捷高效。此外，为创为自己创造一个英语学习的环境也能够，有效地提高自己对英语的兴趣，使英语学习变得更加有趣。 Robinson（1998）的交互假设理论认为：在交互中对意义的商讨能使学习者输入语言及交流知识。这种输入能吸引学习者注意自己语言输出的形式并修正自己的输出。对话者为了使对方明白自己，他们要澄清自己的意思，因此对意思的探讨是交流中的自然和自动的过程。中外学生之间基于

互联网相互对接学习彼此的语言与文化，相对于传统的学习环境与手段而言这是一条比较快捷实用的外语自主学习之路。

总之，现代信息技术对英语写作进行的改革，是以对英语传播和英语学习的影响而开始的，以计算机、多媒体和网络的影响为最甚，并且会随着时代的进步而不断发展和变化

第六章 大学英语写作的过程分析

外语学习实践证明，写作能力的提高是一个长期的、动态的发展过程。在大学英语写作教学过程中，教师对学生帮助最佳的时机是在写作过程中，是在学生还在思考题目、组织思想、组织语言的时候，而不仅仅是学生写作结束后的评语、评分。教师要在写作过程中培养学生良好的写作习惯，在写作过程中给他们指出问题、提出修改意见，启发、指导他们写出更好的作文。好的英语作文成就于写作的过程。其中包含如何得到新的写作思想；如何把这些思想整合在一起，以形成一个有机的整体；如何把这些思想变成书面文字材料；如何修改、完善等。这些基本技能的掌握和熟练应用对提高学生英语作文水平，改变作文教学费时、低效的现状具有重要的意义。

第一节 大学英语写作的过程分析

写前准备：无论我们写什么话题的英语文章，先思考话题，联想与话题有关的各种观点和事实（数据、事例、现象、道理、名言等），作品的目标读者是谁？我们为什么写？写什么？写作的地点、自己能够用在写作上的时间。归纳出符合要求或自己认同的观点，也就是文章的中心思想。确定了中心思想后，再认真审视已经选择的观点、材料，哪些更具有典型性和代表性。通过增加、删减的方式，选出合适的材料。这样才能把握主题思想，并找到充分的论据。然后，把主题思想用恰当的主题句表达出来，把论据按照一定的逻辑顺序写下来，就是提纲。写前准备中，我们要考虑写作主题、写作目的、作品的读者。写前准备的步骤因所写文章题材的不同而不同。通常情况下，写前活动有助于作者找到一个好的话题，缩小话题写作的范围。构思好写作的目录或者一个完善的写作提纲，为正式写作打下一个良好的基础。

具体操作步骤如下：

一、整理思路和相关信息

我们所写的内容依赖于我们对问题的思考，我们思考的问题常常是身边所见、所闻、亲身体验的事情。写前准备需要我们集中精力在我们所思考的问题上，在此基础上，再进行拓展。我们可以通过阅读与话题相关的材料、小组讨论、个人反思等方式进行。

阅读是写前准备活动之一，通过阅读了解相关信息，完成对文献的归纳和综述。你的研究需要对同一领域里知名学者的著作、文章、电子资源进行检索。阅读能够使你的大脑保持活跃状态，迸发新的思想。了解详细的信息，有助于思考相应的写作主题。主题是文章的灵魂，没有主题，文章就失去了生命。我们要选择正确的、积极的、有教育意义的主题，而不是歪曲的、消极的、没有意义的主题。

讨论。写前活动也包括口头的、正式和非正式的、课堂内外的讨论活动。

个人反思。写前准备活动也可以以个人反思的方式进行。

你可以对各种问题进行思考。个人反思可以以多种方式进行。包括写日记、头脑风暴、列目录。英语作文水平高的学生能够经常性地用英语记日记，写下能够吸引他们注意力的、值得保存和观察的事情。他们观察得越多、写得越多，就变得越善于观察，思路也就越清晰，创造性思想就越多。经常性地写日记有助于保持良好的写作状态。写出高质量的文章。

大脑风暴。大脑风暴也有助于个人的思考。包括自由地表达自己的思想，无须害怕他人的批评，让不同的思想连接、碰撞。由一种思想启发产生新的思想。很显然，它以小组合作的方式进行更有效果。

列目录。通过思考、讨论，你可能产生想要表达的主题和支持主题的思想。列目录有助于你批判性地审视你的各种思想及它们之间的关系。你可以列各种目录，例如主要观点目录、支持细节目录、所用例证目录、论点目录等。所有这些目录都是文章的一部分。目录通过修改后按照一定的逻辑顺序进行编排。列目录是挑选要点、寻找恰当支撑思想的重要方法。在写前活动中，列目录有助于整理思路，增强逻辑性。文章也就会前后一致，有条有理。一些学生擅长通过图表、数据来表达思想，描述它们之间的相互联系。这些数据有助于他们产生新的思想。

二、确定主题

确定主题，明确选题范围。主题是从客观事物中抽取出来的抽象概括，它必须通过一些具体的、生动的材料表现出来，才能成为一篇完整的作品。有时，我们得到的是一个命题作文，有时，我们可以自由地选择自己感兴趣的话题。根据写作要求确定自己的选题大小。材料是用于表现主题的。因此，它必须是围绕主题、服从主题，材料选择应该是典型的、有代表意义的。例如，在 I enjoy playing tennis 这个主题句中，tennis 是主题，而 1 enjoy playing 表明作者对这一主题的态度。再例如，We spent a day at the beach 也是个主题句，其中 a day at the beach 为主题。

三、确定写作目的

写作时，首先要考虑的是你为什么写，目的是什么。跟写作目的直接相关的是读者。不同的读者决定你的用词、句型结构、使用文体、文章结构、表达方法的不同。分析读者是写前准备活动的一部分。

四、确定主题句

明确写作目的、了解你的读者情况后，接下来的任务就是如何达到你的写作目的。写下表述主题思想的句子，对一个段落我们称之为主题句；对多个段落，我们称之为论点句。段落的主题句通常出现在段落前。有时，主题句出现在段末。主题句出现在段末有两个优点：其一，它能造成悬念，吸引读者一口气把段落读完；其二，段落的最后一段往往能够在读者头脑中留下深刻印象。当作者要对两个事物进行比较或对比时，把主题句放在中间有利于清楚整齐地安排段落内容。主题句与结束语为段落要点，是最重要的信息。

五、组织材料

在写作之前，我们应该对如何表述主要观点有一个设计。

总的讲，这种设计可以依照以下三种方式进行：时间顺序、空间顺序、事情的重要程度。组织材料第一原则是要有重点，首要的材料重点来刻画，次要的材料只有陪衬、辅助作用。组织材料的第二个原则是要有秩序。没有经过整理的材料是零碎的、庞杂的。哪些先说、哪些后说都要有周密的计划。写前准备应该使我们进一步明确写作主题，形成一个写作目录或者提纲。它们能够让我们顺利完成写作过程。有时，写作并不如我们想象的那么容易。为了有一个完整的、全面的写作提纲，你需要进行额外的准备、思考、反思、讨论。良好的写前准备能够让你在写作过程中比较轻松，更加自信。

第二节 写作

为了在写作中清晰地表达思想，你应该做到选词准确、拼写无误。句子结构和内容完整。段落应该包含主要思想及充分的支撑依据。一篇完整的文章应该包括三个部分：引言、正文和结束语。写作贵在写出真情实感，写你最关心的话题。在真实、自然中，你能够取得意想不到的进步。在写作过程中，信心是关键。而写作过程本身能够帮助你建立自信，无论你是在表达自己的思想，还是归纳、反馈别人的思想。写作过程中要紧扣主题，保持一致性，善于使用各种连接词语表达句子与句子之间的各种关系。好文章是写出来的，每次作业，要充分落实具体要求，认真完成，按时提交，勤于实践。

Sample Independent Paragraph The following paragraph，written as an independent composition，serves as a sample of analysis for this section.

From Sitting to Standing Pulling out of the water on skis requires complex muscular co ordination. The simplest part of the coordinated effort occurs wher the skier positions himself in the water on his skis behind the towboat. He assumes a squatting position，toes of the skis just above the water's surface，and the towrope between his knees. As the towboat idles forward to keep the towrope taut，the skier uses both leg and body muscles to keep himself in a ready position，squarely behind the skis. All muscles work against the steady pulL. Then. as the towboat accelerates，back muscles work together with leg mus cles，and the skier leans against the boat's power. As the pull intensifies，muscles from the toes to the hips work to keep the skis parallel，pointed forward，tips above the surface. Finally，the towboat's full thrust tests the skier's arm strength. With his skis climbing to a plane and his body rising above the water，the skier must flex his arms to provide a counter-balance against the lessening drag behind the towrope，thus pulling himself to a standing position. Once a skier experiences this complex muscular coordination，it is like that for riding a bicycle：It comes without thinking and never leaves.

Analysis of the Sample Independent Paragraph The preceding sample represents a good independent paragraph. While paragraph structure can vary widely，the following typical characteristics appear：

A topic sentence begins the paragraph.

Four subtopics divide the topic sentence predicate and em-phasize the attitude "complex"

Each subtopic provides specific details to help the non-skier understanding the complexity of the muscular coordination.

Sentences vary both in length（from 7 to 38 words）and complexity（from simple to compoundcomplex）

Transitions connect subtopic sentences into a smoothly flowing paragraph.

The concluding statement refers back to the topic sentence and suggests the longevity of the experience.

第三节　修改

　　好的文章是改出来的。修改过程是写作中最难的部分。要使平凡的文章成为上乘之作，就应该在修改方面下足工夫。修改应该包含以下几个方面。在篇章主题方面：主要看写作的内容是否符合要求；文章的主题是否清楚；论证的内容是否充分；段落之间的过渡是否合理，层次是否清晰。在段落方面：每个段落是否有主题句；段落主题句是否围绕篇章主题；扩展句是否支持了主题句、内容是否充实，是否具有说服力；扩展句之间的关系是否符合逻辑，是否使用了恰当的连接词汇；每个段落是否有结论。在句子结构方面：句子结构是否完整；句子成分是否完整；重点句子是否有谓语动词；是否出现两个以上的动词；主谓是否一致；时态、语态、语气是否正确。在词汇使用方面：每次的使用是否准确；名词单、复数是否正确，动词的搭配是否准确；形容词、副词的用法是否正确；代词的用法是否准确。最后，检查一下文字是否简练，重点是否突出。写文章必须周密准确、无懈可击，任何一点破绽都会引起读者的责难。好文章是改出来的，教师修改过的文章（包括其他同学的文章），要认真品味、感受奥妙，增加信息反馈量。

第四节 校读

　　一篇文章立论再新、内容再好，如果在字、词、句方面错误太多，也不能够算是成功的。因此在修改完后，为确保准确性，我们需要进行校读。例如校正标点符号、校正语法和习惯用法等。以积极的态度应对上述问题，有助于我们进行成功的校读。你写得越多，校读得越认真，你就越容易发现自己作品中的不足。

　　一篇文章的写作过程也是反复修改的过程，写完之后至少看两遍，将可有可无的语句删去，毫不可惜，有删除，自然也有增益。在大学英语写作教学过程中，教师需要做很多与写作过程相关的工作，指导学生与文本互动，掌握写好作文的各种策略。学生必须在用中学，如思考写作主题、挑选想法、列提纲、改写初稿、修改、编辑等工作。写作课程的所有这些方面工作都有助于学生形成自己的良好写作习惯。教师的重要责任之一是帮助学生提高修改文章的能力、提高英语写作水平，提供充分有效的教师反馈，让他们工作效率更高、更有信心地完成作文。同时，我们也要考虑特殊的教学情况和学生的需要，清晰地认识到写作过程有时并非是直线形的。要能够应对写作过程中出现的意外情况，对写作过程作出适当的回应。

第七章 英语写作反馈机制

从第二语言习得的理论来看，学生在作文中出现错误是正常和不可避免的。即使是对高水平的英语学习者而言，要求他们完全不出错也是不现实的。如何评改学生的作文一直是教师以及研究者比较关注的一个问题。自一九六几年开始，对于第二语言写作的教导由看重经过代替过去的看重成果。这种过程指导学生在正式写作前可以打一个初稿，在这个初稿上不断修改；并且引导知道学生写作原因和读作文对象，构造出一种"读者"概念，让学生明白作文是写给读者看的，由此让学生能够通过写作表达感情和想法。所以进行写作过程是促进师生、同学互相交流的活动。反馈概念在写作指导里的应用，对英文写作教学的影响十分深远。

反馈就是"阅文者通过给学生一个命题，让学生在修改作文的时候有一定的参考"，根据不一样的要求反馈对应不一样的类别。可分为教师反馈和同伴反馈；反馈从表达方式来看有文字表达和语言表达；从属性来看有结果式（在结束写作后进行评价）和过程式（在正在写作阶段进行指导）；从方式来看有整体评价式、各项单独评价式、文字评语式；从明确程度来看有直接式（老师直接将学生写作里不恰当的地方指出来进行修正）、间接式（只隐晦的提醒学生作文里的不恰当之处）由学生自己改正，主要有四种提示方式：在错误处标注错误类型，页边标注错误类型，在错误处加下划线，每行错误总数提示。

虽然第二语言写作的反馈涉及的问题很多，但对于学生来说，他们的作文主要有两种读者：老师和同学，所以本章主要讨论教师反馈和学生反馈，不同的反馈形式对提高写作水平所具有的作用及使用时应该注意的问题。

第一节　教师反馈

教师反馈在学生写作中反馈里是最重要的，并且教师反馈具有多元化系能够通过文字表达也可以通过语言表达进行反馈，在英文写作指导中最为核心的反馈类型就是老师提供的文字方式。这种方式可以让学生在修改作文时获得更多老师的输入，而这种输入既可以通过语言表达也可以通过内容结构反馈。语言表达的反馈通常是在整个作文的表面体现出来的。具体错误的包括作文里的语法、用词准确性、各种时态、大小写、单词拼写、标点、单复数、主谓人称与数对应、句子结构等；内容结构就包含了面向作文语篇层面如内容和组织结构的反馈。现在老师反馈的形式来越多，教师可以使用语音、优盘或电子邮件等电子产品对学生文章进行电子版的评论。不过时至今日用得最为频繁的反馈方式还是文字批阅。

一、教师书面反馈的形式

教师给予学生最普遍的反馈方式就是书面反馈。一般来说，学生对老师给予自己作文的反馈是非常迫切的。如果老师写下的书面评语比较合理，那么就可以提升学生写作的积极性，同时对学生在以后的英语写作里面有很大的影响。虽然现在有很多学者认为教师书面反馈的效果不够好，不过第二语言写作的学生还是非常看重教师的书面反馈的。教师给学生的作文提出合理的修改意见。学生能够从中收获一些写作技巧，提升写作水平，并且还可以激发学生写作文的热情。教师书面反馈分为传统的纸笔反馈和新兴的电子反馈两种方式。

（一）纸笔反馈

教师反馈的最普遍、传统的两种方式就是教师对学生作文进行评分和手写批注。前者是对学生作文以分数的形式作出评价，后者是以读者的身份对学生作文作出回应。在写作教学实践中，教师可采用更多的具体有效的方法来保证教师反馈效果，如最小化批改和师生间书面对话等方式。

1.最小化校正的方法是一种非文字的，体现在形式的反映，该反馈仅使用修改后的代码来指示特定的错误位置和错误类型，而不是直接修复错误。老师运用最小化批改修改的时候会利用到 Byrne（1988）推行的"修改码"，就像 T-Wrong tense, S- Wrong spelling, W-wrong word order, C-Concord (subject and verb inconsistency), WF-Wrong form, S / f singular plural form error,-something is unnecessary , NA-Improper usage, PM-Meaning is unclear 等，来提示学生所犯的错误。使用修正符所进行的反馈简单明了，有助于学生提高识别错误的能力。

最小化批改是一种很有效的方式，它可以激发学生自主性，激活学生的思维，并可以发展学生自改的能力。然而，其不足之处是教师有时不能将学生所犯的错误进行明确的分类，特别是当错误不局限于句子方面，完善这些问题就要利用分类思想，举例来说，E 是 expression 也就是表达不恰当，L 是 logical development 表示逻辑发展的不合理等。这样最小化批改给学生提供最少的反馈信息，鼓励学生思考自己文章中的错误并找到问题的所在以至最后改正过来。尽管最小化批改仍然无法标志有关修辞和语用方面的问题，但这种简洁的方法使教师可以有更多的时间进行有效的反馈，培养学生独立思考、自主修改的能力，而不是一味地依赖教师的明确指误甚至是直接修改。

2. 师生的书面对话就是说当老师给学生的作文，批注了修改意见和评语之后，学生对老师的评语意见，同样通过书面的方式作出答复，这样学生就通过书面表达的方式跟老师做了交流。利用这种形式老师能够知道学生获取教师反馈以后的状态，并且老师也可以清楚学生想要的合理反馈要求，从而让老师根据这些要求进行适宜高效的反馈，特别值得注意的是老师给学生作文反馈的时候要遵循统一性计划性系统性原则。

如果教师反馈前后不一致、随意性大，会影响教师反馈的有效性。

（二）电子反馈

计算机网络的发展为写作反馈提供了便利与机遇，教师通过使用优盘或电子邮件等电子产品对学生文章进行电子版的评论。电子反馈使写作课程具有团队性，加深学生对教师反馈的期盼程度，抛出可以吸引学生的话题进行交流。老师要紧跟时代步伐，学会把科技融入写作课中，鼓励学生递交电子作品，教师把文章中的错误链接到在线语法解释或链接到真实文本的词汇索引及其他的网络资源，向学生展示正确的用法，便于学生查到词类、词语固定搭配以及该词在上下文中的意思。这一书面反馈的新方式不仅为教师在反馈中提供了更大的开阔的视野，而且学生也能从中收益不少，他们在看到教师链接的网上资源后能够自主修改语言错误。毫无疑问，这种以真实语言数据为基础的反馈会有更广阔的前景，但应综合考虑各种便利因素，以便恰当运用有效的反馈形式。

二、教师书面反馈的作用

（一）直接反馈和间接反馈比较

直接与间接反馈的区别就在于，前者是老师指出作文中不恰当的地方然后修正，后者是学生修正。从一九六几年开始就一直盛行直接反馈，到八几年学者们从全新的视角出发探究两种反馈形式在学生写作技巧水平提升的作用。其中 Lalande（1982）研究者以 60 个一般水平的德语学生为对象在一学期的时间内对他们的写作进行实证考察，写作的内容为归纳故事，实验方法是把学习者分为实验组、参考组，实验组有专门的标记体现问题，学生再改；参考组把全部不恰当的地方修正、学生再改。得出实验结果，不是单词方面的错误一共 12 处其中只有 1 种实验组改写后的错误比参考组多。说明间接反馈有利于提高学生的自我纠错能力。Robb et al.（1986）通过实验得出词汇上的不足在改正后对提升写作水准帮助不大，直接反馈带来的帮助没得间接反馈带来的多。所以"老师通过高效率的反馈形式，直接指出学生语法词汇的错误产生的学习效果不错"

Ferris（2002）。认为要是是在作文本身修改的话，直接反馈的方式更加合适，如果是第一遍写作，间接反馈对学生在用词语言组织的严谨有更好的帮助。陈晓湘、李会娜（2009）通过实践得出，如果老师对学生写作的反馈是通过文字反馈形式的话，选择直接反馈更能提升写作水平，或许是由于国内的学生没有实际的感受到地道英语氛围，对学生自己主动改正作文错误没有帮助因此，教师的直接反馈更有益于学生发现自己的语言错误与目的语的差异，并知道正确的用法。

直接反馈的优点在于可以明确作文中的错误并且知道怎么修正，缺点就是抑制了学生的能动性、发散思维，导致过分依靠老师，这样给老师的作文批改增加了工作量。间接反馈的好处在于可以培养学生学习的自主性，自己弄清楚问题所在及错误类型并加以改正，教师的负担也会相应地减轻。问题是，有的学生由于自身水平的限制而不能运用正确的修改方法，甚至改过了，还是错误的，从而谈不上写作学习上的进步。

（二）对语言形式和对内容的书面反馈

批阅学生的作文时，到底是应该重点关注语言形式还是语言内容或者是两者兼备，研究者意见不统一，实验结论也不一致。

1. Kepner（1991）研究者以 60 个一般水平的西班牙语学生为对象分成 2 组开展实验，第 1 组负责阅读评判第 2 组负责修正作文的语法词汇使用不恰当的地方。得出结论修正作文的语法词汇使用不恰当的地方对学生的写作能力帮助不大，不过评论内容却对提升写作水平有益。

2. Ashwell（2000）对刚开写作课的 50 名英语学习者进行了两个学期的对比考察，罗列出内容第一语言改正第二的、语言改正第一内容第二的、一边进行语言改正一边进行内容反馈这三种反馈各自的特征，通过比较发现都可以帮助学生把握语言使用的合理性，但发现内容反馈对改进学习者作文内容方面无影响。

3. 但是另一些研究者认为语言和内容反馈都有助于写作能力提高。athman 和 Whalley（1990）对 72 名中级英语学习者进行了 30 分钟的看图作文，研究者把学习者分为四组，一组：不评阅作文；二组：改正语言错误；三组：只评阅内容；四组：改错加评阅内容。研究发现改正语言错误能显著提高语法的准确性，同时针对内容的评语也能促使学习者在思想表达方面取得较大的进步。

在评阅学生作文时是把所有错误都指出还是有选择地指出部分错误以及需要指出哪些方面的错误，不仅研究者们的看法不一，学习者对此也无一致的看法和标准。有的学生希望老师指出作文中出现的所有语言错误，尤其是语法错误，然后由他们自己改正；有的学生对教师的语言形式反馈很重视，认为此类反馈有助于提高他们的写作水平，而有些学者也指出学生对教师的反馈存在个体差异，即不同的学生对同一类型的教师反馈可能产生不同的反应，不同的学生对教师反馈类型的期待也可能不同。

（三）对书面反馈的思考

书面反馈的形式多种多样，到底使用何种形式的反馈应该根据学生的实际情况和写作任务加以妥帖选择，而非一概地肯定或否定某一种形式的反馈。老师能够按照教学指导和学生自身的状态针对性的标注出作文里不对的地方。现阶段的教学要求是全文的连续逻辑，那么老师就把学生作文里缺乏连贯性的地方标记出来。如果是学习热情高、学科能力好的学生那么间接反馈就占主导地位，结合全文的结构和主题，让学生体现自身的能力和提高写作水平；对英语水平一般的学生就利用主动反馈的方式对文章使用的词汇语法错误做标记，这样有利于提升学生的写作技巧，在这个过程慢慢引进内容评论替代部分直接反馈。

要使教师反馈充分发挥其应有的作用，学生对教师书面反馈的态度非常重要。如果教师批改作文认真仔细，给学生提供了非常详尽具体的语言形式反馈，但学生对教师的反馈置若罔闻、不认真阅读的话，评语的效果就会难尽人意。不管是教师的语言形式的反馈还是内容方面的反馈，学生都要认真阅读，并且查阅参考书把作文中出现的错误弄清楚、搞明白，这样写作能力才能不断地提高。Ferris（1995）、杨敬清（1996）通过实验得出，老师应该让学生多在原文上修正、新写，要不然学生通常只在意作文打分情况，忽视老师在批阅文章上的评语认为写作任务已经完成，没有必要再去关心教师对其作文是如何评价的。所以，教师若想发挥反馈的良好作用，有必要要求和督促学生根据教师的评语重写或改写文章。

三、教师口头反馈

教师口头反馈包括教师在课堂上统一给学生作文所做的口头点评和师生会谈式反馈。在这里，主要讨论一下师生会谈式反馈。

（一）师生会谈式反馈的含义

尽管教师书面反馈对学生的二语写作能力的提高有着极为重要的作用，但是有时没有什么能代替坐下来与学生面对面地探讨。师生会谈式反馈（teacher student conferences），又称为师生交流（student-teacher sessions）。教师的写作水平远高于学生，并具备完善的写作背景知识系统，通过一对一或一对多的会谈方式能让学生迅速意识到先前未能意识到的错误并及时予以纠正，并且有助于学生写作能力的不断提高。一般情况下，师生会谈有三种形式：第一，在教室以外的地方，师生进行一对一或一对多的互动；第二，在学生写完作文后，通常可在学生的同伴反馈之后进行师生会谈；第三，教师一定时期内抽出一定时间与每位学生进行会谈。

（二）师生会谈式反馈的介绍

师生会谈式反馈方法有很明显的好处，因为这个过程双方都是参与者需要配合进行，过去的评判，老师占主动位置帮助学生改正作文中的错误，研究者认为，作文中存在的不完善的地方包括了句子结构，对这方面的讨论理解不是很容易，利用一般的书面表达不能传达清楚，只有师生之间进行动态交流，才可以体现教师反馈的效果。

在师生进行动态讨论时，老师和学生的主动性是平衡的，所以能够对书面反馈方式中存在的不足进行弥补。会谈的相互作用可以让师生能够尽情发表自己的意见给模糊的问题明确的定义，从教师的角度来看，在不明确学生文章里部分表达，就可以利用面对面的交流，明确学生想说明的观点；从学生的角度来看，老师的评语理解起来有一定的困难时，可以让老师进行讲解，同时阐述自己的想法，并且和老师共同讨论文章需要改进的地方。圆满的会谈离不开师生的热情，师生共同讨论，找到问题再对应解释，在师生就作文的交流里，老师不能凭自己想象进行理解、学生不情愿的认同。口头交流可以提高作文初稿的修正效率，对将来提升写作水平有长远的积累作用。

可是，一些研究者也认为，虽然师生会谈使得师生能够充分地交流，使得学生获得教师个别的关注，但是这样有效的交流并不那么容易做到，会谈的效果或因文化的原因或师生等各个方面的原因而有很大的差异。对于教师，师生会谈的前期准备和师生面对面讨论都需要花费大量的时间，而且也需要具备良好的组织能力和沟通技巧；对于学生，也需要对会谈进行必要的准备和一定的互动能力。也就是说，只有师生共同努力才能达到很好的会谈效果，否则容易流于形式而导致时间的浪费。

（三）成功开展师生会谈的建议

要想成功地开展师生会谈，会谈前教师应该提前让学生清楚自己在会谈中所承担的义务和扮演的角色。因为会谈会占用许多时间，所以不管是教师还是学生都应事先为此做好准备并合理利用时间。研究发现，事先已准备好提问的问题、理顺思路并在会谈中积极参与的学生收获最大，而且对今后草稿的修改也大有帮助。因此，教师要找到有效的方法使学生能够积极地参与会谈，会谈时要注意以下几个方面：

1. 会谈的时机

进行会谈前，教师阅读学生的草稿并做好反馈，而且最好当学生收到教师的书面反馈之后，教师才安排会谈。

2. 会谈的内容

会谈前，教师应要求学生就自己想要讨论的相关反馈或自己不明白的地方准备一些问题。老师应该在进行会谈前计划问题检测，把要主要讨论的问题告知学生。较好的方式是在开始时有总揽全文的问题，就像"本文的主题思想是什么？""怎样开展主题的阐述""写这篇文章最难的是什么？""这篇文章是为谁写的？""有哪些词组、短语你感到不太有把握？""你特别想让老师看哪一部分？"等，而不是会谈一开始就一字一句地看教师的反馈。教师也可以就学生作文的具体方面提问，如："你在这里是什么意思？"，不要自认为你知道学生的写作意图，有可能教师在对文章进行大量解释后才发现学生想要表达的与自己所理解的完全不同。在会谈时，教师可以有时通过让学生回顾刚才讨论的内容来检查学生是否理解。教师就文章结构、组织编排等内容与学生进行探讨，但是如果学生有语法方面的问题教师也不应回避。

3. 会谈的方式

教师在指出错误时，尽量用比较和缓的态度和柔和的言辞，以免刺伤学生自信让他感受到写作中的挫败感。并且，教师要通过笑容、点头这种表情动作体现对学生的想法认可同时，通过如此的会谈，学生会积极性大增，加深自我写作的认可程度。

4. 会谈的效果

在会谈快结束时，教师可以让学生总结会谈的要点并让他们说出自己决定如何修改自己的文章。有些学生可能会发现在会谈时很难根据教师的反馈做出修改，尤其是那些理解力差的学生，针对这些学生，应该把会谈的核心内容做一个记载，会谈结束多次翻阅，还能够通过视频语音记录，进行多次回顾，就能够给学生提供比较有效的反馈。

第二节 学生反馈

传统的写作反馈往往只是教师的单方面行为，教师投入了大量的时间和精力，学生仅仅习惯性地看一下，而不思考怎么改以及为什么要这样修改，因此学生的写作水平进步不大。如果学生能积极地参与作文修改，使学生反馈与教师反馈很好地结合起来，这样就会极大提高作文反馈的有效性。张丽杰、刘红（2007）认为："学生学习写作比较有序的方法是学生本人参与到他人或自己作品的写作和评改过程中，与读者进行面对面的真正意义上的交流。"而认知语言学也认为语言习得的最好方法是由学习者参与互动交流。在此，将讨论学生反馈的两种基本形式：学生自改与学生互改，以及教师指导与学生评改相结合。

一、学生自改应注意的问题

学生自改是指学生自主地修改自己的文章，但学生自改并不是放任自流，而是在教师的指导下学生自己修改作文。在进行作文纠错时老师标记出来学生修改比老师修改效果更好。Zamel（1985）也认为修改作文的任务应该交给学生自己去做。Reid（1996）也觉得，学生在作文里语言错误是内在语言系统的体现，老师要利用合理的方式锻炼学生改作文错误的能力。因此，在大学英语写作中教师应重视和鼓励学生自改，指导同时，实践证明学生本身是具备自我改正的潜力的。Raimes（1988）以二语言学生反复修改的文章为对象进行试验得出，如果在老师并未指出错误的情况下，学生第二次修改的文章错误率降低了五分之一，但是，学生修改自己的作文面临一个不可回避的问题就是，通常来讲，写作的人评价自身文章时带有主观情绪，所以没那么容易找到文章的错误，也就对自己所犯的错误不敏感（Shaughnessy，1977）。因此，教师要指导学生，教给学生自我评价的标准，培养学生批判性思维，对自己的文章进行深入检查。这个里面，锻炼学生自我评价的客观性和提升学生敏锐的发现问题的能力尤为重要。Raimes（1983）觉得，对于学生来讲最重要的是让学生学会以批判性的眼光看待自己作品并且进行修改，锻炼自己的逻辑思维传达出主题观念，提升寻找、纠正错误的水平。要从实际出发提升学生写作技巧，老师要针对学生能力达不到的地方要特别指出并提出修改意见，增强学生敏锐地发现问题的能力。

二、学生互改的利弊

学生互改，又叫同伴反馈，是学生相互交换阅读作文并提供反馈意见的写作教学活动。在英语为母语的国家和英语为第二语言（ESL）的写作教学中，学生互改作文已逐渐发展成为除教师反馈之外的另一种主要的反馈方式。该方法以当代多种理论为理论支撑，这里面修辞理论、文学评论理论表示，学习知识要从个人拓展到群体展开讨论，同学给对方修改作文就是一种讨论，在这个讨论过程里能够学习到别人的观点角度对修改文章有好处；另一理论基础来自合作学习理论和近邻发展理论，它们都认为学生互评会推动学生互相学习、互相交流、互相协商、互相修改。

（一）同伴反馈的好处

1. 有助于增强学生作文时的读者意识。学生通过与其他同学的交流能更好地体会他们的作文哪部分写得好，哪部分写得差，知道什么是成功的写作，对写作及修改会有更深入的认识。如果同伴不能很好地理解他们所表达的内容，那么就意味着这篇文章需要修改。而且同伴反馈为学生提供了多种角度来修改文章，不像教师反馈的角度比较单一。

2. 有助于接受不同水平的反馈。同学的反馈接近学生的水平和兴趣，能关注一些教师没有注意或不愿意指出的问题。如：教师更倾向于从整体上评论文章，而学生会指出更多的细节的地方需阐释清楚，这可能是因为教师的时间有限不能给每位学生提供详细的反馈，而学生则可以。因此，两种反馈形式互为补充，发挥不同的作用。

3. 有利于建立热情交流的环境。同学反馈可以促进同学的交流讨论，传递写作的良好态度，缓解学生的担忧情绪并有助于学生自信心的建立。学生在修改同伴作文的过程中会发现没有谁是完美的作者，文章需要不断地修改。

4. 有利于促进学生写作的积极性。学生在写作过程中会扮演更积极的角色，而不是被动地等待教师的指导，促使学生对他们自己的写作负责。

5. 有助于学生批判性能力的培养。学生通过对同伴文章的阅读和修改所获得的批判性思维会最终促进自己的作文写作。而且，同伴间的交流推动了语言能力的全方位发展，包括听、说、读、写综合能力的提高和发展。

（二）同伴反馈的弊端

1. 学生的基础知识相对薄弱，也缺乏技巧和经验。如学生的二语水平可能使得学生不能很好地理解他们的同伴的文章或并不能成功地进行评价，倾向于注意表面形式的错误，忽视语篇的错误。

2. 学生修改作文的建议可能会模糊，没有太大的帮助。如：Can you make this paragraph clearer？学生的建议有可能是错的，学生的反馈可能会以他们的母语的写作方法为基础，但这有时并不适合于二语的写作。

3. 学生有时拒绝同伴的反馈。学生可能不相信同伴评论的价值或可能不习惯这种评论方法。有的学生不愿意提供负面的评价，空泛的表扬可能被认为是浪费时间，从而只关注教师一人的反馈。

（三）教师反馈与同伴反馈的比较

戚焱（2004）从频率、类型和有效性三个方面探究教师反馈和同学反馈各自在学生文章修改的作用效果。实验证明两种反馈数量大致相等，侧重点有所不同：教师更关注语法，而学生更重视作文内容。教师反馈比同伴反馈针对性强、正确率高，学生更加在意老师的评语，所以学生回应教师反馈更积极。写作能力强、中、弱的学生呈现出不同的修改方式与特点，能力好的学生对教师反馈、同伴反馈都十分在意，同时高效运用这两种反馈结果来修改作文；中水平学生有选择地采纳了部分评语，但忽略其中一部分有问题的反馈；低水平学生则回避问题，或对教师反馈和同伴反馈不予理睬，因此问题不断。

蔡基刚（2011）以 61 个中国大学生的写作为对象，探究信息化背景下两种反馈的效果，教师反馈和同伴反馈两个班分别开展实践考察，研究时间的跨度为三个学期。教师反馈班有 30 名学生，只有教师批改他们的作文；同伴反馈班的 31 名学生经分组接受反馈训练，学生先对作文进行互评并修改再由教师批改。实验发现同伴反馈的诸多优势：有利于学生的读者意识的培养；有利于学生的文章质量意识的培养，明显提高学生作文语言质量和内容质量；有助于学生的英语写作积极性的培养；有助于学生英语学习社群的形成等。

以上实验结论说明：学生在接收了反馈后可以通过反馈信息改正文章，

不管反馈是来自教师的还是同伴的，都能够提高写作能力。当然教师反馈更容易被接纳。尽管同伴反馈利用率不高，但其修改的有效性比较高，也具有自己独特的优势。同学评阅作文，"学生能够发挥出更好的能动性与讨论"，按照同学提出的意见进行的修改几乎都属于成功修改，这可能归因于同伴反馈活动中学生能充分地互相交流各自的反馈意见。

所以，虽然学生更注重教师反馈，认为教师反馈比同伴反馈更有权威性，但是同伴反馈仍能起一定积极的作用，应将两者有效结合来帮助学生提高写作水平。同时还要注意，同伴反馈最好先于教师反馈，因为在事先没有教师反馈的情况下学生才能自由地表达意见，而且先有了同伴反馈之后，教师的反馈意见还可以间接地评判同伴反馈的准确性。

三、教师指导与学生评改相结合

学生自改作文和同学互改作文并不意味着教师可以放手让学生自己去修改，相反教师应积极参与、鼓励、指导学生自改和学生互改，把两者很好地结合起来，否则，学生会认为学生自改和互改是浪费时间。也就是说，学生的自改和互改这两者的结合离不开教师的示范和指导。

在指导学生自己修改作文时应关注语言和内容组织等方面，如语言方面包括：语法是否正确，语言表达是否清楚准确；内容安排方面包括：作文是否切题，文章的主题体现明显与否，结构组织具有逻辑规律不，每个版块联系转移合理不等。教师这一系列指导旨在通过建立师生协作讨论的系统，锻炼学生自己改错的水平，提升学生的热情参与到写作修改当中，使他们能够从自评中提高自身的写作能力和水平。

在学生初步自改的基础之上，教师可以开展学生互改，但是首先教师应对整个互改的过程提供示范。如教师可以把一篇以往的学生写过的匿名的文章投影给学生看，教师给学生作示范指出正确的评论和修改的建议，并且可以用不同水平、有不同问题的文稿给学生进行反复多次的示范。教师可以给学生提供一些有用的反馈和无用的反馈，并通过让学生重写那些无帮助的反馈提高学生修改作文的能力。如下所示

People complain that the United States have too much freedom for kids，for them to play all kind of stuff. Like heavy metal music，and let them drive with loud music，modify their cars which have a big sound. This kind of stuff makes people go crazy. All that prejudice ruins people's life. Well，this is true，but does that make this country not a good place to live？ I don't think so 两个不大有用的反馈意见：Your paragraph is hard to understand. Can you make it clearer？

Heavy metal music is not good. I don't think you should write about it.

第一个反馈意见重写后更具体：It seems as if your introduction is all about freedom. I don't understand the sentence about preiudice. How does it relate to your topic？

第二个反馈意见重写后变为非批评性的：I agree with the people who say that heavy metal and these other things are bad. I am not sure if you do. Do you mean that people are free to do both good and bad things in America？ I think you should make it clear to the reader that these are bad things，but in a free country you are allowed to do them教师给学生示范完之后，学生就应该练习自己修改和互相修改作文，但是也不能认为学生做了准备，反馈活动就能顺利进行，教师应该对每个小组进行巡查，督促落实保证学生的反馈具有合作性和建设性。

教师除了应向学生示范这个反馈过程，还应该给出讨论的具体问题和标准来指导学生进行反馈，如教师可以运用同伴反馈表给予学生论文纠错帮助。

学生纠错的时候，老师不定时检查修改的进程效果等积极为学生进行指导。并且，学生不管同学的评语是赞赏还是否定，都能够让学生对自己的作文做一个回顾思考，锻炼学生的客观思考的方式；还有学生进行了角色转换，站在读者的位置评判自身的作文，这样不但能够帮助学生阐述自己的想法，把握写作的准度，还能提升写作水平。

最后，如何给学生分组也很重要。高歌（2010）的研究发现，不同的分组条件下学生互改会对学生英语写作产生不同的效果。无论是写作水平低的学生小组，还是写作水平高的学生小组，还是由水平低的和高的组成的混合小组，同伴反馈都能提高他们的写作能力。总的说来，就小组写作质量增长幅度来看混合小组反映出来的状态最佳。原因在于混合小组里面，作为文章的读者水平高的学生能给水平低的学生提供具体而有用的建议，水平低的学生显然可以用这些有用的意见来指导自己作文的修改；水平高的学生通过这样的反馈活动不仅增强了自身的责任心和自信心，而且本身具有英文写作高水准的学生可以有效运用水准不够的同学阐述的总体观点。全部都是高水准的学生组成的小组整体状态不错但组员缺乏信赖。全部是低水准学生构成的小组状态比另外组都差，因为学生的能力水平低，就算能够标记出组员文章的不足，相互之间还是不能提出修改方案。因此，学生进行互改活动时，教师最好按照班级的实际情况采用灵活有效的小组分组形式，更好地发挥其作用。

第八章 英语写作测试

测试（test）又称测量。有教学，就有测试。语言测试的目的是测试受试者的语言能力，而语言能力是无形的，只能测量它的有形表现，也就是语言表现如说出来的话、写出来的句子，以及对测试题目所做的各种反应等。一个人的语言能力是多方面的，其表现行为也会有各种各样的形式，因此测试时只能选取一部分有代表性的进行测量。英语语言测试，是随着英语教学的出现而出现的，其目的是测试受试者的英语语言能力，包括阅读、词汇、语法、口语表达、写作等方面。其中写作测试是非常重要的一部分，不容忽视。纵观这段时间世界上范畴大的英语实验的进程发现，大众已经意识到英文写作测试的影响程度之大。如大学英语四、六级考试从 1997 年开始设置了"作文最低分"要求 TOEFL 考试过去没有对写作部分的测试，逐渐也增加了写作的考查；高考英语考试中书面表达部分所占的比重也在逐年增加。

那么，英文写作测试是什么？简单来说，写作测试是全方面的测试，包含的内容不仅是测试学生的单词、语法这些语言因子，还测验学生的创造系统能力、研究水平、表达水准、逻辑推理以及对各种语体的掌握等。但是与英语语言测试的其他部分相比，英语写作测试操作起来复杂得多。本章节就英语写作测试的理论、特点、测试原则、类别及评阅等诸多方面展开论述。

第一节 英语写作测试概述

语言测试综合性科学，需要厉害的操作能力，不过语言测试一样是有理论支撑的。语言测试和语言教学相辅相成，想知道语言测试的历史及特点，需追溯语言教学的历史。写作测试作为英语语言测试的一部分，与整个英语语言教学的大环境密不可分。我们要明晰写作测试背后的理论脉络、探究写作测试的特都离不开语言测试理论整个结构。

语言测试理论是英语写作测试的支撑，实际上是一个语言观的问题，直接作用于语言教学和测试决定了语言教学教什么，语言测试测什么。回顾英语语言教学和测试的发展史阶段不一样，因为大众就英语是一种语言的看法有不一样的理解，英语语言测试慢慢演变出三代不一样的形式，按其出现的先后，简称为第一代、第二代、第三代体系。这三代体系不仅具有广泛的典型性，还具有明显的区别性，代表着英语教学和测试的三条不同道路。下面我们将对这三代体系做对比论述，并重点介绍第三代语言测试理论体系。

大家把首代模式取名叫科学前语言测试（prescientific testing），即 20 世纪 40 年代以前的测试。这一时期并没有自觉的语言观。教语言的老师不清楚语言的概念，对整个语言体系没有专业认知，仅仅是将语言看做学科，里面的成分有语法、单词、语音等。语言测试，就是检测这三个成分的相关内容，第二代模式叫做心理计量这是从整体布局为核心的语言测试，该语言看法可以解释为：语言具备较为完整的体系。与第一代相比，它多了语言技能的测试（即听、说、读、写技能），尤其注重听技能的测试。但其不足也显而易见，如没有结合恰当的情景使语言更具真实性。这就催生了第三代体系的诞生第三代体系被称为交际语言测试，亦称心理语言学—社会语言学测试，其语言观内涵是交际能力。 Hymes 首先明确交际能力的定义。交际能力大于等于语言。一套系统的交际能力，它的主要成分形成教学、测试的基础。

Canale 和 Swain（1980）提出交际能力由四部分组成：（1）语法能力语音、词汇、语法等语言知识；（2）社会语言能力——不同社会环境下，理解和表达形式与意思都恰如其分的能力；（3）语篇能力——把要表达的东西放在合适的语言方式的能力；（4）交际方案能力——内容是打交道时怎么开展、保持、调节以及改变对话，还有怎样终止交流的能力。这种观点在一九八几年大行其道，不过仍然存在不足就是没有清楚表明四者联系，在后来的语言测试里也没得出结论。

自 1990 年开始，Bachman 创造了不同于过去的语言交际能力（communicative language ability，CLA）系统。他觉得，这种能力的体现在于能够把语言知识融入到所处的环境里准确的运用，开发并且阐述含义的能力，构成成分包括语言能力（language competence）、策略能力（strategic competence）以及心理生理机制（psychophysiological mechanisms）。

根据 Bachman 系统，语言能力由语言组织能力、语言应用能力组成。语言组织具体内容是产生或识别语法无误的语句，知道语句的中心还有最终将零散句子结合为口头、书面话语的能力（就是调节语言布局的水平）。语用能力是指话语或句子，意图和语境如何相互联系并构成意义的能力，主要有语义能力，功能能力和社会语言能力。战略能力是指在特定语言交流中使用很多语言知识的心理能力（mental capacity）。 这是语言能力和真实环境之间以及使用语言知识作为交流目的的桥梁。根据 Bachman 的概念，它由四组元认知方案构成：评估方案、明确目标方案、创立计划方案和运行计划方案。四个方案与语言知识的各方面，以及这几组策略之间相互作用、相互影响，不可分割。心理生理机制就是说把打交道的过程当成物质改变却不生成的状态，通过在语言交际里会动用的神经和内心活动变化的行为。语言的接受和输出过程牵涉不同的神经、生理、心理过程如考输出性语言能力时，写作能力就属于此类，受试者进行内容构思，会通过大脑运作，不过在执行大脑命令时离不开手这一生理器官的运用 Bachman 还指出，这三种能力并不是简单的并列关系，它们相互作用，不可分割综上所述，语言运用处在一个不稳定的变化状态里，知识、技术、心理三个方面协作进行。英语是一种语言，进行测试就是为了了解学生的真正使用水平，所以需要将交际能力的全部成分组合在一起开展测试。那么写作测试就是这样一种综合性测试，所以很多人认为，只有写作能力才能真正反映一个人的语言修养。Bachman 的新模式不仅为写作测试提供了理论依据，而且为其实践操作提供了一些可供借鉴的方法策略。

一、英语写作测试的特点

写作测试亦属于语言测试的范畴，是语言测试的一部分。因此，语言测试的理论和实践方法同样适用于写作测试。但与语言测试中其他能力相比，写作测试又有其特殊性。写作测试是一种产生性运用的直接测试。所谓直接测试即让受试者在测试环境内运用被试能力。如写作能力的测试，就通常是通过这种直接测试的方法来衡量考生的写作水平。英语写作测试就是根据具体测试目的，或是教学大纲或课程标准所规定的能力标准，检验学生的英语书面表达能力。它具有以下四个特点：

（一）英语写作测试是一种综合性测试

写作测试不仅能考查学生的语言输出性（产生性）技能（productive skill），同时也能考查学生的语言接收性技能（receptive skil）。接收和产生，是语言的两个根本方面，缺一不可。语言测试只测试接收不测试产生，从根本上说不能算是语言测试。英语写作测试以考查写作能力为测试目标，从前面理论部分论述我们已得知，写作能力是语言的产生性的交际运用能力，是一种通过写的渠道来进行的交际运用。它属于语言测试，但不是只考查语言能力。交际能力的组成有：语言能力、合理语境表达能力、实际运用能力。进行交际能力的写作测试，显然不能只考查语言能力接受性技能测试，未必能考查学生的产生性能力，如读和听的测试。但考察产生性能力（写和说的测试），必然同时也考查接受性能力。显而易见，听得懂，但不一定能说出来；读得懂，但不一定能写出来。反之，能说出来的，自然都能听得懂；能写出来的，也自然能读懂。因而，考查读、听能力的接受性测试不一定能同时考查写、说能力，但是考查写、说能力的这种产生性测试却能同时考查学生的读、听等语言接受性能力。

（二）英语写作测试能同时测试语言的各个方面

在英语写作测试中，从学生写的每个单词、每个句子都能看出他（她）是否懂这个词和句，不懂就不可能写出来，或者会写错。所以写作测试在考查语篇的同时，必然也考查了单词和句子；在考查意义表达的同时，必然也考查了惯用搭配和语法。英语写作测试的语篇层次测验，自然把单词层次、词组层次、句子层次全部考查到。而以意义（信息）为焦点的写作测试，自然也考察了惯用搭配和语法（包括拼写或语音）。因此，写作测试能把语言的各个方面、各个层次、各个因素范畴都考查到。

（三）英语写作测试能同时测试语言运用的准确性、流利性和得体性

语言的准确性是说满足语言使用范畴里的逻辑，是交际能力下的语言能力的一种。流利性指语言运用过程中的顺利程度，即运用中的效率。这不是语言形式系统自身静止的属性，而是语言在运用中的属性。运用，是在语境情景中的运用，自然要牵涉语篇能力和语用能力。得体性，指语言的运用是否符合语境情景的要求。写作测试能够同时兼顾到这三点，并且这里要测试的准确性，是动态的、语言实际运用中的准确性。

（四）英语写作测试具有较强的主观性

英语写作测试的主观性较强，一是测试的评阅比较主观、难以实现客观化，二是对实施条件的要求较高。首先，一篇作文，10 位老师可能会给出 10 个不同的分数。即使同一阅卷人，不同环境下也无法做到评分标准始终如一。所以写作测试的评阅受到评阅环境、评阅人之间及评阅人自身这三者的制约，难以实现客观化。其次，英语写作测试实施起来要求较高的条件，如测试情景是否真实、写作任务是否合理、写作人层次如何等，所以其可行性低。尽管如此，写作测试是具体的全面的表现检测，重在知道学生在真实语境里的使用掌握情况，可以为英文课堂构造一种热情乐观的反驳作用。

二、英语写作测试要遵循的原则

信度（reliability）和效度（validity）是语言测试的根本要求，也是语言

测试要遵循的两大原则。任何一门测试都应当寻找这两者间的平衡点，保证较高的信度、效度，否则就达不到测验目的，就是一次失败的测量。

（一）信度

语言测试的信度，是指测试结果是否稳定可信。信度则是判断在测试过程里是否有外在干扰的指标，能够体现非主观性与高可信度。具体来说，它代表了试题与受试者、分数与试题的关系，回答了下面两个问题：试题是否给了受试者公正而客观的作答机会？分数是否公正而客观地反映试题的作答？测试信度的高低，受到测试试题本身、评阅信度的影响。

1. 写作测试试题

举例说，写完一篇作文后，学生再写类似话题或难度相当的作文。如果测试的结果与第一次相近，也就是学生两次作文的成绩非常相近，那么这份测试的信度就高。要做到信度高，测试的质和量都有一定要求。试题的量，作文的篇幅要求要适中，太长、太短都不佳。篇幅要求和测试时间也要统一起来。

我国现行的大规模英语测试中，如大学英语四、六级考试，写作部分的测试要求学生在规定的 30 分钟时间内写出不少于 120 或 150 字的一篇作文。试题的质，指测试结果的分数要有梯度，即分数分布要分散，应该呈现正态分布，大概的概念是：两头小，中间大。一篇作文，写得特别好的和特别差的总是少数不好不坏占大多数。要把握测试的质，需注意以下几点：区分度要高；难度适中；不要有偏颇性等。

2. 阅卷信度

写作测试的阅卷信度是评判这个阅卷结果是不是标准可信的重要指标。评阅标准要一致或稳定。评分员之间对于评分标准要有相同的理解和掌握尺度。每个评分员自身也要保持前后一致。评分员对评分标准的理解程度、时间紧迫、疲劳或身体不适等客观因素干扰都会影响到阅卷的信度。

（二）效度

测试效度抽象的解释是测试的是不是本来确定的范围，测试结果可不可以说明本打算测试的水平。要考查学生的英语写作能力，让学生根据所给题目写一篇短文，写作能力就可以直接依据学生写的作文来判断，这就是有测试效度。

不同语言测试专家对测试效度有不同的分类。在此，我们把测试效度分为大类：内部效度（internal validity）、外部效度（external validity）、考生反应效度（use validity）、测试内容之外效度（beyond- the test validity）。内部效度就是开展测试的稳定可信度，包括内容效度和结构效度。外在效度指利用测试之外的标准，即外在标准验证而得以证实的效度，用来考查学生测试分数与其他衡量学生相关能力检测手段相比较的结果，主要有同期效度和预测效度两种。使用效度，又叫使用者（考生）反应效度，就是一个测试是否有效，最后要看考生的反应。这又分为表面效度和反应效度。最后是超考试效度。语言测试不仅仅是为了得到一些数据，说明受试者的语言能力的状况，还应有一个超出考试的目的。如写作测试除了测试学生的英语写作能力外，对英语教学也要起到一定的反驳效应。超考试效度可分为实效效度和反驳效度。

影响测试效度的因素很多，包括测试目的、测试内容、受试者的心理状态和测试环境等。具体到写作测试效度，我们会在以后继续做较深入细致的探讨。

（三）两者间的关系

就测试信度与效度的关系来说，测试效度是首要的。没有效度，测试就达不到预期目的。而一门测试的结果缺乏信度，就没有其测试的价值。信度和效度是相互依存的关系。同时，两者又相互矛盾，相互排斥。写作测试是一门综合性测试，能同时检测学生各方面的语言能力，是公认的效度比较高的测试但是，由于其主观性强，测试信度往往难以保证。所以写作测试必须找到这两者的一个平衡点，兼顾效度和信度，否则就不能称其为一次成功的测试。这是英语写作测试必须遵守的两大原则。

第二节 不同类型英语测试中的写作测试

划分标准不同，英语测试的类别也不一样。按测试方式，可分为离散测试（Discrete test）和综合性测试（Comprehensive test）。从评分形式看，有主观性测试（subjective test）、非主观测试（objective test）。从评分的参照形式看，有标准参考测试（criterion-referenced test）和常模参照性测试（norm-referenced test）。按测试用途，可分为分级测试（placement test）、学业成绩测试（achievement test）、水平测试（proficiency test）、潜力素质测试（aptitude test）、判断测试（diagnostic test）。下面我们就学业成绩测试和水平测试这两种相对普遍的英语测试中的短文写作部分测试进行阐述。

一、学业成绩测试中的作文考试

学习成果测试是一种回顾性测试，旨在了解过去一段时间内（如半学期一学期、一年甚至更长）的教学和学习成果，检验教师的教学效果和学生的学习成效。随堂测试、期中和期末测试、学校的毕业测试，都在此范畴。写作任务主要包含两方面的变量：（1）测试的实际操作，指考试时间、写作方式（手写、打字还是电脑操作）、篇幅、能否打草稿等；（2）测试内容，指任务类型任务选定等。我们重点从写作时间和任务类型两个方面探讨。

（一）写作测试的时间条件

作文的限时与非限时问题，主要出现在随堂或平时测验中。写作需要一定的时间作为保证，因为一篇成功的作文需要构思、起草、修改等过程。zamel（1983）觉得，时间在写作过程里起了决定性作用，学生需要时间进行思维活动、搜素单词、给全文定框架。时间不应该是写作中的限制因素。给学生充足的时间进行构思是提高英语写作水平的重要条件之一。吴红云（2006）则指出时间限制对 EFL 作文成绩还是有较大负面影响的。而王育祥（1996）的研究表明，限时作文与非限时作文的分数差异不明显，均能有效地测试学生的英文写作水准，结果表明时间不能作为决定英文写作水准的主要因素。

那么，时间限制与否对写作成绩到底有没有影响？笔者以为，影响是肯定有的。下面主要从两个方面来分析：

1. 限时与否影响文章表达的准确度、复杂度

首先，非限时作文更接近现实生活对写作的要求。在没有时间限制的条件下，学生有更多的时间构思、斟酌和修改作文，来体验写作过程，思考写作策略。同时，学生尝试使用新学的写作技巧、语言知识，参考经典范文，修改自己的作文，从而尽量避免错误，提高文章表达的准确度。相对准确度而言，作文的复杂度更能反映学生运用英语的能力。通常情况下，写作时间越充分，学生越有可能用复杂的语言形式表达思想内容，甚至超越自己现有的语言运用水平。可见，非限时作文，在平时测试中还是很有必要的当然，作文的准确度和复杂度与写作时间的长短并不总是呈正比关系。它还与学生自身的英语水平、学生学习的自主性强弱、写作任务的类型以及任务的难易程度有密切关系。假如学生的英语水平很差，给他再多的时间，也写不出像样的作文来。

2. 限时与否影响作文的内容

直以来，中国学生英文作文的问题之一就是，内容空洞，思想苍白。而给他们足够的时间，就可以在一定程度上解决这一问题。时间充裕，学生就可以更深地挖掘文章的主要思想，进一步发现新的视角，更好地构思文章的内容，考虑文章的连贯性，从而在内容方面提高写作的质量。当然，作文的

思想内容还受到学生自身的思想认识水平、语言表达能力以及作文字数的限制。

一般而言，英语测试中的作文部分，要求学生写 100 多单词的短文，最多不超过 150 词。在如此短的篇幅内，即使时间充裕，学生也很难对主题展开充分的谈论，内容丰富、思想深刻则很难达到。因此，平时非限时性作文测试中，教师可以适当放宽作文的字数限制，给学生充分的发挥自由。

另外，限时与否还会影响写作者的心理。学生在写作测试中的心理压力是种客观存在，或称之为焦虑。限时与不限时条件下，焦虑的程度是否一样？

这一问题，目前还没有相关研究，有待进一步的探讨。

（二）写作测试的任务

根据传统修辞学，写作任务类型可分为四类：说明、记叙、议论和描述任务类型的选择要有科学性，依据不同测试对象和测试目的而定。不同的测试对象，在实际写作中所面临的情况、问题、要求不同。适用于一类考生的任务类型，不一定适用于另一类考生。另外，测试目的不同，任务类型也应做相应调整。任务类型恰当与否，影响考生实际写作水平的发挥，直接影响测试的效果，即测试效度。

测试中，写作任务除了需要考虑任务类别外，题目要求也是一个必须关注的环节。。写作速度和水准跟题目是密不可分的，学生对题目的理解对作文得分有决定性作用。题目要求是向考生界定写作范围、写作技能和写作所需知识的途径。具体而明确的题目要求有利于学生写作水平的发挥。反之，考生则心中没数，易产生焦虑、烦躁等负面情绪。

写作任务的设计要遵循几个原则：

写作任务要保证以意义为测试焦点，而非语言形式。写作测试测量的是学生的产生性语言运用技能，产生性运用是从意义进行，就说明写作阐述的观念需要具有一定的意义。语言表达（单词、结构、语法）的利用，其宗旨都是为了体现这个特别的意义。这一点是写作测试的劣处的体现。

测试任务要坚持真实性原则。语言测试的真实性，指测试任务或题目与目标语言使用环境的关系，要求语言测试与语言交际具有一致性和统一性。写作任务要实现真实性，需要测试情景真实。真实的情景，就是学生现在或将来很有可能会遇到的情景。如学校的期末测试，可以结合本学期课本中所学内容从中选择一个相关话题（topc），题目要求上可以明确学生运用本学期所学语言知识（词汇、短语、句型甚至文章结构），这样既能保证测试任务的形式和内容对所有学生是真实的，又能实际检测学生一学期来的学习效果，兼顾测试信度和效度。测试情景真实性，还有助于学生培养根据环境找到写作内容、怎么写的记忆行为，从实处锻炼学生实际运用语言的能力，即语言学习的根本目的。

1. 写作测试应该是互动性（Interaction）的行为

现实生活中，人们的语言交际是个交互性、动态的过程。交际就是信息的传递，传递信息不可能是单方面的，必须是双方的。写作测试的互动性，存在于考生与写作任务、评阅人之间，是考生综合运用个人的语言知识、元认知策略甚至情感因素的体现。例如，设置这样一个情景，你是疯狂英语俱乐部一员，向新同学介绍你们俱乐部并邀请他们加入。这个任务就很好地体现了互动性原则。当然，与学生的现实生活也很接近，同时兼顾了情景真实性。

2. 任务设计还要尽可能保证评阅的信度

写作测试是一种主观测试，保证其评阅的客观公正很不容易。这就要求设计写作任务时尽可能提高评阅的可靠性。如题目的要求尽量具体明确；对短文字数、格式要有明确规定等可见，写作任务连接着学生与教师两个环节。一方面，它向学生提供展示其写作水平的机会和平台；另一方面，教师通过任务，了解学生的实际写作水平。一者，学生不能随心所欲地想写什么就写什么；再者，教师也不能学生写什么就评阅什么。基于此，写作任务在两者间起到制约、规范的作用，使两者目标趋于一致，从而实现测试目的二、水平测试中的写作测试水平测试考查学生可否展示出一些水准，可否完成一些目标。该测试排除学生个人的一些具体情况，如学了哪些英语课本、学了多久、如何学的。像全国英语等级考试，大学英语四、六级考试，英语专业四、八级考试，托福，雅思，GRE 等都属此类。这类测试的共性是，他们都是大规模的测试，都已形成相对标准化的模式。

二、测试中写作部分的效度

我们以大学英语四、六级考试（CET4，CET6）为例，重点讨论此类测试中写作部分的效度。

效度，我们在前面第一节已做过相关论述。下面，我们结合 CET4、CET6，对水平测试中的写作部分效度做进一步论述。这里探讨的效度，主要指内在效度，即测试本身的效度，包括内容效度和结构效度。

（一）内容效度

1.《大学英语课程教学要求》对书面表达能力的要求

CET4、CET6 是以《大学英语课程教学要求》为依据的全国统一标准考试，旨在促进高校英文教学目标的深入发展，就大学生真正的英语运用水平做科学直观的检测。在想要推动大学英语课程的高效进步基础上，2007年正式出台实行了《大学英语课程教学要求》就大学生的写作水平做了三级不同的要求。其中的一般要求对应CET4，较高要求对应CET6，分别如下

（1）普通标准：可以达到命题作文普通写作要求，可以叙述经历、感受、情绪、过程，可以完成普遍的运用文，可以在30分钟里对普通焦点命题展开超过120字的阐述文，主题突出，内容不残缺、语法单词使用合理，句子连续，具备一般的写作能力。

（2）较高标准：可以较为完整的把普遍性中心阐述出自己的看法，可以给本专业的论文写英文摘要，可以写本专业的短英文综述，可以解释每个类型的图表，在不超过30分钟的时间写出大于150词的文章，内容无缺损，主题清晰，逻辑合理，句子连贯。

2.影响效度的因素

写作测试测量的是学生的产出性语言运用能力，可以说是语言测试所有题型里效度最高的，写作测试的特点已明确表明这点。但在实际操作中，能否真正达到高的效度，影响因素很多（前面已简单提到），其中非常关键的一点是命题。这也是影响写作测试信度的关键一环。CET4、CET6写作部分的命题要求做了如下描述，短文写作部分的目的是考核学生运用书面语表达思想的能力，要求学生在30分钟内写出一篇短文，CET4不少于120词，CET6不少于150词。试卷出题方式有直接给题目、接着第一句写、给图表理解主题、还有提供关键词或提纲要求写成短文等。命题要做到使考生能展开思想，绝大部分学生都有内容可写，即避免构思方面的困难，不含背景知识方面的困难，以便达到考核书面表达能力的目的首先，写作部分的题目说明是写作题目的重要部分。CET4、CET6写作部分的都会有如下提示题目：Directions: For this part, you are allowed 30 minutes to write a short essay entitled XXX.You should write at least 120 words but no more than180 words. 题目说明的要求明确而清晰，既给出了字数、时间限制，又规定了文章的结构框架其次，选题上也要慎重。下面是几个失败的例子：

Is Michael Jackson an artist or only a pop singer？ Express your opinion about t. 这个题目的测试效度就很低，因为它要求学生首先知道迈克尔·杰克逊是谁，听没听过他的歌曲，否则就无话可说。另外，题目太难或太容易都达不到测试的目的。如"My best Friend"，"MyFa avouinte Move"这类的题目，过于笼统、宽泛，也缺少具体的要求，学生一下子不知道写什么，不利于使用标准化的评分标准。而另一个题目："To be or not to be, this is a question. William Shakespeare. Express your understanding about this sentencc... 这个题目同样效度很低，因为大部分学生可能听说过莎士比亚，但真正读过莎剧的人很少，对这句话更是不知所云。学生也就写不出任何东西，其语言水平无法测量上面几个例子，具体点说，是测试的内容效度低。内容效度指测试的内容有没有包括大纲要求，测试的问题反映出测试的对象的分量。

3. 内容效度的判断

明确内容效度，以下三个角度进行说明：（1）测试的的题目满足考试大纲不；（2）测试内容的典型性；（3）测试内容可以被考生接受不。如 2010 年 12 月份 CET4 的作文：For this part, you are allowed 30 minutes to write a short essay entitled How Should Parents Help Children to Be Independent? You should write at least 120 words folllowing the outline given below.

①现在不少父母为孩子包办一切。

②为了让孩子独立，父母应该。

这是考生十分熟悉的题材，因此不同英语程度、不同专业背景的考生都有话说。命题也保持了与《大学英语课程教学要求》对学生写作能力基本要求之间的一致性。所以，具有较高的内容效度。要保证写作命题的内容效度，需做到两点：第一，命题要依据教学大纲、考试大纲中写作部分的论述，拟定内容，编制题目。第二，组织专家讨论审定，以保证测试内容合理、有效。

（二）结构效度

结构效度是说测试的参照内容比如掌握语言并运用科学性如何。测试结构效度的明显程度可以反映学生语言掌握的水平还有运用语言的心理活动变化情况。在阐释写作测试的理论基础的时候，我们已提到，在 Bachman 的理论模式中，一个人的语言交际能力由语言能力、策略能力和心理生理机制三部分组成。写作测试是一门综合性测试，它有效地测量了学生的实际语言交际能力。检测写作测试的结构效度，就看写作题型的设计与所依赖的语言学理论或写作教学理论的相关性目前，我国大学英语写作，无论教学还是测试，普遍注重形式甚于内容，即特别注重学生作文中的语法结构：没有语法错误，句式长短搭配，主题句、畏开句结构合理等。过分强调语法和句式结构的做法忽视了写作的核心——思想内容。CET4、CET6 测试的是初级阶段的英语写作能力，比较注重形式，长期这样的训练容易让学生产生厌倦心理。要提高学生的写作兴趣和写作能力，根本上还是应该研究写作理论，了解学生写作的认知过程，以写作测试理论为指导，设计写作题型，提高测试的效度。与此形成鲜明对照的是托福考试中的写作测试，把对考生各种能力的测试有机融合在一起，避免了闭门造车、应试突击等弊端，能够很好地测试出学生的英语水平。

（三）听、读、写相结合的典型——托福中的全面写作

1. 什么是托福

托福（Test of English as a Foreign Language，缩写 TOEFL）是美国教育考试服务中心（Education Testing Service，缩写 ETS）推出的，为了检测学习英语的学生在学校这种情景里面对英语的掌握利用水平。自 1965 年开始的托福考试在世界范围内得到广泛的参与和认可。从 2005 年 9 月开始逐抄实施新托福（TOEFL Internet-Based Test，TOEFL IBT），以更加真实准确地反映考生的英语水平，中国于 2006 年 9 月首次实行。新托福考试是基于互联网环境的计算机化考试，通过网络为向考生传输不一样的试卷，利用信息技术记忆答案，把答案传送给评判系统，评判老师进行可信、非主观的打分，可以维护考试的公允程度、合理性和准确性。新托福考试包括听、说、读、写四大部分，其中写作包括两部分：综合写作（the Integrated Writing Task）和独立写作（the Independent Writing Task）。相对来讲，独立作文形式单一，和 CET4 等考试的作文形式相类似。主要以"教育、社会生活、文化、科学以及人的世界观"这些作为考试主题，学生针对一个设置的社会情境展开说明并且针对一个论点做探究并评述。而综合写作是托福考试中所独有的，将对考生听的能力、阅读的能力及写作的能力的考查融为一体。

2. 综合写作的组成部分及考查要点

综合写作由读、听、写三部分组成。首先考生需要用三分钟的时间阅读一篇结构清晰的学术文章，期间可做相应笔记，并且这篇文章最后写作时仍将重现。阅读文章大多为四段式，首段亮观点，后三段分别为支撑观点的三个理由。

然后考生将听到一段两分钟左右的听力材料，此材料内容和此前阅读的文章的内容有直接联系，大多是反驳关系。（Read articles on academic topics and listen to lectures on the same topic.）听力材料只放一遍，无复听机会听力材料也大多以四段式结构出现，条理比较清晰。最后要求考生用 20 分钟来总结听力材料中的要点，并解释其与阅读材料里表达的主题相互的联系。（On the relationship between lectures and readings.）词数范围在 150~225 字。同时要求：学生进行在写作时科学利用听力、阅读里的观点避免强加自己的看法立场在里面（The examinee carries on in the writing science USES in the listening, the reading viewpoint avoids to impose own viewpoint position in the inside），属于客观性题目；学生作文的水准判断基础是内容结构的全面性、合理程度还

有全文的质量。(The basis for judging the standard of students' composition is the comprehensiveness, reasonableness of the content structure and the quality of the full text.)

根据上面的题目标准能够知道，综合作文主要测试的内容包括概括总述（summarize）、改写（paraphrase）。概括总述要求考生在一定的时间长度里可以理解一般词汇量、难易适中的阅读和听力里面谈论的主要内容还说辩证组成；而改写能力就是需要学生可以把两方面内容里的关键资料以及辩证组成再次组织词汇和构造全面有逻辑的阐述和分析。所以，要达到综合作文全面合理的表达出来的标准，考生应该增强综合和改写两方面的能力。

（1）综合能力

对于题目中给出的阅读和听力材料，要在较短的时间理解主要的内容还有辩证说明，在综合写作里面是特别有挑战性的。不过听力阅读理解通常都是引用学术论文还有新闻稿，因此其内容和结构都具有较强的逻辑性和完整性，往往文章第一句会给出特定的情境与面对的人群，然后提示中心思想，后面的板块就一中心思想为核心进行详细的辩证说明。并且，末尾语段也有核心提示与主要依据，是需要理解的地方。文章中部，通常，学术性就使用归纳法（先举例说明，再总述）也可以演示法（先总述中心，再展开阐述），并且要小心反转、缘故起始以及总述的过渡语，在学会以上方法后，有利于把握阅读中的核心思想和全文布局，而且听力的把握也是中国学生比较头疼的部分，但在已掌握了阅读的前提下，就可以预判听力要表达的中心，这个时候最重要的是听力的核心是把文章阐述的主张跟阅读里的主张放在一起看，是共同影响统一的还是对峙的，这两方面的主张各自举了什么例子说明并通过某些方法进行验证。各自罗列分析出阅读、听力的核心内容后，怎样把两者的关联明白科学的体现，这个就是完成综合作文的第二个关键，该部分需要考虑通过有逻辑并且不残缺的作文布局，能够利用后面的方法，首段就要把阅读、听力的主题思想体现出来同时说明两个主张是统一还是对峙的；接下来的段落按照不一样的方面分成几段对这些文章所体现的观点进行归纳找到是统一还是对峙的支撑；末段就是一个总结性的语言，把阐述的观点和他们的辩证关系讲清楚，这一部分的布局描述要避免掺杂主观意识的想法和意见。

（2）改写能力

至于综合写作过程中的改写（paraphrase，即 restatement of a text or passages, using other words or in your own words），又称句子意译，就是用自己的话复述别人的文章、观点或论述。在复述中，不允许照搬别人的语言，而是要用自己的，否则就是抄袭。有效地进行改写的首要条件是全面理解文章的大意（main idea），梳理出文章的基本框架、作者主要的论点和具体的论据或例子，并用自己简洁的语言概括出来。在意译的过程中既要表达出原文的意思，又不照搬原文，就需要两个主要的改动：单词和结构，即单词改写和句子改写。

①单词改写。也就是使用不同的词汇表达相同的意思，主要包括：

A. 使用各种形式的同根词。

用 announcement 替换 announce；

用 building 替换 buld；

用 compare 替换 companson；

用 disadvantageous 替换 disadvantage；

用 explanation 替换 explain；

用 opposition 替换 oppos；

用 variety 替换 varlous 等 B. 使用同义词。

用 claimed\ declared 替换 announced；

用 wants\ hopes\ expects\ anticipates 替换 wishes；

用 Impact\efet 替换 imfluence；

用 corporation\ business\ firm\ l enterprise 替换 company；

用 establish \construct 替换 build；

用 drawbacks weaknesses\ defects\ shortcomings 替换 disadvantage；

用 merits\ strengths\ virtues\ benefits 替换 advantages；

用 neighborhood 替换 community；

用 choose\ advocate\ favor\ prefer 替换 support 等

B. 使用不同的连接词。

连接词在文章中的使用相当频繁，不仅用于段落和段落的连接，还用于句子和句子的连接。

用 due to owing to\ because\as\ since\ for 替换 because of；

用 however\ nevertheless\ nonetheless 替换 whereas\but；

用 therefore\ hence\thus\ consequently 替换 so 等。

②句子改写。使用不同的句型表达相同的意思，主要包括：

A. 主动语态和被动语态的互相替换 Eg：Trained scientists performed this research.

This research was performed by trained scientists.

B. 使用 "there be" 句型，可以将一个简单句变成一个加人定语从句或者分词的复杂句。

There are several computer programs that can be used to solve this problem. sx There are several computer programs used to.

C. 定语从句、分词和插入语的互相替换。

Eg Study conducted by sociologists in 2004，shows that.

Study which was conducted by sociologists in 2004，showsworld. Has This.，one of the most powerfuL. in the world，has.

D. 使用全新的表达法进行替换。

可以用 A large factory is supposed to be built near the community according 替换 A wishes to build a large factory near the community. i There is a growing of both brings to our community. t a discuss the advantages and disadvantages of this ce on your community. 等另外，由于综合写作是客观写作，是从一个旁观者的角度对这两篇文章的内容进行总结和比较，因此，某观点是出自哪篇文章一定要说清楚。所以，这些表示引用的句型在综合写作中不可或缺 According to the lecture/author/profe B. subject t verbs of reporting that clause The author tells reports/suggests explains/ says/argues/ states/ n* The speaker agrees disagrees/ rejects/disputes/challenges/ takes a different view C. as is indicated / displayed / illustrated in the passage/ lecture.

第三节 写作测试的评阅

一、评阅

评阅是写作测试的最后一环，也是至关重要的环节。写作测试属于主观测试，其致命弱点就是信度低。测试信度除了受到试题本身的影响外，更关键的影响因素是作文的评阅。由于是主观阅卷，评阅的客观性、科学性很难保证。但这并不等于说，我们就可以放弃测试信度。评阅信度受到两个因素制约：评阅标准和评阅人，它们是影响评阅质量的两大潜在因素。

没有科学合理的评阅标准，最训练有素的评阅人也无法保证阅卷的一致性、合理性；反过来，缺乏训练有素的阅卷人，再科学、合理的评阅标准都是纸上谈兵，无法发挥其提高阅卷信度的作用。本节将对这两大因素展开讨论，并进一步探究写作测试的反驳作用、评阅标准评分标准的制定是否合理，是否较客观地反映了考生在特定语言水平阶段的写作特点，一直是写作测试研究的一个热点。写作测试的评阅标准一般分为两大类：分析评分法（analytical scoring）和印象（整体）评分法（Impression/global scoring）。

（一）分析评分法

分析评分法就是给学生使用语言的几个侧面分别评分，把作文特征分解为具体的部分如 organization、content、grammar、syntax、vocabulary、appropnacy 等。

这种方法首先要确定评分的几个构成部分，然后给每个部分打分，如 organIzation 在总分中占百分之几的比例，content 占百分之几，各个部分分数的总和即为作文的总分。分析评分法一般有评分等级表（rating scales），表中对每一构成部分都有规定，老师参照这个规定来评阅作文。

1. 分析评分法，有两种计分方法加分法（additive scoring），就是给奖励分（scoring by award），把每部分得分加起来，就是总分。

2. 减分法（subtractive scoring），就是给惩罚分（scoring by penalty），按照每一部分做错的程度给分。从满分减去每部分应扣除的分数，得到的差就是总分。

减分法容易引导老师过多地注意错误，忽视作文里面积极、值得肯定的方面。测试中，多数老师倾向于用加分法。

分析评分法的优点是：

1. 能够根据不同程度的测试灵活确定。如初级阶段的写作测试可能更注重语法、词汇，文章的流畅度可以放在次要一点的位置，也就是赋分权重评分。

2. 通过分析给分，学生、老师都能够看到作文不同方面的具体得分，使测试起到诊断功效。这样，测试既有利于学生发现自己写作的薄弱环节，对症下药，努力提高，也有利于老师在教学中采取相应的措施予以补救。

3. 可以避免印象评分可能出现的标准掌握不平衡问题。

4. 对没有写作评分经验的老师很有帮助。

但是分析评分法一个主要缺点就是费时。所以，目前大多数大规模测试采取的还是第二种方法——印象评分法。

（二）印象评分法

印象评分不是真正依据阅卷人印象给分，仍然要以预先制定的评分标准为依据。这种方法将作文的全面水平进行级别划分，评定老师按照考生作文水准打分，在打分的时候不用细致到所有角度。如雅思考试把写作分为级，其最高级 9 分的评分标准是 This task clearly demonstrates a fully developed way of responding, one that attracts attention and one that does not; A wide range of vocabulary is used, and the characteristics of vocabulary are controlled in a very natural and complex way. Only when documents are widely used, there are few errors with sufficient flexibility and accuracy. It is rare for a small error to occur only in a small mouth.

我国高考英语、大学英语四、六级考试（CET4，CET6）、全国公共英语等级考试（PETS）、英语专业四、八级考试（TEM4，TEM8）等基本上都是采用印象评分法来评定短文写作部分。下面以 CET 为例加以说明，并与托福的评分标准进行对比分析。

1.CET 作文的评判要求

（1）高校内英语测验是为了测量应试者是否满足 cet-4 或 cet-6 的大学英语课程教学标准，而作文分数应参考这个作标准。

（2）大学英语测验中的作文题按照整体打分标准进行。评分老师给出总体得分，并非依据语言错误处减分。

（3）以内容、语言这两个板块对作文形成总体评价。内容和语言缺一不可构成一个系统。作品要阐述主题的实质，内容运用语言组织说明。作文表达观点和中心思想贴合程度如何，是不是全面说明白自身想法，还要注意英语阐述的想法清晰、恰当与否，即要注意语言不恰当是否让读者阅读感到困难。

（4）防止分数都在一般水平。高、低分要拉开档次。

2.CET 作文分数对应标准

2 分—条理不清，思路紊乱，语言支离破碎或大部分句子均有错误，且多数为严重错误。

5 分—勉强切题。沟通和连贯性不好。还有更严重的语言不恰当的地方。

8 分—勉强切题。在某些语句，思想表达不够清晰，案文将就有连贯性；有很多语言错误，其中一部分还很严重

11 分—贴近主题。表达思想清楚，文字连贯，但有少量语法错误

14 分—贴近主题。阐述中心思想清晰，文字连贯性好。整体看来语言错误几乎没得，只有一些小问题。

大学英语四级考试的评分标准一共 15 分 5 个层次划分。全部都根据内容、语言以及章节组织制定详细的标准，因此正确度，连贯流畅度、适当性的的标准都是详细清晰的，才确保了评估的可靠性。

但也有学者认为，即使是 14 分最高档次的评分标准，现在也越来越被简单地理解为语言正确与否。换句话说，大部分阅卷老师认为，篇作文成功与否，主要着眼于文章的语言：用词是否准确、语法结构是否合理而文章内容表达是否充分，思想是否深刻，篇章结构合理与否，写作技巧运用如何等，基本上没有明确的要求。文章不再是交流的工具，而成了仅仅反映语言水平的载体。这就要求评分时老师应该把着跟点放在有效交际上，即学生的实际

英语交际能力上，而不仅仅停留在语言点上，这样才能有效保障作文测试的信度和效度。

3. 托福写作部分的评分标准

新托福考试的写作打分还是人工进行，各板块分值最大 5 分，最小 1 分。每篇试卷的 2 个板块各自有 2 位审稿者判分，分数不能有小数，然后取平均。计算得分时，此平均值折算成总分为 30 分的 Scale 分数。

（1）在 ETS 公开的综合写作评分标准中，对 5 分（即满分）作文的定义如下 This level of answer successfully selects important information from the lecture and correlates it accurately with relevant information presented in the reading. The response is well organized and occasional language errors do not lead to inaccurate or inaccurate representations of content or connections 从该定义可以看出，ETS 并没有规定综合写作时应该使用的固定的结构模式，而只是从信息点的准确提炼、信息组织的条理性和语言的准确性这几个方面定义了一篇满分作文。

（2）独立写作 5 分（即满分）标准如下 The level of the paper can effectively solve the theme, and use the appropriate appropriate explanation, example and/or details, shows the unity, the advanced nature and consistency, and shows the consistency of language use, shows the syntax diversity, proper words, effectively organize the theme and perfect the mission selection and idiomatic, although there may be a slight vocabulary or grammar mistakes.

该标准从结构、内容及语言等几个方面对考生的写作提出要求，即中心突出、表达有效；结构严谨、论证充分，运用解释、例证和（或）细节；文章整体统一，具有渐进性和连贯性；语言运用和谐而流畅，句子表达多样，措辞得体；允许出现小的词汇或语法方面的错误。

4. 对比分析 CET 和托福独立写作部分的时间都是 30 分钟，但对字数的要求却相差很大，前者为 120 词（CET-4）或 150 词（CET6）以内，后者为 300 词以内。这导致中国的师生为了应付四、六级考试，无论是在平时的教学中，还是在应试训练和写作基本练习时，都是练习这种短作文。而 100 多单词的文章不可能 "血肉丰满"。如此一来，学生的作文普遍存在思想贫乏、空谈废话和未加修饰的语句这些不足，也并不意外了。按照张在新 (195:43) 以中国学生作文为研究对象，发现 "51% 的文章细节不够"，中国学生 "英语写作过程里明显的不足就在于缺乏写作素材，学生对中心主题与细节的钻研与探究下的功夫太少了。" 最大的一点就是由于学生们未曾受过训练去挖掘思想，也不需要挖掘文章的深度、用细节支撑自己的观点或去推敲词句的用法。对照 CET 和托福独立写作的两种评判标准，总结了以下不同之处：

（1）从布局来看，CET 对结构标准不清楚，托福对这方面的标准是"结构严谨、论证充分（well organized and well developed）

（2）从内容来看，CET 仅需要满足"思路明确"，托福则要通过举例分析、详细论述给中心思想提供足够的依据。

（3）从语言来看，两个皆能接受微量语言错误，不过 CET 的标准是"整体上没得语言错误，有微量错误"标准高一些，托福给用词形成句子有详细的标准，比如用词是否符合美国当地日常用语习惯等福西特提出，高质量的写作应该满足以下几点：① Clear composition statement; ② Consists of two to four sentences to form a thesis statement; ③ Three details, facts and examples to form each paragraph; ④ Logical order of paragraphs 相比之下，托福的评分标准包含了优秀作文的基本要素，着眼于文章的有效交流的目的，而不仅仅是反映语言水平的高低。CET 的评分标准更多地关注文章的语言，如用词是否准确、语法结构是否合理等，而文章内容表达是否充分，思想是否深刻，对于章节布局的逻辑性，写作技巧的使用，整体看来没得具体的标准。所以有的学者认为，即使是 14 分最严格的打分要求，现在在大众认知里也成为了语言使用标准。实际上，无论是 CET 还是托福考试，作文的评分都应该把着眼点放在有效交际上，即学生的实际英语交际能力上，而不仅仅停留在语言点上，这样才能有效保障作文测试的信度和效度。

二、评阅人

评阅人对评分标准掌握是否一致，评分时是否参照统一的评分标准，还是习惯于使用长期以来形成的个人标准，以及对现行评分标准的理解是否一致等都有可能造成评间人之间评分上的差异，导致相对较低的相关系数。此外，即使同一评阅人，在整个评阅过程中，由于受到个人身体、心情、疲劳度等因素的影响，也会出现前后评分标准不一致的状况。因此，要保证阅卷信度，阅卷人也是一个不容忽视的方面。

（一）阅卷人的特点

个人经历不同、背景不同、受训与否等，这些因素，难免会使作文的评阅掺杂进主观因素甚至一些不和谐因素。vaughan（1991）就曾指出，即使都接受过同样的培训，不同的评阅人在阅卷过程中仍会侧重作文的不同方面。整体评分法事实上是一种个人独立思考后做出决定的行为。

vaughan（1991）进一步对评阅人的风格做过一个调查。调查结果表明，评阅人各自有其鲜明的评阅方式。如有的老师采用单一侧重点的方式（the Single-focus Approach），侧重作文是否及格。有的则以"第一印象"给分（the First Impression Dominates Approach），阅卷人对作文的第一印象，就决定了它的档次。有的采用"双重类别"策略（the two-category Strategy），即在批阅中文章结构和语法并重。还有的采用"以语法为中心"的方法（the grammar Oriented Approach），文章的语法成为最重要的评判标准，其他方面都是次要的。虽然有统一的评分标准，评阅人往往会关注作文中一些明显的特征，如考生的书写、文章的长度等。评分标准中有可能对这些特征未做明确说明，这种情况下，阅卷的主观性就很大。

上述特点决定了对阅卷人进行培训至关重要

（二）阅卷人的培训

阅卷人培训是评分标准实施过程中的一个重要环节，因为它关系到标准能否正确地使用，能否保证较高的评阅质量。美国 TOEFL 考试机构——ETS 很重视对阅卷人的培训：评阅候选人先接受 5 个小时的培训，然后连续评阅 30 份样卷。只有那些评阅分数与样卷分数相关系数高的老师，才能获得参加正式评阅的资格。可见，大规模写作测试的评阅人需要经过专门培训才能参加正式的评阅工作。

培训首先要制定培训方案，然后严格实施方案。一般来说，培训分为三个阶段：

1. 解释和熟悉评阅标准

评阅老师仔细阅读并理解每个档次的具体要求和各档次间的不同点。通过讨论分析，尽可能达到认识一致，标准统一。

2. 统一试着改评分样卷，检查各位老师初步使用标准的情况

讨论试改中出现的较明显的不同点，如某一评阅人的分数明显偏离大多数人的分数，或某一样卷的分数较为分散，等等。讨论要认真、全面，最终使评阅人的认识得到统一，使差异在最初阶段能够最大限度地得以纠正，以保证评分标准的有效贯彻除了培训之外，大规模考试的组织者还会采取一些其他措施来保证阅卷信度。同一篇作文，由两位老师分别给分，然后比较两个分数。若分数相似，则取两个分数的平均值；若分数差距很大，就要由第三个评分者参与评分。这是美国 TOEFL 考试的惯用做法。

3. 阅卷复查

复查工作是一项贯穿阅卷全过程的任务。建立专人复查制度，阅卷伊始，就组织专人抽查试卷，检查评阅人的打分情况。对重点对象跟踪复查。重点

对象指，试评中打分与大多数老师有偏离的人，复查时多次发现打分有偏离的人。发现问题及时指正，以使各位阅卷老师不致偏离评阅标准太远上举措的目的，积极增强阅卷可靠度，让作文得分非主观、可靠地体现学生的真实写作水平。当然，英语写作测试的评估不是一项一朝一夕就能完成的工作，目前的方法还有待进一步完善。

卷人的差异从国籍而言，作文评阅人包括中国英语教师和来自以英语为本族语国家的阅卷员。中外籍英语教师的不同的母语背景对其评分行为有一定的影响。面对中国学生英语作文中明显的"中国英语"修辞模式，他们的理解和评估也有差异。但是，大型考试需要按照何种规范？Lowenberg 觉得语言测试领域有一个由来已久的设想："衡量英语水准的世界要求需要根据受教育程度大的英语做母语进行运用并认可的范畴。"必须认识到，在实际的测试环境中，情况是复杂多变的。对比国外英语母语者和非英语母语者的得分情况可以看出，这两种评分者的英语作文总体得分不存在明显的差距，不过根据详细探究，大家的主要针对的地方似乎有差异。国内也有学者对此进行了多角度的研究，比较典型的是下面两个实证研究。

1. 黄玮莹（2011）通过运用多层面 Rasch 模型，对某高校的 6 名大学英语教师和 6 名外籍教师的写作评分行为进行微观分析，探讨这两组不同语言背景的大学英语教师对同样的写作样本的评分是否有差异。研究结果表明，中外教师的写作评分结果并无显著差异，他们的整体性评分都普遍比分析性评分更宽松，但中国教师的评分较外籍教师的评分略为宽松。微观的评分行为分析揭示出中外教师在对组织、语法和写作规范这三个评分项目的把握上产生了偏差外籍教师在各评分项目上的评分产生的偏差总数比中国教师多；他们对组织和写作规范的评分偏宽松，而对语法的评分则有偏严格的倾向。中国老师与外教就能力存在差异的学生评分的严格程度不一样；个人能力好的学生，中国老师没有那么严格，而外籍教师则偏严厉该研究的结论表明中外教师在写作评分方面总体上来说具有较好的一致性，与外籍教师不同的是，中国教师对语法的评分不存在较大的差距，也就是说中国教师在语法评分方面比较统一。是由于进行作文板块打分时，国内老师相较于外教对学生的语法习惯较为熟悉，对衡量语法的尺度有较好的把握。在对写作规范的评分方面，外籍教师不太注重书写的形式和规范性方面的要求。因为存在外籍教师语法板块对能力好的考生打分更加严格的情况，那就代表进行世界化的英语测试（就像 IELTS, TOEFL 这些）时，学生增强的语法运用的能力和水准，进而在作文板块获得高分。

2. 张文（2002）从英语篇章层面上调查了 12 名阅卷员对中国学生英语写作中的"中国英语"式的段落结构做出的反应和评价，其中包括 6 名受过训练的以英语为本族语的教师（NS 阅卷员）和 6 名来自中国大陆的大学英语教师（CS 阅卷员）。调查结果显示，从分数上看，虽然 NS 阅卷员所给分数略高于 CS 阅卷员所给分数，两者之间没有明显差别。但影响前者最多的是"段落组织"，即"对段落的使用或选择"；一个短段落后面跟上一个相对长的段落，在中文里是鼓励使用的，但审稿人不理解考生所拥有的"民族本土化"和"中国文化特色"的文本表述，因此对之做出否定反应。但 CS 阅卷员对作文中段落组织的看法大相径庭。他们中的两个没有谈论到段落的布局，并且对段落的布局评价很高。其他四个人认为文章内容清晰，但该段落的布局与常规使用中的英语措辞不符，此实验表明该文章仅仅是 NS 评分者的评论，例如 TOEFL 和 IELTS 的世界标准化考试，因此 EFL / ESL 撰写者为了消除在此种考试里展现出的劣势，必须抛开自身民族化、当地化的修辞体系。要是答卷是由国内或本地组织（例如 CET 和研究生测试）进行评估的，与审稿人具有一样的文化背景，因此 EFL / ESL 作者能够考虑本地评论者或老师认可或赞赏的与本土密切相关的修辞体系。

在此，我们还需要考虑的是，如果对英语"规范""标准"创立新定义，那么需要思考怎么面对英语作文里的"中国英语"的问题。在世界日益"全球化"的今天，在英语已经成为世界性交流语言的形势下，是否还依然存在或者有必要存在所谓的"标准英语"？如果答案是否定的，是否意味着世界范围的标准化考试难以再继续下去？如果答案是肯定的，那么在国际考试环境中，可以在多大程度上容许文化的变体与多样性？也有一些语言测试研究人员认为，专业的世界认可的英语测试，如托福或雅思，需要遵从一个清楚的语言能力体系，并有高效、可信的测试要求。如果缺少标准，就不能认为所有英语考试都能适用不一样的文化背景。

三、写作测试的反拨作用

设计写作试题、实施写作试题以及评阅试题，并不意味着测试的结束。我们在前面简单提过写作测试效度包括超考试效度，即写作测试除了测试受试者的写作能力外，还应有一个超出考试的目的。反驳效度属于超考试效度，指测试对教学工作和外语学习是不是有良好的反驳效应（backwash）。这是本章要讨论的最后一个问题，也是贯穿写作测试始终的深层问题。

（一）反驳效应的理论依据

反驳效应是交际语言测试学家提出来的。Alderson 和 Wall（193）是首先深人全面研究反驳效应的学者，以下假设就是 15 种语言测试的反驳效应。

（1）测试作用于教学。

（2）测试作用于学习。

（3）测试作用于教师的教学内容

（4）测试作用于教师的教学方案。

（5）测试作用于学生的学习内容。

（6）测试作用于学生的学习策略

（7）测试作用于教学的速率和次序。

（8）测试作用于学习的速率和次序。

（9）测试作用于教学的水平与透彻性。

（10）测试作用于学习的水平与透彻性。

（11）测试作用于教学和学习的立场。

（12）有影响力的测试会形成反驳效应。

（13）没影响力的测试不形成反驳效应。

（14）测试形成反驳效应的对象是师生。

（15）测试形成反驳效应的对象是师生，另外的人不是形成反驳效应的对象。

Alderson 和 Hamp- lyons(1996) 利用实验得出，考试本身可能会形成积极跟消极的反驳效应，而反驳效应的形成是另外的条件决定的，包括老师的教学思维、教学习惯等。另外一个猜想是：该测试面对不一样的老师和学生有层次不一和风格各异的反驳效果。

Hughes（1989）推出 3P 反驳效应体系，就是"参加人员（Participants）——过程（Process）——结果（Product）"体系。进行考试作用的对象者——教师、学生、教材设计者、教学管理者等他们对教学和学习目标的认知与立场，也会影响任务的完成过程和结果 Prodromou（1995）则指出反驳效应有显性（Overt）、隐性（Covert）的区别。前者是说以考试为导向的正面、突出的教与学，如 CET4 实题、模拟题等。后者是一种深刻的，不显眼的作用力。该作用通常是普遍的、微妙的、牢固的。因此，教材就趋向试卷化，教学趋向于测试。

（二）负面反驳效应产生的原因

测试的目的是尽量消除其对教学和学习的负面消极作用，发挥其积极正面的反驳作用。要做到这点，首先需要探究写作测试负面反驳效应产生的原因然后对症下药。

产生负面反驳效应的原因，可从测试的内在因素和外在因素两个大的方面来分析。

1. 写作测试的内在因素

测试的信度和效度是一对矛盾体，写作测试是公认为效度比较高的测试，但其信度却很难保证。理想的测试应该是既有高信度又有高效度，否则就可能给学习、教学带来负面的反驳效应。但目前的大部分写作测试，要达到这种理想的状态是很难的。

在测试内容上，语言测试本质上是对测试内容的抽样检验。写作题目、任务只能抽样选定，尽量做到客观、真实。这一特性决定了测试只能在有限的程度上检测学生的语言运用能力，要想全面地、完全客观地反映学生的能力，实践中很难实现。

从学生这方面来看，大部分学生为了获得高分，平时学习中更多关注的是题技巧，作文模式化现象越来越严重，这就偏离了测试的真正目的——考查学生实际语言运用能力。

2. 写作测试的外部影响

首先，测试的开展进行时，不确定因素很多，无法达到为考生创建完全机会一样的环境。其次，从作文的评阅来看，虽然有统一的评分标准，并对阅卷人进行培训，但它毕竟是主观阅卷，仍然存在不确定因素。

（三）正面反驳效应的实现

以上负面反驳效应产生的原因，能够给我们提供借鉴，以努力实现测试的正面反驳作用。由于教学是反映社会状态的表现，考试属于教学的组成成分因此同样是反映社会状态的表现。测试的反驳效应的表现错综复杂，参与语言测试的对象有教师、学生、家长、机制创建人、人力资源负责人等等，笼统来看是所有跟考试有联系的人。部分意见如下：

（1）提高写作测试任务的真实性以减小当前英语教与学和实际英语运用之间的距离。（2）提倡写作形式的多样化来避免应试行为的发生。（3）对教学机构提供比较详细的分数报告以便为教与学提供及时的反馈。（4）突出老师在英语教学中的主导作用，以帮助学生明确考试目的和学习目标。（5）提倡学生在写作学习过程中采取自主学习和自我测量、评估总之，写作测试作为一门综合性测试，其对英语教学、学习的反驳作用是毋庸置疑的。我们需要做的是扬长避短，努力发挥其正面积极作用，以促进我国英语教育的发展，提高教学质量，培养高素质人才，服务现代化建设。这是项艰巨任务，需要全社会共同参与，各级教育机构积极配合才能做好。

第九章 英汉对比与英语写作

第一节 英汉语言结构对比

语言对比是翻译的基础，不进行语言之间的对比，不分析语言异同的特点，就不能做到知己，百战不殆"。

英汉两种语言在词类划分、语法功能句型框架等方面都有许多相同和类似的地方，尤其以科技文章和叙述性文章较为突出。从整体词汇的类别来说，两者都是由实词和虚词构成。英语和汉语里面多数词语的基本使用方法相近，比如名次，形容词，代词或副词。但是在虚词中的介词，语气词和连词方面，英汉二者之间存在部分差别。从整体句子结构来看，英语和汉语的基本句型无太大差别，都有主、谓（系）、宾（表）定、状，主要排序也基本相同。但是英汉两种语言由于分属不同的语系以及在语言本质方面、文化背景思维等方面的差异，各自都形成了自己语言的表达法，各有其独到之处。

一、英语句子重"形合"（Hypotaxis），汉语句子重"意合"（Parataxis）

这里说的"形合"指的是句子的形态要合适，句子的外形很严谨，英语往往通过词形变化近接词、介词、从句、插入成分来表示句子成分之间的语法关系和句法关系这些关系是相对固定的，构成了英语语言结构的主线。汉语的"意合"则注重以神摄形，以隐性连贯的方式；来表达各种语法关系，句子的形态变化较自由。无怪乎有人把英语句子比作一串珍珠，一棵参大大树，而汉语则好比一盘大小各异的珍珠散落玉盘发光。如：

1. It is like landing from your plane on a great plateau in the mountains, Solitude，and the air so pure that it goes to your head like wine and you feel like a million dollars 就像专机降落在一片高原上，在巍峨的群山中，空气十分清新，如仕酸一般沁人心脾，不觉之中感到自己像个白万寓翁了。

英语句中开头的"是这个句子结构所必须的，而在汉语句中则无须译出。ona great plateau in the mountains 定诸和被修饰语关系紧密，可在汉译句中，却分成两部分处理。 so pure that 及 and 都是句子结构所必需的，这是形合的要求，而在汉语中却洒洒落落，娓娓道来，以意合其自然畅洁。

2. The first frost appears at night. When the moon approaches its beauty, it is a clear night with few stars. It came quietly, as still as thistle, brushing the hillside garden around the corner. You come down and see its way, its shining leaves, its shining, soft and black grape trees，安静的夜晚，清澈无云，初霜悄然而降，轻如飞絮，拂掸园林。滑晨，霜迹可辨，枝叶晶莹，枝干涩润，藤蔓颜色加深 英语的前半部分与相应的汉语翻译顺序截然相反，英语需要主谓、同位语、定语来构成句子，顺序为"霜入夜、夜如何、月如何"，然后以代词重复主语，再叙霜如何，使主线清晰。而汉语讲月如何夜如何、初霜随夜潜入林，虽然无结构上的重复，却更觉逻辑有序，水到渠成。英语句中后半部分主语起了变化，其一显示了时间的动态变换，其二将前半部分的主语变成宾语，使经霜植物的景色映入眼帘，符合英语描述文以文成图的规则，霜入夜，不可辨，可辨定在清晨。汉语不受原作结构上的限制，而是以意合的形式与前半部分相呼应，以四字结构概括，行文优美，对仗整更显散文之美。

3. He can no more swim than a hammer 他是属砰砣的，不会游泳英语句用了比较级，"他不会比锤子更会游泳。"汉语中借助了借喻，"意合"重于"形合"。

二、英汉句子语序的差异

英汉句子在叙事，推理等方面排序情况是不同的。在叙事方面，英语句子往往先提最近发生的事悄，再将以前发生的事情按时间顺序展开。而汉语在多数情况下则与之相反，先叙述先发生的事情，再叙述近来发生的事情。如：

They don't listen to me. How can I help them understand
他们连我的话都不听，我怎么能帮他们理解呢？

英语句子往往先提出总印象，比如：推理结果、事情结论、感想感受等，然后才由从句叙述原因、过程、条件等。而汉语则相反，先由具体点开始，后导致抽象点的总结。

三、英汉句子重心的差异

一般来说，英语的句子以句首为中心，就是以句子主要结构为中心，从句随后，呈慧星式开放形。汉语句子则呈逆向走势，句首开放，修饰成分前聚，句尾封闭，不宜追加成分，呈漏斗形。如：

1. His main contribution was to make me realize that Knud got more from him. 他的主要贡献是让我意识到克恩德从他身上得到的远不止这些。按照英语的语法习惯，一般是把 His main contribution 放在前面，再在后面对前文进行解释，也就是说先把结果表达出来，在进行相应的解释。但是在汉语中恰恰相反，一般是先说明原因，再表达结果。

2. She's a lovely woman，even if she can be too talkative at times.
虽然她有时候话多一点，她可是个可爱的女人。

3. It is worthwhile to live as long as there is he 留得青山在，不怕没柴烧。

4. The finest view of the whole cataract is from this point 整个瀑布的景色，从这儿看最美。

以上英文例句如果追加其他修饰成分，都可加在句尾。而汉译中，一般习惯以一句话的开头作为切入点，在英文表达中，一般多使用名次和介词，但是汉语不是，其主要是动词占据主要地位。主谓机制在英语中的应用比较广泛，英语表达中不同形态的谓语动词有不同的表达方式，所以一般一句英语中只有一个谓语动词，然后通过名次来作为整句话的核心，但是各名词之间互相连接的纽带就是介词，由此可见名词和介词在英语表达中占据非常重要的位置。在汉语中，动词不存在形态上的变化，使用起来比较简单，因此常在形容某些比较复杂的思想的时候借助动词来进行表达，按照一定的顺序层层递进展开描述，让人易于理解，语法结构形似竹竿。如

1. Running downstairs to my mo 我跑卜楼去找母亲，向她伸出手拼写娃娃这个词

2. Thus hundreds of thousands of rush hour commuters are greatly affected.
这就给在高峰时间乘车上下班的几十万人带来了很大的不便。

把英语中一个表示身份的名词 commuters 转化为汉语中的两个动词"给……乘车上下班"

3. Carlisle street to the west, through a black bridge, from a hill up again, through some small shops and meat markets, through several bungalows, suddenly appeared a wide green lawn. 卡莱尔街往西走，穿过一座黑色的大桥，从一座小山上又爬上去，经过一些小商店和肉市场，经过几栋平房，突然出现一片宽阔的绿色草坪。

汉语中的动词可以用英语中的介词短语替代五、英语多用被动语态但是一般很少在汉语表达中运用，一般把这种句式叫做被动式或者被字句。

　　较英语而言，汉语极少使用被动式。更多的情况是用主动式，或以主动式的结构来表示被动的含义。原因之一是：汉语系意合语言。这个"被"字完可以被"融化"掉。此外汉语表达被动的方式比较丰富，"被"字，完全可以转化为"给、遭、受、由、让、加以"等等，或译成汉语判断句。

　　1. Only objects struck by the light are visible 光照射到的物体才是可见的。

　　2. He was assassinated in a theatre last night 他昨天晚上在一家剧院被暗杀了

　　3. History is made by the people 历史是人民创造的六、在英语表达中，there be 句型和虚词 it 有非常广的使用范围，一般用 there+be+ 名词 + 地名的结构来表达在什么地方有什么东西。在这种结构的表达里面，here 一般是不表达明确的意义的，所以弱读，翻译成汉语，相当于"有"的意思，但在上述结构中一般不把 be 作为谓语动词，通常用 happen to be，bound to be 或者 seem to be 等等。也可以用 come run 或者 occur 代替。例如：

　　1. There is an apple on the floor 地板上有一个苹果。

　　2. There is a river in the distance 远方有条河。

　　3. Once upon a time there lived an old fisherman in a village by the sea. 从前海边一个村子里住着个老渔民。

　　4. There happened to be a cat in the room 房间里碰巧有一只猫。

　　某些句子在英语表达中是无意义的虚词，例如：

　　1. It is difficult to get an A in the exam 在考试中获得一个 A 很困难

　　2. He feels it his hope to gethelp 他觉得得到帮助是他的希望。

　　3. It was behind the door that we found him. 我们在门背后发现了他，

　　4. It is the dog hitting the door 是狗在撞门。

　　5.（Footsteps are heard）Oh，it is Li Ming coming back（有脚步声）哦，是李明回来了。

第二节　英汉思维方式对比

　　人类与动物最大的区别在于他能够思维。由于历史、文化、生活环境、地域等方面的不同，人类的思维方式有着很大的差异，形成了各民族特有的思维定式。这种思维定式的存在为研究对比各种思维模式提供了便利。而各民族的思维定式又与他们的哲学观密不可分。因此必须从思维的层面上对两种不同的语言进行研究。并且必须对相关哲学理论进行研究才能研究得透彻。中西方有着迥异的哲学观念。

　　中国人相信"天人合一，物我交融"从不把人与自然对立起来追求人与自然的和谐统一，在哲学上对悟性研究颇深，悟性是指要了解某一项事务，就必须对这件事务的内在联系有深入了解，找到与之关联的各种联系，发现他之所能成为他的道理所在。因此在中国文化中，通常把全，圆满或者平衡作为追求的最终目标，把个人体验和心领神会看得比较重要。但是西方的哲学家提出人物分立的观点，把个体放在较高的地位，认为只有相互对立的两个面才是真正有存在意义的，崇尚科学推理，在逻辑推理和科学实践中发现事务的本质，用理性的思维去看待世界。亚里士多德曾提出的是非对错二值对立思想观一直被当做形式论证的经典。这种哲学观的差异表现于英语民族与汉民族的思维差异和英汉两种语言的差异。

一、句子思维结构对比

从句子语序观察，因为汉语和英语从属性上来看，都属于分析性语言，分析性语言中，语序是语法中的核心部分。通常按照主谓宾的逻辑顺序进行排列。但在英语表达中，定语和状语等修饰语的位置和汉语凸显出相当的差异。

汉语表达通常习惯按照自然的逻辑顺序来展开对一句话的叙述，且中国人的思想一般是将周围事物和周边环境作为首要考虑因素，最后在思考具体的细节或者核心事件，点出话语的信息中心，所以汉语表达方式常常呈"螺旋型（circular/ spiral）"又称为"曲线思维"，简单地说，不直接突出重点，而是通过围绕核心点"兜圈子"或者从侧面进行提示最终才切入主题。这可能与中国人为人谦虚、含蓄这一民族特性相关。西方国家的思想观念大相庭径，他们考虑的首要条件就是核心事件，然后再关注周边的环境和因素，其语言篇章的组织和发展是"直线型（linear）"，又称"直线思维"，即直截了当地陈述主题，把要点首先表达出来，然后再把各种修饰语或其他次要内容补进。这样的中西方思考方式的不同在句式结构上有很明显的表现，比如汉语表达中总习惯吧状语放在谓语或者主旨句之前，不管定语的长度如何，他的位置都在他说修饰的核心词汇前面，构成左分支结构。此结构的特点常常使得汉语的状语部分长，主谓部分短；主语部分长，谓语部分短；修饰成分长，中心成分短。整体上显得头大尾小。如（1）村东头的王大妈来了，受坏人欺骗的村民们也来了。

但是英语句型和汉语句型的结构刚好相反，在英语中，一般只有单词成分的定语放在中心词之前，其余的位置都在后面。并且大部分的英语状语都放在主句式的后边，构成英语表达的右分支结构。

另外，由于英语注重"尾重（end focus/ weight）"，但凡较长的词语或累赘的成分均要后置，有时甚至需要使用形式主语来避免句子头重脚轻的失衡。

这样，英语句子以"前短后长、头小尾大"见多。如：

（2）There came Aunt Wang who dwelt at the end of the village，and also came the villagers who had been deceived by the scoundrel 例句（1）和（2）的语义等值，但结构对比彰显了汉语与英语句子的差异。

例句（1）中的两个中心词前均有一个限定修饰语，构成一个以中心词为主的长结构，而谓语则较短，仅有两个单词，两个句子都是典型的"左分支"结构。

例句（2）中的句子结构刚好和例句（1）的句子结构相反，两个简单句子均用了同一个引导词 there，把简短的谓语置于引导词之后，还把定语分句的主语部分移置谓语之后，形成倒装句式，句子是典型的"右分支"结构从英汉句子信息传递的差别方面来说，汉语通常把信息的重点内容放在后半部分，把需要强调的内容放在最后，但是英语恰恰相反，把强调的内容置前。比如：

（3）我本计划周五去打篮球，之后必须延迟了。 I had to postpone the plan which I had intended to play tbasketball on Friday

（4）他 5 岁生了一场病后变成了瞎子。 He became blind after an attack of illness at 5 例句（3）中，汉语的黑体部分是句子信息的重点，是句子的后面部分，前面部分为非强调点。而英语的黑体部分为信息的重点，是句子的前面部分。诚然，英语句子的信息落点比较灵活，可以落在句子前面部分，也可以落在句子的后面部分。根据英语篇章信息的衔接理论，前一句的后面部分即述位部分，常常是新的、未知信息，后一句的前面部分即主位，通常是旧的、已知信息。

二、具体与抽象对比

在地理位置、文化传承和历史积累等多方面因素的影响下，西方人习惯吧具体事务抽象化，用抽象的方式来表达具体的事务，把抽象思维发挥到了极致，在分析事务方面有较强能力。但中国人不一样，中国人一般把抽象的概念描述的比较具体，偏向综合，归纳和暗示等简单含义上的抽象思维。在汉语和英语的语言表达上，很多方面都体现出两种思维的差异。

英语表达一般用含义比较广泛，意思比较笼统的抽象名词来形容复杂的具体概念，比如：

（1）Science is a method of neglecting religion, race, nation, economic death and ethics 例句（1）中的所有名词均是抽象名词，表达了极为抽象的意义，给中国读者一种"不真实"的理解，在汉语表达中则一般把抽象的概念用具体的词句来表达。

中国人的形象思维较发达，这既与中国传统哲学有关，也与汉语的象形文字有关。汉语的表达给人一种"实"与"明"的感觉。比如"画饼充饥"，"指鹿为马"，"指桑骂槐"，"窈窕淑女"。这些名词都是很具体的人或事物，其中"指鹿为马"还源于历史典故，这和中国悠久的历史文化相关。

三、形合和意合对比

各种语言基本上都采用相同的四种方式来连接句子，文章或者外部：第一，句法方式，第二，篇章衔接方式，第三，词汇方式，第四，语义方式。前三者的连接方式叫做形合，后者称之为意合。英语表达侧重于形合，在句式中各成分和短语通常使用合适的连接词进行连接，从而表达清晰的逻辑关系。汉语表达方式侧重于意合，句式和句子之间主要依靠连贯的语义来串通和合适的语境来烘托，很少使用连接词。比如：

（1）我买了七个篮球，花了我 10 美金，带到学校一看，都是半新不旧的。

I bought seven basketballs which cost me \$10. When I took them back to school，I found they were just half new.

林女士从学校回来之后就嘟着嘴，他放下书包，不按照往常的习惯先到镜子前梳妆打扮，而是躺在床上出神的盯着蚊帐。

That day Miss Lin returned from school with her lips pouting. She flung down hersatchel and lay down on the bed staring up at the bed curtain. Usually，she would go and sit at the dressing table to comb her hair and power her nose 从例句（1）中看，汉语是由四个分句组成的并列复句，其中无并列连接词，仅用逗号分隔，分句之间无主次之分，同时，这个并列复句有三个无主句，第二分句前省略"书"，第三分句前省略"我"，第四分句前省略"书"，而英语无论是主句还是从句都不能省略主语，这四个句子主要靠意义来连接；英语则是由两个主从复合句组成，从句子结构上体现"主次"关系或"凹凸"关系，两个复合句子靠句子结构连接。从例句（1）中看，汉语篇章和英语篇章最大的区别在于，汉语没有用限定语对名词进行限定，而英语有八处用了限定语对名词进行限定，其中有四个限定词是照应代词，均回指照应名词 Miss lin。这种照应关系很好地体现了英语句法、篇章的形合结构，而无须前后照应的汉语则是依赖意义的纽带衔接，属意合结构。

汉语侧重于意合，是重意会的语言，英语侧重于形合，是外显的语言。造成这种差别的根本原因是中西方民族的思维方式不同：西方民主一般把各方面信息综合起来进行思考，造成了英语以主谓结构为主要架构，其他句式层层重叠的形式，中方民族一把习惯把复杂的信息逐层展开，造成了汉语表达平铺直叙，层层递进的方式。英语重视语法的严谨性和结构上的程序格式，汉语关注的是领悟性而不是外在形式，在语法上只求符合逻辑，不要求形态组合。

四、树式和竹式对比

英语的词组与词组、句子与句子之间结构关系和逻辑关联系必须交代明白。

英语中表示结构关系的介词、过渡词、关系代词等非常多。借助这些词汇的连接，英语才能在形态上保证句内外互相连接。所以可以把英语的句式看成树状，每句话包含一个主干，即句式中的主要部分，主干上枝繁叶茂，随时增加修饰语（主要为定语和状语部分），而修饰语中的某些成分又可被其他成分修饰，由此形成英语的长句。

从篇章的角度看，英语有主题句（topic sentence），所有的其他句子称为支持句（supporting sentences），这些支持句都围绕主题句而展开，支持句之间多有过渡词语衔接。

汉语句子或篇章结构呈竹状，一节接一节句子在同一主题下按照一定逻辑顺序平铺直叙，及时每段小句之间有逗号隔开，中间没有连接词，但语句的联系仍然是紧密的，这种紧密关系主要依赖意义的连接。

用范仲英先生的话可归纳英语树式和汉语竹式的区别，英语通常使用较多结构复杂的长句，其中包含从句，短语等，就像一棵树，有树叶，树干，和很多树杈，这边是英语的树式结构。汉语表达简洁明了，可以视为一颗竹子，节节相连，中有分隔也无妨。这就是汉语的竹式结构。例如：

（1）The moon is so far from the earth that even if huge trees were growing on the mountains and elephants were walking about, we could not see them thi most powerful telescopes which have been invented

（2）可以呀，让我做了早餐，早上起来心情好，只跑了一圈，换了衣服就走了，骗我等着这一天，快来陪我打篮球才行啊！

例句（1）是典型的英语树式结构，以 The moon is so far from the earth 为主干，通过 that，even if，and，which 等连词和关系词"节外生枝，繁衍开来"。例句（2）是典型的汉语竹式结构，一句话里面有十多个动词，但是不需要刻意的连接，也不显得凌乱。

五、主语和主题对比

英语是注重主语的语言，它的基本句型有五种：Sv，SVC，Svo，SvoO sVoC。上述五类句型均可视为 sV 的演变句型，换言之，英语主要是按照主语＋谓语的形式来展开表达，每句话都不能缺少主语。但是汉语表达侧重于主体，一般某句话的句首便作为主要话题，后续对此展开讨论，这样的形式在语法上叫做主题和述题。首先，英语的句子离不开主语，如 "It seems that the weather is changing."，但是，汉语表达同样的意思则可以用无主语句式，如，"看样子，要变天了。"其次，英语的主语可以是施事者，而汉语则用话题来表达，如英语说，"I would not believe what he said." 汉语则可以说，"他的话，我不信。"再次，英语多用连接词连接上下文，但汉语则无须用连接词连接，如英语说，"If winter comes，can spring be far behind？"；汉语则说，"冬天来了，春天还会远吗？"。其后，英语的主语有更多的选择，比如汉语说，"他突然想到了一个新主意。"，英语就可以说，"He suddenly thought out a new idea." 或说 "A new idea occurred to him".

第三节　英汉颜色文化丛的对比

文化丛是现代文化学（Culturology）中的一个概念。在研究跨文化交际的过程中，势必要对两种交际文化进行对比，通过对比发现其间的异同。而要克服跨文化交际的诸多障碍，就必定要注重其间的差异。依照现代文化学的观点，对文化时空差异的研究可从文化层、文化丛、文化区、文化圈等概念上来进行。其中文化丛指的是一种特定的时空、范围内的存在与表现。比如：围绕动物所产生的文化（或者说特定的文化观念在动物群反映的情况），便可以称为"动物文化丛"，在此之下还可根据不同民族的特点，分为"狗"文化丛，"龙"文化丛"象"文化丛等。因此围绕颜色所产生的文化便可称为"颜色文化丛"。

世界各民族对颜色的使用和爱憎很大程度上反映出不同民族的文化意识、审美价值观心理因素等。反映在语言上，就是在使用颜色词时对其赋予特定的文化含义。所以可以根据不同的颜色和相对应的语言表达方式，来感受到文化和语言中传递出来的信息。同样的道理，通过对不同民族在对颜色爱憎与其颜色词使用方面差异的对比，我们也可了解到不同文化之间的差异般而言，"每种颜色都包含三个方面的意义：第一，是他所表达的颜色；第二，是它在科学上存在的意义；第三，包含的文化和象征意义。一般我们都会从这三个角度去领悟这些词语的意思，思想都是通过语言来得到表现的，语言可以作为文化的载体。颜色词汇不仅仅从字面上表达了颜色，同时还包括了文化上的丰富含义和深刻的社会内涵。"（熊文华，1997）本章对英汉颜色文化丛的对比讨论着重于第三方面，即以"文化引申含义"为主一般来说，人们对颜色的看法以及对颜色词的理解和联系存在一定的相通指出主要是由于各个民族有不同的民族文化，对于颜色的分类、对颜色词的使用方面却存在着差异，英汉两种语言也不例外。造成英汉颜色词使用差异的主要原因除语内因素而外，如英汉两种语言在词义方面的差异，更主要的素。语外因素指的是英汉两种民族的文化背景的差异。颜色成百上千，分类也多种多样，可在众多颜色词中最能反映一个民族文化内涵的，大致有基本颜色词类及喻体颜色词类。下面专就这两类颜色词分别进行讨论。

一、英汉基本颜色词文化寓意的对比

基本颜色词指那些本来就用来表达事物色彩的颜色词。就光学原理来说，可见光波可分解为红、橙、黄、绿、蓝、靛、紫七种基本颜色，再加上黑、白两色。从颜色词构成的角度看这些都是本体词。基本颜色词的特点是简短易记，活力大，使用频率高。以这些词为基础可衍生出其他的颜色词。而不同民族使用颜色词的数目，乃至对颜色词的分类也不尽相同。

在其名词《蝶恋花·忆嫦娥》曾有一句"赤橙、黄、绿、青、蓝、紫，谁持彩练当空舞"。其中所说颜色均为基本色。按中国对颜色的传统命名，"赤"泛指红色；"青"指黑色或蓝色本节讨论将以此为序。为使英汉基本颜色词文化寓意具有较鲜明的可比性，我们将选择红（赤）、黄、绿、黑（青）、蓝、紫，再加上"白"色进行对比讨论。

（一）红色（赤色）

英汉两种语言中，红色所隐寓的文化内涵有着明显的差异。

红色在英语中可以代表崇高的信仰，伟大的精神或者不屈不挠的性格，英国的国旗名为 the Red，White and Blue。英国士兵在美国独立战争时期所穿战袍也是红色，叫做 the Redcoat. the red hat 可指红衣主教（因其帽子为红色），也可指英国的参谋军官。to give sb.

red-carpet 则表示隆重地接待某人。

在红色在汉语表达中经常被用来作为胜利和喜庆的象征，同时也代表着革命精神或者思想觉悟。比如形容某些喜事或者走运的人：红榜，红人，红包，红火等等，代表革命精神的：红军。红领巾，红旗和红心、红区等；描述容颜健康美丽的有：红光满面、红妆、红男绿女等。当"赤"字作红色用时，也有不少词汇表达相似的文化寓意。如：赤卫队、赤胆忠心、赤诚、赤忱、赤心、赤子等。

（二）黄色

英语经常用黄色来形容忠诚和荣誉，但是也可以用来代表卑鄙下流和不择手段。比如在基督教的艺术作品中，出卖耶稣的犹大总是身穿黄色衣服。"yellow dog 指卑鄙的人或不参加、不协助工会的人；"yellow journalism"指迎合低级趣味的报刊；"yellow belly"意为懦夫。

相对而言，黄色在汉语表达中通常扮演者非常尊贵的角色，原因在于我们国人由黄土高原和黄河繁衍生息而来，古代皇帝穿着黄色龙袍，称之为黄袍加身，中华民族的祖先被称为炎黄，中华儿女便叫做炎黄子孙。清代的八旗中以"正黄旗"为最尊。大吉大利的日子被称为"黄道吉日"。日历称黄历（也作"皇历"），未婚女子称为"黄花闺女"等。但黄色也可以代表某些色情现象，比如黄色电影，黄色新闻，扫黄打非等。

（三）绿色

在传统的英语表达中，绿色用来形容青春活力和希望，并且还可以表达人类拥有坚贞朴素的精神。原因在于西方人把植物破土生长时表现出来的绿色看做生命初现的希望，代表着新生命的诞生，同时还形容年少轻狂或者没有经验。举个例子：

（1）as green as grass（or as green as gooseberry）初出茅庐，少不更事

（2）in the green tree（or wood）在青春旺盛的时代；在无忧无虑的环境中（3）in the green 在年富力强的时候（4）green old age 老当益壮 5）tobe（or tur）green with envy 非常妒忌（6）green-eyed 妒嫉的；不信任的 7）green hand 生手 8）green hon 生手；毫无经验的人

而在汉语表达中，绿色不是尊贵的代表色，和代表尊贵的黄色比起来，绿色通常被看成是下贱的颜色。古时候底层人士常穿绿色衣衫。比如元明两代规定娼家男子戴绿头巾。后来称人妻子有外遇为"戴绿头巾"，也说虽说传统意义上，英汉两种语言中"绿色"的文化内涵各不相同，然而由于文化的相互影响与交融，尤其是人类对环境保护的共识，世界各民族以"绿色"象征生态平衡、环保精神却别无二致。绿色所传载的"生态文化"内涵已为人类所共享。近年来，绿色成为一种非常活跃的颜色，也衍生出不少的新词和新义。

例如：

（1）green revolution 绿色革命（指农业生产方面的改革）

（2）Greenpeace 绿色和平组织（自然资源保护者的国际组织）

（3）green consumerism 绿色消费

（4）green organic food 绿色食品

（5）greenish 同情（支持）环境事业的（原意为"略带绿色的"）

（6）green Issues 绿色问题（环境保护问题）

但部分传载特殊文化和政治信息的英语词语在汉语中却是空缺的。例如

（1）the greens 旨在保护环境的政治团体

（2）green party 绿色政党

（3）greenocrat 绿色官僚（特指支持环境事业的官僚）

（4）green stocks 绿色股票（指开发净化地球技术企业的股票）

汉语中也不乏此类例子：如绿色工程、绿色希望行动（其主题为"共建一个绿色家园"）等 4 蓝色在英文中蓝色多用于表示高雅和忠诚，用于象征对美好的事业的向往，如英国历史上的辉格党、现在的保守党（Conservative Party）、牛津和剑桥大学的运动队等都以蓝色为标志。

因此，the light（dark）blues 指两所大学的运动队（或啦啦队）；to win one' sbue 被选为校队运动员；蓝色有时用来表示情绪低落、忧郁或者下流等义。如 in the blues 忧桑；to look blue 看起来很忧郁；the blues（蓝调音乐，布鲁斯，曲风忧桑；blue films 黄色影片。蓝色也可表示高贵或正统，如 a true blue（政党的）忠诚成员，blue blood 贵族出身，blue law 清教徒法规，blue ribbon 第一流的，blue stocking 女学者或女才子。

而蓝色在汉语中是较为普通的颜色，脸谱中常以蓝色象征妖魔鬼怪。在一些词语中蓝色为"青""碧""苍"所替代。如青天、青山绿水、青出于蓝而胜于蓝、碧空、碧落（天空）、苍天、苍穹等。

（四）白色

西方国家通常把白色作为纯洁的象征，在英语表达里，白色形容清白，天真。比如白色的婚纱通常作为纯洁婚姻的象征。这与我们传统的大红大紫的结婚礼服形成鲜明的对比。英语中和白色相关的词语基本上都带有天真、纯洁的意思。比如 white hands 表示洁白、诚实；a white hope 代表给某个团体带来荣誉的人；white light 公正无私的裁判；a white war 经济竞争；a white lie 善意的谎言；white list "白名单"（指守法人或机构等的名单与 black list 相对）；while sheep 坏人中之善人；a white spirit 纯洁的心灵等。

在中国的传统文化中，白色代表最朴素的颜色，古时候普通百姓所穿着的衣服是白色，治丧时所穿孝服也是白色。

白色在中国戏曲中用来表示奸诈，白色在汉语中也用作象征纯真等意义。如洁白无瑕、白衣天使，白头偕老，白玉无瑕，白里透红等等，但是通常也把白色看作是反动和思想觉悟不高的体现，与"红色"的喻义正好相悖。例如白色恐怖、白专道路、白区、白色政权、黑白两道等。

（五）黑色

在西方传统文化中，黑色是传统 的代表，黑色的服装代表着雍容华贵和受人尊敬，坚定和深沉。但是从文化的角度来看，黑色和白色分别代表着夜晚和白天，所以可以用来形容正确与错误，邪恶和正义，黑暗和光芒等对立面。比如英语短语：a black future 暗淡的前途；in a black mood 情绪忧伤；the black art 邪恶之术；black tidings 坏消息；to paint sb. black 把某人描写成坏人；black ball 秘密反对票；black book 记过簿；black eve 丑事；black-hearted 黑心的；black she 害群之马等汉语中有：黑暗、黑白不分、颠倒黑白、混淆黑白、黑道、黑帮、黑店、黑户、黑话、黑货、黑名单、黑钱、黑社会、黑市、黑手等。在汉语中有时"黑"为"青"所替代，如青布、青龙、青丝（黑发）、青眼（与"白眼"相对）、青衣（古代指婢女）等。

通过上述几种基本颜色词在英汉语中的文化内涵及引申喻义的简单分析和对比，我们可以清楚地看到，同是一种颜色在不同语言中所传载的文化信息可能相同，也可能大相径庭。这在跨文化交流过程中应引起充分的注意。切不可望文生义而造成文化信息的误传。

例如（1）He has a yellow streak in him.

句中"yellow"的喻义为"cowardly"，"yellow steak"的含义为"懦弱、胆怯的倾向"，而非字面意义的"黄色性情"。此句应释义译为：他胆子小，他们挑了个黄道吉日娶亲。

汉语中"黄道吉日"以黄色喻吉祥喜庆和神圣的日子，而英文中的"yelw"却无此文化寓意。因此应该释义译为 They chose an auspicious day for wedding 引申原则（Principle of Extension）。颜色词在语言中让人产生的联想是栩栩如生、丰富多彩的。可是一种语言的颜色词作为载体所传达的文化信息、联想寓意在另一种语言中往往存在无对应的情况，如上述所讨论的例子。除其他方式而外，我们往往可采取"引申原则"来实现文化信息的有效传递。其具体的作法就是以释义的方法将某一颜色词的"文化引申含义"表述清楚。例如：

（1）I m not so green believe that 句中 "geen" 引申意为 "inexperienced or gullible"（无知的、易受骗的），此句译为：我不会无知到相信那件事。

（2）1 hope you won't despise me for having been in a blue funk 句中 "blue funk" 有时也作 "blue fear"，意为 "great fear"（极度的恐惧），此句译为：我希望你不会因为我陷入极度的惊恐而看不起我。

（3）I am glad for my own sake，that he is not so black as he is painted said Agatha.

"Black" 在上下文中意为 "bad"，此句译为：阿加莎说："为了我本人，我感到高兴，高兴他不是像传说的那样坏的人。

（4）"A white lie" is an untrue statement that does one no harm 句中 "white lie" 意为 "harmless lie，especially for the sake of being polite"（无恶意的谎言，尤指出于礼貌），因此可译为："善意的谎言" 就是对人无害的假话。

（5）他去年荣登红榜。

汉语中 "红榜" 喻意为 "光荣榜"，虽常为红色字或纸写成，但不能与英文的 "red rol" 等同，应引申其义译为：He was in the honour roll last vear.

（6）他那白蜡色的脸，灰溜溜的眼睛死死地盯着铁汉，两腿发抖，像一只糠秕，徐光耀《平原烈火》句中 "白蜡色的脸" 是以白蜡的颜色（惨白色）去形容人的脸色，应该算是颜色词的基本直观含义。而 "灰溜溜的眼睛" 中的 "灰溜溜" 却并非真正的指眼睛的颜色，而喻指眼色无神、无生气，因此不可理解为 "grey"。此句译为：His white face fixed on the iron man, his legs shaking like a chaff

二、英汉体颜色词的文化窝意对比

喻体颜色词是一种颜色词的构词方式，又称 "实物颜色词"。这类颜色词通常是以自然界的动植物、矿产珠宝等物体外表的颜色进行类比，以比喻的方式引发人们的联想，实现对某种特殊颜色的描绘，因而喻体颜色词极为生动形象，其描述效果也极为直观活泼、具体准确，各种语言中均有不少类似的颜色词。英汉两种语言，都大量地使用喻体颜色词。英汉喻体颜色词有些是对应的，有些是不对应的。下面就这两方面的情况分别进行讨论。

（一）英汉喻体颜色词相对应的情况

由于自然界存在的实体有很多是人类共有的，加上人类生活经历和对实体认识在很多情况下是类似的，因此喻体颜色词在不同语言中相似或相对应的情况并不鲜见。英汉两种语言自然也不例外。现举部分例子作简单说明。

激发人们想象力的喻体颜色词极人地提升了语言表现色彩的能力。比起基本颜色词来，喻体颜色词具有较大的灵活性，所以其描述功能更为细致入微、形象生动。

英语和汉语都经常使用喻体来形容某项事物但是不需要对颜色的具体情况进行解释。

（二）英汉喻体颜色词不对应的情况

尽管喻体颜色词的用法与构词方式在许多语言中都有类似或对应的情况，可因为不同民族居住的地理环境，历史文化和思想观念存在较大区别，用来描写同一颜色的喻体在各民族的语言中就可能不完全相同。换句话说，喻体颜色词常常会强烈地反映出不同的民族色彩和传载不同民族的文化信息。

（1）英文中有些喻体颜色词汉语中无对应。

比如：英语中常用 cream 或 butter 等实体的颜色描述一种淡黄色，原因是 cream 或是英国人的普通食物。而中国人的主食为"大来"，因此常用"来色"来形容同一种颜色。英语的"Oxford blue"意为"dark blue"（深蓝色），而"Cambridge blue"则意为"light blue"（淡蓝色）。如果不了解两所名校的运动队的着装传统习惯，便无法理解这两种蓝色究竟有何区别。英语中常以 claret 或 claret-red 来代表一种紫红色。那是因为英国人常饮用从法国进口的"claret"红葡萄酒，而汉语中就无对应的喻体颜色词。类似的例子如 blackcurrant（黑醋栗紫）、Victoria（南美王莲紫）、cognac（科涅克白兰地色）、oyster white（牡蛎色）、Naples yellow（拿浦黄）等。

（2）汉语中也有不少喻体颜色词在英文中无对应。

比如：来色、墨绿、葱绿、姜黄、石榴红、鹤顶红、杏黄、酱、酱紫等。其中来、墨、葱、姜、石榴、鹤、杏、酱、等均为中国人所熟知的喻体。

英汉喻体颜色词不对应的情况在交际过程中应当引起我们的充分重视，应根据不同的情况作适当的处理。

直译原则（Principle of Literal Translation）

在不影响交际效果的情况下，为了保留喻体颜色词原本形象生动、具体直观的功能，可采取直译借用的原则。例如：

（1）The sky is now pure opal, and the roof shines against it.

句中的"opa"为矿物"蛋白石"，在英文中常作喻体描绘一种乳白色，这在汉语中较为少见；而第二个喻体颜色词"silver"在英汉语中均为常用，所喻指的颜色也相似。如果将"opal"译为其所喻指的"乳白色"，那么"蛋白石"这一喻体便不会存在。再说描绘"乳白色"的喻体有多个，如 mik、

Ivory，在其喻指的"乳白色"之间也存在着细微的差异。因此不妨直译为"蛋白石色"，其实"蛋白石色"也可让人联想到为何种颜色。此句可译为：当时天空为蛋白石色，在其映衬下，屋顶像银子般闪闪发光。

（2）His face turned a liver red.

"liver"为动物肝脏，其色为"血红"或"紫红"；如上所述，为求形象生动，并且具有可接受性，此句可译为：他的脸变成肝脏色。汉语读者对此不会费解，因为汉语中也有如"猪肝色"的说法。

（3）鱼肚白从土壁的破洞里钻进来了。（茅盾：《秋收》）

"鱼肚白"在汉语常用来描写拂晓东方天边的颜色，即青灰色。英语中不少喻体颜色词可大致描写同样颜色，如 lead，stel，ion，silver 等。若意译将损失汉语这一独特的喻体颜色词的妙处。此句被译为：

Through a crack in the wall，the sky was a fish belly grey.

这应该是独具匠心、大胆创新的译法。

（4）四大娘把那鹅黄色坚韧的纸儿糊得很平贴……（茅盾：《春蚕》）

句中"鹅黄色"是汉语中常用的喻体颜色词。是以幼鹅的绒毛去描写"淡黄色"。这种用法在英文中确实少见。此句被译为：

When his wife pasted the hard and sticky yellow sheet flat and smooth 这也应该是贴切而又创新的处理方法意译原则 Principle of Free Translation "直译原则"的宗旨是最大限度地保留原文中生动活泼、鲜明具体的喻体颜色词，其前提是译文应该是有可接受性。而在有的时候，一种语言中常见的喻体颜色词在另一语言无对应，尤其是完全陌生的"喻体"不能引发同样的"颜色"联想。为顺利实现交际，便可以采用"意译原则"，即在无法保留原"喻体"的情况下，只考虑译出某一喻体颜色词所指的颜色例如：

（1）The wall was painted a canary yellow 句中"canary"为金丝雀，英语中常用作喻体去描写一种鲜黄色，若译为"金丝雀鲜黄"，汉语就显得生涩。此句宜译为：墙漆成了鲜黄色。

（2）车厢里先探出一个头来，紫酱色的一张方脸，浓眉毛，圆眼睛，脸上有许多小疱。（茅盾：《子夜》）

"酱"是中国人日常用的一种调料，在汉语中常作喻体描写颜色，如酱色、酱紫。而"酱在英文中无对应的词，其英文释意为：a thick sauce made from soya beans，four，ete. 很显然在汉译英过程中，要保留这一喻体是非常困难的，而只好采用释义的方式。如：酱色 dark reddish brown；酱紫 dark reddish purple 此句被译为 A head stuck cautiously- a square，pimply，purplish face with thick eye-brows and round eyes.

参考文献

[1] 刘爱英 . 英语基础写作教程 [M]. 上海：上海外语教育出版社，2012.

[2] 蒋磊，李慧 . 新编实用英语写作 [M]. 北京：北京出版社，2014.

[3] 丁往道，吴冰 . 英语写作基础教程 [M].3 版，北京：高等教育出版社，2010.

[4] 邹渝刚 . 商务英语写作 [M]. 北京：外语教学与研究出版社，2014.

[5] 徐义云 . 大学英语写作教程 [M]. 北京：清华大学出版社，2012.

[6] 陈永捷 . 英语综合教程 1—4 册 [M].2 版，北京：高等教育出版社，2016.

[7] 于秀成 .[美] 科林·莱蒙特，英语应用文写作教程 [M]. 长春：东北师范大学出版社，2014.

[8] 束定芳 . 实用英语综合教程 [M]. 上海：华东师范大学出版社，2014.

[9] [英] 休斯 . 新编剑桥商务英语（中级）学生用书 [M].3 版，北京：经济科学出版社，2008.

[10] [英] 休斯 . 新编剑桥商务英语（中级）教师用书 [M].3 版，北京：经济科学出版社，2013.

[11] [英] 雪莉·泰勒 . 商务英语写作实例精解 [M]. 北京：外语教学与研究出版社，2014.

[12] | 英] 尼克·斯特克 . 商务英语写作工 [M]. 长沙：湖南文艺出版社，2017

[13] 郑继正，朱爱秀，翁凤翔 . 国际商务英语写作范例 [M]. 上海：上海交通大学出版社，2016.

[14] 祝慧敏 . 高职实用英语写作 [M]. 北京：机械工业出版社，2006.

[15] 冯秀红 . 实用英语写作 [M]. 南京：东南大学出版社，2010.

[16] 冯宝翠 . 大学英语写作自主训练 [M]. 成都：西南交通大学出版社，2012.

[17] 蔡世文 . 实用英语写作 [M]. 武汉：汉大出版社，2009..

[18] 胡文仲 . 实用英语写作 [M]. 北京：外语教学与研究出版社，2007.

[19] 刘巍巍 . 方林，剑桥雅思写作高分范文 [M]. 杭州：浙江教育出版社，2014.

[20] 波利亚，徐泓，冯承天 . 怎样解题：数学思维的新方法 [M]. 上海：上海科技教育出版社，2007.

[21] 董亚芬 . 大学英语语法与练习 [M]. 上海：上海外语教育出版社，2006

[22] 何桂金，高纪兰 . 新英语语法教程 [M]. 北京：外语教学与研究出版社，2010.

[23] 黄和斌 . 英语语法的宏观思考 [J]. 南京师大学报（社会科学版），2001（6）.

[24] George Gamow，暴永宁 . 从一到无穷大：科学中的事实和臆测 [M]. 北京：科学出版社，2014.

[25] 周有光 . 周有光语言学论文集 [M]. 上海：商务印书馆，2004.

[26] 周有光 . 英语流通全世界的历史背景 [N]. 语言文字周报，2011-3-23（4）.

[27] 束定芳 . 隐喻学研究 [M]. 上海：上海外语教育出版社 2003

[28] 王逢鑫 . 英汉比较语义学 [M]. 北京：外文出版社，2001.

[29] 徐晓梅 . 语言思维模式视角下的汉英公翻 [J]. 工院学报，2009（6）.

[30] 许余龙 . 对比语言学 [M]. 上海：上海外语教育出版社，2002.

[31] 杨自检 . 英汉语比较与翻译（5）[M]. 上海：上海外语教育出版社，2004.

[32] 何自然 . 语用学概论 [M]. 长沙：湖南教育出版社，2009.

[33] 叶子南 . 英汉翻译理论与实践 [M]. 北京：清华大学出版社，2001.

[34] 张培基，喻云根 . 英汉翻译教程 [M]. 上海：上海外语教育出版社，2005.

[35] 张维友，英语词汇学教程 [M]. 武汉：华中师范大学出版社，2004.

[36] 包惠南 . 文化语境与语言翻译 [M]. 北京：中国对外翻译出版公司，2001.

[37] 胡文仲 . 跨文化交际学概论 [M]. 北京：外语教学与研究出版社，2002.

[38] 蒋磊 . 英汉习语的文化观照与对比 [M]. 武汉：武汉大学出版社，2000.

[39] 蒋有经 . 汉语模糊修辞的文化阐释 [J]. 集美大学学报，2002（12）.

[40] 李勇忠 . 语言转喻的认识阐释 [M]. 上海：东华大学出版社，2005.

[41] 刘宓庆 . 新编汉英对比与翻译 [M]. 北京：中国对外翻译出版公司，2006.

[42] 刘扬 . 英语动物词汇的文化内涵对比试析 [J]. 雁北师范学院学报，2002.

[43] 王坦 . 合作学习的理念与实施 [M]. 北京：中国人事出版社，2012.

[44] 王才仁 . 英语教学交际论 [M]. 南宁：广西教育出版社，2014.

[45] 王初明，解释二语习得，连接论优于普遍语法 [J]. 外国语，2011（5）.

[46] 王宗炎 . 英汉应用语言学词典 [M]. 长沙：湖南教育出版社，2013.

[47] 文秋芳 . 英语学习策略论 [M]. 上海：上海外语教育出版社，2014.

[48] 文卫平，朱玉明 . 外语学习情感障碍研究 [M]. 西安：西北大学出版社，2009.

[49] 吴棠 . 英语教师手册 [M]. 长沙：湖南教育出版社，2014.

[50] 毛荣贵，廖晨 . 英汉十大差异 [G]. 北京：中国对外翻译出版公司，2005.

[51] 潘文国 . 汉英语对比纲要 [M]. 北京：北京语言大学出版社，2004,

[52] 秦洪武 . 翻译中的句法异化与归化 [J]. 外语教学与研究，2000（5）.

[53] 何善芬 . 英汉语言对比研究 [M]. 上海：上海外语教育出版社，2012.

[54] 何文忠 . 汉语和西日耳曼语中的附加语中间结构 [J]. 解放军外国语学院学报，2014（1）.

[55] 何文忠 . 中动结构的界定 [J]. 外语教学，2015（4）.

[56] 何兆熊 . 英语人称代词使用中的语义含糊 [J]. 外国语，2009（4）.

[57] 黄和斌 . 英语句法特征补述 [J]. 外国语，2011（5）.

[58] 黄锦章 . 汉语中的使役连续统及其形式紧密度问题 [J]. 华东师范大学学报，2014（5）.

[59] 黄任 . 英语修辞与写作 [M]. 上海：上海外语教育出版社，2013.

[60] 贾玉新 . 跨文化交际学 [M]. 上海：上海外语教育出版社，2011.

[61] 蒋骁华 . 互文性与文学翻译 [J]. 中国翻译，2012（2）.

[62] 金积令 . 汉语词序对比研究——句法结构中的前端重量原则和末端重量原则 [J]. 外国语，2013（1）.

[63] 金立鑫 . 语法的多视角研究 [M]. 上海：上海外语教育出版社，2010.

[64] 柯平 . 对比语言学 [M]. 南京：南京师范大学出版社，2013.

[65] 李国南 . 辞格与词汇 [M]. 上海：上海外语教育出版社，2012.

[66] 李临定 . 现代汉语句型 [M]. 北京：商务印书馆，2011.

[67] 李瑞华 . 英汉语言文化对比研究 [M]. 上海：上海外语教育出版社，2012.

[68] 李淑静，英汉语双及物结构式比较 [J]. 外语与外语教学，2013（6）.

[69] 李学禧 . 汉英成语和常用语 [M]. 兰州：甘肃人民出版社，2014.

[70] 贾冠杰 . 英语教育心理学 [M]. 南宁：广西教育出版社，2011.

[71] 李庭莎 . 英语教学法 [M]. 北京：高等教育出版社，2013.

[72] 李小红 . 教师个人理论刍议 [J]. 上海教育科研，2014（6）.

[73] 刘润清 . 论大学英语教学 [M]. 北京：外语教学与研究出版社，2013.

[74] 卢家楣 . 情感教学心理学 [M]. 上海：上海教育出版社，2011.